Die schönsten Mariengeschichten

zusammengestellt von

Stadtpfarrer Karl Maria Harrer, München

MIRIAM-VERLAG

Mit kirchlicher Druckerlaubnis

Umschlagbild: Trauben-Madonna, ca. 1470
Bruder-Klaus-Kirche, München-Waldperlach

Umschlaggestaltung und Illustrationen:
Rita Schwilgin, Anzing

Band 1
Inhalt: Heft 1-8

(Band 2 hat zum Inhalt die Hefte Nr. 9-16)

8. Auflage 1981

Herstellung: Miriam-Verlag + Druckerei Jestetten

ISBN 3-87449-023-8

Vorwort

„Auf vieles lernt der Mensch verzichten; doch was ihm bis zuletzt gefällt, sind Bilder und Geschichten."

Damit hatte ich das Vorwort zum Heftchen meiner Schriftreihe „Die schönsten Mariengeschichten" eingeleitet. Inzwischen sind schon acht Heftchen daraus geworden und immer öfter ist der Wunsch nach einem Sammelband laut geworden. Denn gerade als Geschenk ist ein geschmackvoll aufgemachtes Büchlein besser geeignet, als eine Reihe Einzelschriften.

Viel Freude durfte ich mit diesen Heftchen schon machen, und Freude bereiten soll auch dieses Büchlein und zugleich die Liebe und das Vertrauen zur Gottesmutter in Ihnen mehren und stärken. Diese Geschichten, die seit Jahren gesammelt wurden aus Büchern und Zeitschriften und auch aus eigenem Erleben, sind nicht erdacht, sondern beruhen auf wahren Begebenheiten. Wenn wir auch diesem Buch den Titel *„Die schönsten Mariengeschichten" gaben, so auch deshalb, weil nach unserem Ermessen in diesen geschilderten Ereignissen in ganz besonderer Weise die wunderbare Hilfe unserer himmlischen Mutter in den verschiedensten menschlichen Nöten und Schwierigkeiten sichtbar wird.*

Diese 9. Auflage wurde noch ergänzt um dem Leser vor allem das Herz der Gottesmutter zu erschließen „mit den schönsten Gebeten zur Gottesmutter". Wir hoffen damit vielen eine Freude bereitet zu haben und wünschen Ihnen den besonderen Schutz und die Hilfe der Gottesmutter in all Ihren täglichen Anliegen.

Eine kurze Inhaltsangabe und ein Hinweis auf die Lesedauer soll für alle, die schnell eine geeignete Geschichte zum Vorlesen suchen, eine kleine Hilfe sein.

Wenn durch dieses Büchlein das Lob Mariens ein wenig mehr verbreitet wird, so hat es seinen Sinn wirklich erfüllt.

Stadtpfarrer Karl Maria Harrer, München

INHALTSVERZEICHNIS

Marien-Hymnus an die Heiligste Dreifaltigkeit

Heil Dir, ewiger Herrscher,
lebendiger Gott, allzeit Gewesener,
furchtbarer und gerechter Richter,
immer gütiger und barmherziger Vater!
Dir werde neu und allezeit Anbetung,
Lobpreis, Ehre und Herrlichkeit
durch deine sonnengehüllte Tochter,
unsere wunderbare Mutter!

Heil Dir, geopferter Gottmensch,
blutendes Lamm, König des Friedens,
Baum des Lebens, Du unser Haupt,
Tor zum Herzen des Vaters,
ewig aus dem Lebenden Geborener,
in Ewigkeit mit dem Seienden herrschend!
Dir werde neu und allezeit Macht
und Herrlichkeit und Größe
und Anbetung und Sühne und Preis
durch deine makellose Gebärerin,
unsere wunderbare Mutter!

Heil dir, Geist des Ewigen,
allzeit Heiligkeit Strömender,
seit Ewigkeit wirkend in Gott!
Du Feuerflut vom Vater zum Sohn,
Du brausender Sturm,
der du wehest Kraft und Licht und Glut
in die Glieder des ewigen Leibes,
Du ewiger Liebesbrand,
gestaltender Gottesgeist in den Lebenden,
Du roter Feuerstrom
vom Immerlebenden zu den Sterblichen!
Dir werde neu und in alle Ewigkeit Macht
und Herrlichkeit und Schönheit
durch Deine sternengekrönte Braut,
unsere wunderbare Mutter!

Aus: Die Erscheinung in Marienfried

Der Zeiger des Tachometers stieg auf 140

Man wartete noch auf einen Fahrgast.

Die Ausflügler schauten verärgert aus dem Fenster des Autobusses. Für sechs Uhr war die Abfahrt bestimmt und jetzt war es bereits zehn Minuten über die Zeit. ,,Abfahren, zum Kuckuck“, rief jemand ungehalten. Aber der Fahrer reagierte nicht. Endlich tauchte an der Staßenecke eine Gestalt auf. Eine ältere Frau. ,,Ein bißchen mehr Tempo“, rief jemand zum Fenster hinaus. Die Spannung war verflogen und man lachte über den verspäteten Gast. Der Fahrer ließ den Motor an und half der Frau einsteigen.

,,Bitte um Entschuldigung, ich habe meiner kranken Nachbarin noch einen Tee kochen müssen.“ Der Wagen rollte an. ,,Können wir unterwegs auch eine heilige Messe besuchen?“, fragte die alte Frau. ,,Da sind sie aber falsch eingestiegen, Großmama“, lachte ein eleganter, junger Mann in Blau, ,,wir machen einen Sonntagsausflug, keine Wallfahrt.“ Einige lachten. Die alte Frau hatte ihren Rosenkanz hervorgeholt und ließ die Perlen durch die Finger gleiten. ,,Ungemütlich so was“, wandte sich der junge Mann in Blau an seine Nachbarn. ,,Den ganzen Tag kann einem so etwas verderben!" Die Angesprochenen lächelten. Der Blaue grub nun seinerseits aus einer prallen Aktentasche ein Paket hervor und machte sich ans Frühstücken. Bald fand er Nachahmer, und bald herrschte im ganzen Wagen Frühstückstimmung.

Nach etwa zwei Stunden Fahrt wurde eine Rast eingelegt. Alles stürzte aus dem Bus und der Wirtschaftsgarten belebte sich. Die alte Frau und der Fahrer blieben im Autobus.

,,Wann kommen wir nach Birkenstein?", fragte die Frau. Das konnte er so genau nicht feststellen, es hing von der Gesellschaft ab. Zum Mittagessen würde man wohl dort sein. Warum hat es denn die Frau so eilig? Ja, sie hätte in der Zeitungsanzeige von der Fahrt nach Birkenstein gelesen und da wollte sie einmal die Gnadenstätte besuchen.

Ach so! Der Fahrer erklärte der Frau, daß die Gesellschaft nicht zur Gnadenkapelle wolle, sondern auf den Wendelstein. In Birkenstein sollte nur geparkt werden. Als er die Enttäuschung der Frau bemerkte, setzte er begütigend hinzu: ,,Sie brauchen ja nicht mitzuklettern. Wir machen die Zeit der Abfahrt aus und unterdessen machen sie ihre Gänge. Aber pünktlich sein, Frau. Die Fahrgäste werden leicht ungeduldig, wenn es mit der Zeit nicht klappt. Die wollen noch zum Tanzen fahren."

Der Frühdurst war gelöscht, die Gäste stiegen ein und der Wagen rollte weiter. Es ging die neue Straße zum Bergsee hinauf. Die letzte Kurve war überwunden und man machte Rast. Der Fahrer nützte die Zeit zur Überprüfung des Motors. Im Wagen betete die Frau ihren Rosenkranz.

Nach etwa einer Stunde waren die Gäste zur Weiterfahrt bereit. Nun ging es bergabwärts. Die Stimmung war ausgezeichnet. Der Autobus glitt langsam dahin. Auf einmal setzte der Motor aus. Der Fahrer stemmte sich mit der ganzen Kraft gegen die Bremsen. Einige Augenblicke schien es, als wollte der Wagen stehen bleiben. Dann hörte man ein Krächzen, und der schwere Bus rollte immer schneller. Es war ein ziemlich steiles Gefälle. Das Tachometer stieg auf achzig, neunzig und hundert Kilometer. Jetzt kam die große Kurve. Die Straße war zwar breit, aber die Biegung scharf. Einige Fahrgäste schrien entsetzt auf. Der elegante Herr in Blau verdeckte das angstverzerrte Gesicht mit beiden Armen und warf sich auf den Boden. Panik ergriff die Insassen. Grelles Angstgeschrei. Da schnellte die alte Frau von ihrem Sitz. Hoch erhob sie die rosenkranzumwickelte Linke in die Höhe und schrie laut: ,,Bleibt ruhig, die Muttergottes wird uns beschützen!"

In diesem Moment der Stille raste der Bus um die Kurve. Der Fahrer riß das Lenkrad nach links. Der Wagen taumelte einen Moment wie unschlüssig mit zwei Rädern in der Luft, dann aber ging es mit rasender Geschwindigkeit die nun gerade Straße ins Tal. Scheu drückten sich die entgegenkommenden Fahrzeuge zur Seite. Der Zeiger des Tachometers stand jetzt auf 140, am Ende der Skala. Die alte Frau stand noch immer mit hocherhobener Hand. Das Kreuz des Rosenkranzes baumelte um ihr Handgelenk. Mit der Rechten hielt sie sich krampfhaft um die Nickelstange.

Jetzt raste der Autobus über die Querstraße, knapp an einem Personenwagen vorbei, in die Wiese. Ein Glück, daß kein Graben dazwischen lag. Die Geschwindigkeit verringerte sich schnell, dann stand der Autobus still. Der Fahrer saß totenbleich am Steuer. Dicke Schweißperlen bedeckten über und über sein Gesicht, seinen Hals und seine Hände. Mit einem Mal fiel er vornüber auf das Lenkrad. Einige Männer zogen den Ohnmächtigen aus dem Wagen und bemühten sich um ihn. Der große Wagen stand unversehrt mitten auf der blühenden Wiese. Unweit plätscherte ein Bach. Auf der etwa 300 Meter entfernten Straße rauschte der Verkehr weiter. Der Fahrer war zu sich gekommen. Am ganzen Körper zitternd, rang er nach Luft. Die Leute umstanden ihn. ,,Die Nerven verloren, was?", fragte gutmütig-frech der Blaue. ,,Aber eine tolle Fahrt war das schon, das muß man schon sagen." - ,,Es ist ein Wunder, daß wir alle noch leben, ein Wunder, sage ich", sagte der Fahrer und erhob sich langsam. ,,Ein Wunder Gottes."

Die Gäste hatten sich wieder gefangen. In Gruppen standen oder saßen sie herum und besprachen je nach Temperament das soeben bestandene Abenteuer. Der Fahrer arbeitete zusammen mit einem der Fahrgäste etwas am Motor. Im Wagen aber betete die alte Frau ihren Rosenkranz. Dann fuhr man weiter. Langsam und vorsichtig. Immer wieder murmelte der Fahrer: „Ein Wunder, wahrhaftiger Gott, ein Wunder."

„Ach Mann", sagte der junge Mann in Blau, „quatschen sie doch nicht immer von Wundern. Es gibt keine Wunder, Zufall war das und nichts weiter. Heutzutage gibt es keine Wunder mehr." Er schaute sich beifallheischend um, aber niemand sagte etwas. Man war in Birkenstein angekommen und der Fahrer parkte vor einer Reparatur-Werkstätte. Man verabredete sich auf sechs Uhr. Die Gesellschaft hatte scheinbar das Abenteuer auf der Bergstraße bereits vergessen. Laut scherzend und lachend stiegen sie zum Wendelstein. Der Fahrer aber folgte der Frau. Und dann knieten die beiden lange vor dem Gnadenbild.

Richard Hardenberg in „Maria"

*

Gebet des hl. Maximilian Kolbe

Erlaube mir, daß ich dich preise, heiligste Jungfrau.

Erlaube mir, daß ich dich mit meinem eigenen Vermögen preise.

Erlaube mir, daß ich für dich und allein für dich lebe und arbeite, leide, für dich mich selbst verzehre und sterbe.

Erlaube mir, zu deiner größeren und vermehrten Erhebung beizutragen.

Erlaube mir, dir eine solche Ehre darzubringen, wie sie dir noch niemand dargebracht hat.

Erlaube mir, daß mich andere im Eifer um deine Erhöhung übertreffen und daß ich dann — wie in einem edlen Wettstreit immer tiefer und rascher deine Ehre ausbreite, immer prächtiger, so wie es Der ersehnt, Der dich so unaussprechlich über alle anderen Wesen erhoben hat. Amen.

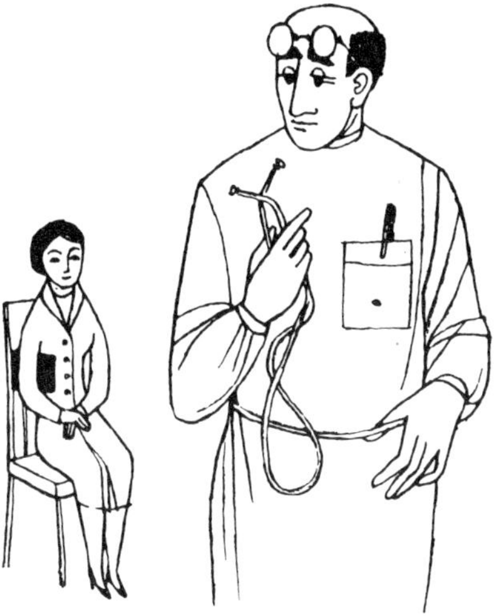

Mein Leben steht in Gottes Hand

Was hätte ich der Frau zum Troste sagen sollen?! Hier hilft kein Menschenwort, mochte es noch so gut gemeint sein. Schwer war der Kummer ihres Herzens, dennoch hatte sie ihre alten Kräfte nicht wieder erlangt - sie war nicht mehr die Jüngste -, und die Erinnerung an die Schmerzen und Komplikationen der letzten Geburt waren noch allzu nahe. Dazu kam die winzige Wohnung, in der schon sechs kaum Platz hatten...Wie sollte ich sie trösten, was sollte ich ihr nur sagen! Da fiel mir eine Geschichte ein, die eine alte Dame mir vor einigen Monaten erzählte. Und ich überlegte, ob diese Geschichte nicht geeignet wäre, der kummervollen Frau wenigstens Trost zu geben...

Es war in Schlesien, lange vor dem Ersten Weltkrieg, als Frau X. einen Frauenarzt aufsuchte, der zwar nicht den christlichen Glauben hatte, aber die Familie mit den drei gesunden Kindern schon lange kannte. Er wußte auch um die schwerleidende Mutter, die er mehrmals untersucht hatte. Und es tat ihm weh, ihr sagen zu müssen: ,,Sie dürfen kein Kind mehr haben, Frau X., es könnte ihr Tod sein.

Aber die Patientin schüttelte energisch den Kopf, als würde sie sich um die ebengestellte Frage nicht kümmern. ,,Gleichviel, Herr Doktor, wie auch alles kommen mag, ich werde das Kind haben! Und wenn es nicht sein soll, so ist es Gottes Wille." Der Arzt hatte diesen leidenschaftlich herausgestoßenen Worten mit schweigendem Ernst zugehört. Er wußte auch, daß es die Pflicht eines Arztes war, eine Patientin auf die Lebensgefahr, die durch die Geburt entstehen könnte, aufmerksam zu machen.

,,Ich begreife Sie nicht, seien Sie doch vernünftig, Frau X.! Es geht um Ihr Leben! Und nicht nur allein um Ihr eigenes, sondern Sie gefährden auch das Ihres Kindes!" Die Frau nickte lebhaft, und wischte sich verstohlen eine Träne aus dem Auge. ,,Ich weiß es, Herr Doktor, aber wie dem auch sei, mein Leben steht in Gottes Hand." Jetzt wußte der Arzt, daß er hier nichts weiter ausrichten konnte. Und ein wenig ärgerlich sagte er zu ihr: ,,Gut, wenn Sie durchaus meinen gutgemeinten Rat in den Wind schlagen, dann tragen sie auch die Folgen ihres Eigensinns! Aber eines kann ich Ihnen heute schon sagen, ich behandle Sie diesmal nicht! Mich brauchen Sie nicht zu rufen!"

Seufzend erhob sich die Frau und reichte dem sonst gütigen Arzt die Hand mit den Worten: ,,Gut, Herr Doktor, ich werde sie nicht belästigen und werde auch meinen Mann davon unterrichten. Auf Wiedersehen!"

Wochen und Monate vergingen. Frau X. spürte kaum etwas von den Schmerzen, wie sie sonst das Kommen eines Kindes mit sich brachte. Täglich befahl sie sich und das noch ungeborene Kind Gott und der Allerseligsten Jungfrau an. Aber sie hatte auch die gutgemeinten Worte des alten Arztes nicht vergessen. Dennoch hatte sie auch nicht die leiseste Angst vor der bevorstehenden Geburt. Ihre Hoffnung auf die täglichen inbrünstigen Gebete setzend, erwartete sie gelassen und ruhig den Tag, der über zwei Leben entscheiden sollte. Und dann kam die schwere Stunde. Trotz aller Besorgnis ihres Mannes hatte die Frau es abgelehnt, den Arzt rufen zu lassen. Er hatte ihr ja schließlich wiederholt gesagt, daß er jegliche Verantwortung ablehne. Aber, was sollte auch der Arzt, da diese Geburt die leichteste im Leben der Mutter war.

Und da wußte sie, daß ihre Gebete nicht nutzlos gewesen waren. Das Kind, ein gesunder und wohlgemuter Knabe, war wohlauf, und die Mutter - sie war so glücklich wie noch nie in ihrem Leben, nicht einmal damals, als man ihr das erste Kind in die Arme legte.

Es war etwas wunderbares um dieses Kind, denn nach der Schilderung von der Frau X., zeigte es sich von Jahr zu Jahr deutlicher, daß auf diesem Kind der Sorge und des Glaubens, der Einsamkeit und des Vertrauens ein ganz besonderer Segen ruhte. Es war ein ruhiges und geduldiges Kind, daß sich leichter erziehen ließ als seine Geschwister, es machte seinen Eltern keinerlei Schwierigkeiten und erwies sich bald als vorzüglich befähigt, klug und fromm. Und das blieb auch so - von Jahrzehnt zu Jahrzehnt. Und heute ist der jüngste Sohn von Frau X. Priester in der Diaspora, ein Geistlicher, der aus einem verlorenen Haufen eine Gemeinde von treuen Katholiken geschaffen hat - mit Gottes Gnade, mit Glauben und Vertrauen und - dem sorgenden fruchttragenden Gebet seiner alten Mutter.

Diese Geschichte erzählte ich jener sorgenvollen Frau, die der Kummer so tief niedergedrückt hatte, daß es fast unmöglich schien, sie wieder aufzurichten. Und weil diese „ Geschichte“ kein Märchen war, auch keine Legende, sondern ein Geschehnis aus dem täglichen Leben, das ich aus dem Munde der glaubensstarken Mutter selbst gehört hatte, vermochte es ihr wirklich einen Trostweg aufzutun. Und so habe ich dieses Erlebnis aufgeschrieben, weil ich glaube, es könnte auch andere Mütter mit tieferer Zuversicht im Glauben erfüllen.

„Der große Ruf“ - Maria Anders-Thilo

Muttergottes-Medaille rettet vor der Guillotine

Ein französischer Verbannter aus gräflichem Stamme, der den größten Teil seines Vermögens den berüchtigten Revolutionären Robespierre, Danton, Marat und Konsorten entriß, erzählte oft folgende Begebenheit aus seinem Leben:

Ich saß schon längere Zeit im Gefängnis in Paris und sah mit hundert anderen der Vollstreckung des Todesurteils entgegen. Eines Morgens trat der Kerkermeister ein und rief die Namen derer auf, die bestimmt waren, ihr Haupt unter das Fallbeil zu legen. Die Totenliste mochte ungefähr 50 Namen enthalten. Auch ich war darunter. Eine namenlose Verwirrung entstand! Die einen weinten, andere fluchten, manche jedoch lobten und dankten Gott für die Stunde der Erlösung.

Alle hatten bereits das Gefängnis verlassen, nur ich war noch zurück. ,,Ach haben Sie Geduld mit mir!", rief ich dem Kerkermeister zu, ,,ich habe heute nacht meine Medaille verloren, ohne diese kann ich doch nicht gehen."

,,Medaille, was für eine Medaille?", rief dieser unwillig aus.

,,Meine Medaille", antwortete ich, indem ich mit ängstlicher Hast das Kerkerstroh durchsuchte.

,,Vorwärts!" —

,,Ach, seien Sie barmherzig, gönnen Sie mir nur einen Augenblick," bat ich ihn auf den Knien. ,,Mein ganzes Leben hindurch habe ich die Medaille auf der Brust getragen und jetzt — auf meinem letzten Gang?" — Die Stimme versagte mir. Ich erwartete einen heftigen Zornesausbruch des unbeugsamen Gebieters und dachte nichts anderes mehr, als daß dieser die Wache rufen und mich mit Gewalt hinwegführen lassen würde. Doch wie täuschte ich mich! Er blieb völlig ruhig und sprach: ,,Nun, so bleiben Sie heute ohne Medaille am Leben um morgen mit derselben die Guillotine zu besteigen." Mit diesen Worten kehrte er mir den Rücken und warf die Tür des Gefängnisses ins Schloß. Im selben Augenblick fand ich die Medaille. Ich rief den Kerkermeister, er hörte mich nicht mehr. Ich nahm mein Kleinod und küßte es mit Innigkeit, als hätte ich das Leben gewonnen.

Am nächsten Morgen öffnete sich die Gefängnistür, ein fremder Kerkermeister, den ich nie zuvor gesehen, trat ein und nannte die zur Hinrichtung bestimmten Opfer. Ich war nicht dabei. Die Ursache blieb mir unbekannt. Vielleicht glaubte man mich bereits dem Henkerbeil verfallen, vielleicht ward ich als Flüchtling notiert.

Nach ungefähr acht Tagen hörte man plötzlich eines Abends im Hof den Ruf: ,,Feuer!" Gleich darauf sprang die Tür des Gefängnisses auf und eine Stimme, welche ich für die des früheren Kerkermeisters hielt, rief: ,,Rette sich, wer kann!"

Offenbar war die Entstehung des Feuers keine zufällige, sondern sollte den Gefangenen ein Mittel zur Flucht bedeuten. Diese Absicht hatten wir schnell erraten und jeder beeilte sich nun, den günstigen Augenblick zu nutzen. Ich war einer der ersten, die aus dem Gefängnis entkamen. Die Flucht gelang indessen nur sehr wenigen, da die Wachen, nachdem sie sich vom ersten Schrecken erholt hatten, rasch alle Ausgänge besetzten. Ungehindert passierte ich, begünstigt vom Dunkel der Nacht, die Gassen der Stadt.

Nach wenigen Tagen hatte ich glücklich die Rheingrenze erreicht. Ein alter Freund meines verstorbenen Vaters traf mich in Straßburg. Er verschaffte mir die nötigen Mittel zum Fortkommen. Mein einziger Wunsch war nun, meine Frau und meine Kinder, zwei Mädchen von zehn und zwölf Jahren, wieder zu finden. Bei meiner Verurteilung hatten sie den Entschluß gefaßt, das Vaterland, das ihnen nichts mehr bieten konnte, zu verlassen und in irgend einer Stadt Deutschlands, am liebsten in der katholischen Rheingegend ihren Aufenthalt zu nehmen. Ohne Zweifel war ich in ihren Augen längst ein Opfer der wütenden Revolutionspartei.

Emsig forschend wanderte ich den Rhein auf und ab.

Kein Städtchen, kein Fleckchen, beinahe kein Dorf entging mir. Meine teueren Angehörigen mußte ich finden, ohne sie hatte das Leben keinen Wert mehr für mich.

Zwei volle Jahre waren bereits verflossen und meine Nachforschungen, so eifrig ich sie auch betrieben hatte, führten nicht zum Erfolg. Die Hoffnung des Wiedersehens begann allmählich zu schwinden. Eines Tages wohnte ich in einer Kirche dem Gottesdienst bei, wie ich bei meinen Wanderungen fast täglich zu tun gewohnt war. Schon ging derselbe zu Ende, die Versammlung zerstreute sich, nur wenige Andächtige waren noch zurückgeblieben. Ich ging in eine Seitenkapelle, in welcher eine in tiefe Trauer gehüllte Dame und zwei Mädchen, die vor einem Marienbild in Andacht knieten, meine Aufmerksamkeit erregten. Es war offenbar eine Mutter mit ihren Kindern. Da ich ihnen in einer Entfernung von 15 bis 20 Schritten im Rücken stand, konnte ich weder das Gesicht der Dame, noch das der beiden Mädchen sehen, aber der Gedanke: Hier sind deine teuren Angehörigen, hatte mich mit einmal erfaßt. Ich verließ die Kapelle und suchte mir im Schiff einen geeigneten Platz. Dort konnte ich unbemerkt jeden, der die Kirche verließ, beobachten.

Nach einer viertel Stunde bangen Wartens erhoben sich die Beterinnen und verließen die Kapelle. Wer beschreibt meine Gefühle, als ich in ihnen meine geliebte Gemahlin, meine teuren Kinder erkannte! - ich wagte es nicht, dem Zug meines Herzens zu folgen und sie sogleich in meine Arme zu schließen. In einiger Entfernung folgte ich ihnen, bis ich sie in einem etwas abgelegenen Haus eintreten sah. Bald hatte ich in Erfahrung gebracht, daß diese Leute seit ungefähr einem Jahr hier wohnten.

Nun endlich hatten wir uns wiedergefunden. Unser erstes war, dem unsichtbaren Lenker der Welt, der uns so wunderbar beschützt und wieder vereinigt hatte, sowie der heiligen Gottesmutter Maria aus innigster Seele unseren Dank darzubringen.

Noch trage ich, fügte der edle Graf hinzu, die Marienmedaille, der ich die Erhaltung meines Lebens verdanke, auf meiner Brust, wie ich sie einst im Gefängnis zu Paris getragen habe. Selbst der Tod und das Grab sollen sie mir nicht rauben.

Gekürzt aus „Marien-Geschichten" von
Dr. Keller Verlag, Kirchheim, Mainz.

*

Gebet um Hingabe in den Willen Gottes

Himmlische Mutter Maria, lehre uns die Sicherheit und Überzeugung, daß nur allein der Wille Gottes für all unser Denken und Handeln maßgebend ist. Erbitte uns die Demut, daß wir uns auch den unerforschlichen Ratschlüssen Gottes beugen und den göttlichen Willen restlos erfüllen, ohne Trotz und Murren und ohne Bedingungen. Erbitte uns jene Liebe, mit der du dein Fiat gesprochen und dich dem Willen Gottes restlos gebeugt hast. Amen.

Die königliche Vergeltung

Männer sind keine Freunde von vielen Worten - auch beim Beten nicht. Als Hildegard mit Heinz verlobt war und allmählich auch seinen Alltag kennen lernte, ergriff eine kleine Gewohnheit sie mehr als religiöse Diskussionen: Jeden Morgen kam er auf dem Weg zur Arbeit an der Kirche mit dem Gnadenbild der „Schwarzen Muttergottes“ vorüber. Nie ging er vorbei, ohne die Kirche zu betreten. Dann schaute er einen Augenblick lang zum Altar, stand ebenso kurz vor dem aus dunklem Ebenholz geschnitzten Bilde der Mutter Maria, nahm Weihwasser und verließ nach einer etwas ungelenken Kniebeugung wieder die Kirche.

Hildegard, die ihn auf diesem Weg oft begleitete, fragte nichts, bis er einmal ganz beiläufig erklärte: „Ich bin das gewohnt seit den Jahren wo meine Mutter noch lebte. Sie bat mich, es so zu halten. Ich tue es und bin der Überzeugung, ohne das Vaterunser und Ave, das ich dort bete, fehlt mir der rechte Auftakt für den Tag. Verstehst du?"

„Sehr gut", erwiderte Hildegard. Sie freute sich, denn sie hatte manchmal gemeint, Heinz dürfte schon etwas frömmer sein. Nun erkannte sie, daß er ein innerlicher Mensch war. Doch auch nach außen trat Heinz unbeirrt für das Recht und das Gute ein. Und das bedurfte des Mutes in jenen Jahren, wo in Deutschland das Unrecht herrschte.

In der Kirche mit dem Gnadenbild wurden sie getraut, und begannen ein überaus glückliches Eheleben. Hildegard begleitete morgens ihren Gatten in die Kirche und betete mit ihm, nahm an der Autobus-Haltestelle Abschied und kehrte zufrieden in ihre kleine Wohnung zurück.

Es kam der Krieg. Als ihnen der kleine Sohn Michael geboren wurde, kam der Vater von der Westfront auf Urlaub. Hildegard erlebte Stunden, da Heinz sich schweigend verschloß, obwohl die innere Not in seinen Augen zu lesen war. Die Frau verstand, daß er für den Sohn den Namen des Anführers der himmlischen Heerscharen nicht aus kriegerischer Begeisterung gewählt hatte, sondern daß diese Wahl gerade aus jener inneren Not zu begreifen sei. Er klammerte sich wie ein Ertrinkender an die Vorstellung, daß das »*Wer ist wie Gott*« des Erzengels einmal den Teufel gestürzt hatte.

Ehe er fort mußte, stand er mit seiner Frau noch einmal vor der Madonna in der nahen Kirche. „Ob dieses Gotteshaus unzerstört bleibt?", bangte Hildegard. Er zuckte die Achseln: Alles Zeitliche ist zerstörbar - auch die Kirchen." Sie legte ihre Hand auf seinen Arm: „Wir wollen das Ewige hüten!"

Es war ein schweres Scheiden, ein Losreißen. Lang wurden die Kriegsjahre, seltener die Heimfahrten. Die Kirche des Gnadenbildes sank in Trümmer, aber das Bild selbst blieb erhalten. In einem anderen Gotteshaus fand es Aufnahme und wurde mehr noch als sonst zur Zuflucht der von innerer und äußerer Not bedrängten Menschen. Michael, der Bub, faltete schon die Hände und betete, wie der Vater getan, und das kleine Schwesterchen trippelte brav mit.

Da kam das Ende des Ringens. Keine Nachricht mehr vom Gatten und Vater; daheim Hunger und Trümmer. Mit immer geringerer Hoffnung nahm Hildegard den Weg zum Gnadenbild. Aber sie ging hin - und wenn sie einmal versagen wollte, sah der kleine Michael sie so eindringlich fragend an, daß sie nicht widerstehen konnte.

Ein graues Jahr, indem das Licht der Zuversicht immer mehr niederbrannte...Eines Tages traf dann das Telegramm ein: „Heinz kommt!“ Er kam, von den Kindern stürmisch begrüßt, mit Blumen überschüttet - aber nur noch ein Schatten des Mannes, der er einst gewesen war: hager und bleich, einen Granatsplitter in der Brust, eine lange Narbe über Stirn und Kopf.

Die Ehegatten sahen einander an und schwiegen. Auch die Kinder wurden still. Nach schwerem Schlaf war die erste Frage des Heimgekehrten: „Ist unser Gnadenbild noch da?“

Hildegard brauchte nichts zu sagen. Michael nickte eifrig: „Ich zeig es dir, Papa!“ - „Ich kenne den Weg auch!“, rief das kleine Mädchen.

Die Blicke von Hildegard und Heinz trafen sich. In dieser Minute schien der Mann ein Stück seines früheren Wesens zurückgefunden zu haben. Dann gingen sie zur Kirche.

Als löse sich ein innerer Krampf, begann er daheim zu sprechen - kurz, abgerissen. Weniger als je liebte er große Worte und doch hatten seine Worte Großes zu berichten: Wie er mit sechs Kameraden eines Spähtrupps in die Hände von Partisanen fiel - gerade in jenem Wald, wo wenige Tage zuvor ein Dutzend Partisanen erschossen worden waren. Nun sahen die sieben Soldaten die Gewehrläufe auf sich gerichtet. Blitzschnell, wie man es nur in solchen Augenblicken vermag, schloß Heinz mit dem Leben ab. Als ein trostvolles Bild sah er vor seinem Geist die Madonna in der Heimat, die er täglich besuchte. Er zog den Rosenkranz, um mit einem Ave hinüberzugehen. Aus einer Kopfwunde floß ihm das Blut. Nur wie durch einen Schleier gewahrte er plötzlich eine Frau, die nach seinem Arm griff und ihn zur Seite zog. Dann verlor er das Bewußtsein - und erwachte auf der Ofenbank in einer russischen Hütte, gepflegt von jener Frau, die ihn von den Todgeweihten abgesondert hatte. „Du nicht

sterben, du guter Mann, du beten wie wir!", sagte sie. In einer Ecke ihres Hauses hing eine Ikone der Muttergottes. Heinz war überzeugt, die Madonna hatte ihm das kleine tägliche Ave königlich vergolten. Hildegard sagte nichts. Auch die Kinder schwiegen. Aber die Frau drückte die Hand ihres Mannes und der Bub schmiegte sich an ihn. Das Töchterchen indes fragte, als habe es alles verstanden: „Hast du den Rosenkranz noch, Papa?"
Er schüttelte den Kopf: „Als ich später ins Gefangenenlager kam, hat man ihn mir abgenommen. Aber das macht nichts, Kinder - was man drinnen im Herzen bewahrt, kann einem niemand nehmen. Das hielt mich aufrecht."
Die Kleine sah den Vater prüfend an; seine letzten Worte waren ihr zu schwer. Dann kramte sie aus ihrem Täschchen einen Kinderrosenkranz und drückte ihm diesen in die Hand. „Ich schenke dir dafür meinen, Papa!"

Ein erstes gemeinsames Lächeln vereinte die Familie.

Aus „Maria"

*

Gebet der hl. Bernadette

Zärtliche Mutter! Du hast dich zur Erde erniedrigt, um einem schwachen Kinde zu erscheinen und ihm trotz seiner großen Unwürdigkeit gewisse Dinge mitzuteilen. Wieviel Grund hat es nicht zur Demut!

O Maria, gib derjenigen, die es wagt, sich dein Kind zu nennen, die kostbare Tugend der Demut. Gib, o zärtliche Mutter, daß dein Kind dir nachfolge in allem und für alles und daß ich ein Kind sei nach deinem Herzen und nach dem Herzen deines lieben Sohnes. Amen.

Eine prompte Belehrung

Schon lange hatte ich vor, mit meiner Familie an der traditionellen Lichterprozession in Bernried am Starnbergersee teilzunehmen, wurde mir doch immer wieder mit soviel Begeisterung von der lichterfüllten Festlichkeit und dem Glanze tausender in den Fluten des Sees widerspiegelnder Kerzenflämmchen berichtet. So war es denn auch nicht verwunderlich, daß ich mit großer innerer Spannung unseren Wagen zu abendlicher Stunde auf dem Parkplatz jenes Marien-Wallfahrtsortes abstellte und mit meiner Frau, unserer fünfzehnjährigen Tochter und unserer zwanzgjährigen Haustochter über das weite Geviert des Klosterhofes hinwegeilend den strahlend hellerleuchteten Kirchenraum betrat. Die Gläubigen standen schon dichtgedrängt und wir mußten nicht lange warten, bis die Feierstunde mit einer Predigt begann. Ich erkannte bei den ersten Worten, daß alle Vorstellungen, welche ich mir über den Stil dieser Veranstaltung gemacht hatte, falsch waren. War es die Nachbarschaft der Evangelischen Akademie in Tutzing oder waren es Erinnerungen an benediktinische Geistigkeit, was mich hier ein intellektuell geprägtes Ereignis erwarten ließ. Alles deutete jedoch darauf hin, daß uns ein Fest urwüchsiger Frömmigkeit bevorstand.

Meine Enttäuschung war so groß, daß ich mich immer wieder bei abwertend kritischen Gedanken ertappte. Erst als ich mir energisch vornahm, meine Kritik zu zügeln und meinen Willen der Ruhe beschaulicher Frömmigkeit zu unterwerfen, gelang es mir, den Gedanken der Predigt zu folgen.

Mit echtem bayrisch-barockem Temperament führte der Prediger, mit weitgespanntem Bogen, an lebensnahen Beispielen die tröstliche Kunde zur felsenfesten Überzeugung, daß die Heilige Jungfrau jedes in ihre Mutterhände gelegte Opfer überreich belohnen und jedes ihr geweihte Menschenherz behüten würde. Welcher religiös interessierte Mensch, der sich nicht gerade antimarianischen Parolen ausgeliefert hat, wollte sich einer solch menschenfreundlichenBotschaft entgegenstellen? So fühlte auch ich meinen Geist auf den Wogen marianischer Begeisterung emporgetragen.

Da schlug plötzlich der bisher so liebliche Ton des Redners in düstere Drohungen um. Nicht nur in der Belohnung der Guten, nein, auch in der Strafe für frevelhafte Schmähungen würde sich die Macht der gekrönten Gottesmutter zeigen. Bei diesem Gedanken blitze in mir die anfänglich gehegte und nur mühsam unterdrückte Kritik mächtig wieder auf. Auch nur die spärlichste Andeutung von Strafe im Herzen unserer Lieben Frau, so argumentierte mein Verstand, sei ein Vorstoß gegen die Liebe und dürfe diesem Vollkommensten aller Geschöpfe nie und nimmer angedichtet werden.

Während vorher die bilderreiche Sprache des Predigers eine wohltuend positive Wirkung auf mein Gemüt ausstrahlte, ärgerten mich nunmehr geradezu seine eindringliche Art, und seine Bemühungen, das Gesagte mit Hilfe geschichtlicher Tatsachen und detektivischem Scharfsinn zu untermauern, und ich beschloß, mir so rasch wie möglich die Beweise für meine Überzeugung zu beschaffen. Die Belehrung sollte schon sehr bald erfolgen.

Doch zunächst brachte mich die Schilderung der Lebensgeschichte eines französischen Journalisten vollends in Harnisch, welcher zu Beginn des vorigen Jahrhunderts von sich reden gemacht hatte.

Dieser Mann war als Jüngling mit zwei gleichgesinnten Abenteurern in den spanischen Krieg gezogen. Bei einem ihrer selbstgewählten Sreifzüge kamen die vagabundierenden Soldaten an einer zerschossenen Kirche vorbei. Nur noch deren Fassade war stehengeblieben. Das Portal war gekrönt mit einer unversehrt gebliebenen Madonnenstatue. Es war eines jener für die Zeit typischen billigen Gipsklischees. Man beschloß, das Weib aufs Korn zu nehmen. Wohl infolge reichlichen Alkoholzuspruches waren die restlichen Gefühle für Ehrfurcht und Anstand geschwunden und so konnte der erste Schütze ein johlendes Beifallsgeschrei seiner Kumpane für einen wohlplazierten Kopfschuß ernten. Angefeuert von einem solchen Schützenglück gelang dem zweiten einen ebensolchen Herzschuß. War es ein plötzliches Erinnern an die eigene Mutter oder das unerwartete aufbrechen längst verschütteten Schamgefühls — irgend eine Regung des innersten Herzens muß es gewesen sein, was unserem Helden plötzlich den Mut sinken ließ. Seine Hände begannen zu zittern und nur die Angst vor dem Spott seiner Kameraden zwang ihn, den Finger am Abzug seines Gewehrs zu krümmen. So war es kein Wunder, daß der Schuß zur Blamage wurde. Der stolze Grenadier hatte das rechte Knie der Statue getroffen. Der Spott der anderen konnte an Bitterkeit nicht überboten werden.

Soweit hatte die Geschichte auch mich in Bann gehalten. Als dann aber der Prediger erzählte, daß der erste Schütze kurze Zeit später durch einen Kopfschuß fiel, der zweite an einem Herzschuß starb und der dritte einen Schuß ins rechte Knie hinnehmen mußte, ja, daß diese Wunde Zeit seines Lebens nicht geheilt werden konnte, da war es mir zuviel geworden. Ich betrachtete es als ausgemachte Moritat und eine Zumutung für moderne Menschen. Allen Ernstes nahm ich mir vor, am Ende der Feier den Pater zur Rede zu stellen.

Nachdem nun die Predigt in einem begeisternden Lobgesang auf die Gottesmutter ausgeklungen war, trat das Volk, angeführt von der Geistlichkeit und den Ordensleuten, zum Pilgerweg an. Hunderte von Kerzenlichtern flammten auf und es wäre ein wahres Fest für Auge und Gemüt geworden, wenn — ja wenn nur nicht dieses schreckliche Geleier angefangen hätte. Ausgerechnet hart hinter uns marschierte so eine handfeste Beterin. Noch heute habe ich den alles durchdringenden Ton ihrer Stimme im Ohr: „Laß uns nicht verderben. Laß uns nicht in Todsünd sterben." Sollte mir nun auch noch der Rest des Tages verdorben werden? Ich resignierte. So sehr mir auch selbst die Beherrschung gelang, den Kindern konnte ich es in meinem Innersten nicht verdenken, daß sie an dieser Art von Frömmigkeitsbezeugung Anstoß nahmen. Erst wagten sie nur, sich vielsagende Blicke zuzuwerfen. Dann aber brachen sie in offene Mißfallenskundgebungen aus, um schließlich ihrerseits durch lautvernehmbare Privatunterhaltungen und Witzeleien Ärgernis zu erregen. Ein solches respektloses Verhalten konnte nun aber keinesfalls geduldet werden. Auf den heiligen Kern dieser Veranstaltung hinweisend, verbat ich mir energisch diese Ungezogenheiten und es bedurfte der Aufbietung aller Autorität, um das Aufbegehren der jungen Leute im Zaum zu halten. Ich wußte nicht, worüber ich mich mehr empören sollte, über das unkultivierte Beten der Menge oder über die überheblichen Lästerungen meines eigenen Anhanges.

Als wir nach einer guten Stunde später zum Abschluß der Prozession in feierlichem Einzug in die Kirche zurückkehrten, war die Erinnerung an die betrüblichen Episoden dieses Abends vollständig geschwunden, so sehr hatte das Erlebnis des Glaubens, der Gnade und der Gemeinschaft des Gottesvolkes mein Herz besiegt. Es schlug höher beim mächtig anklingenden Te Deum.

Die sieghaften vollen Orgelklänge mischten sich mit dem frohen Gesang der Gemeinde und es schien, als sei der ganze Kirchenraum bis hinauf zum Gewölbe ein einziges klingendes Musikinstrument.

Da durchzuckte plötzlich dicht hinter mir ein gellendes Geschepper den Jubelklang. Erschrocken wandte ich mich um und sah einen der schmiedeeisernen, kerzentragenden Wandarme, welche hoch oben die seitlichen Pilaster zierten, am Boden liegen. Was war geschehen? Wohl in Folge der außerordentlichen akustischen Schwingungen hatte sich dieser schwere Wandleuchter aus seiner Verankerung gelöst und war herabgestürzt, also ein logisch erklärbarer natürlicher Vorgang, sagte ich mir.

Als ich aber dann nach Beendigung des Gottesdienstes erfuhr, daß der Leuchter zuerst auf dem Rücken unserer Haustochter aufprallte, dann mit solcher Wucht auf den Boden fiel, daß er unserer Tochter noch eine blutende Schramme ins Bein schlagen konnte, da erkannte ich blitzartig die Belehrung und verzichtete darauf, den Pater wegen seiner Predigt zur Rede zu stellen.

Paul Stobl

*

MARIA, du mächtige Jungfrau, du bist die hohe, ruhmvolle Schützerin der Kirche, die wunderbare Hilfe der Christen.

Du bist furchtbar wie ein zum Kampf gerüstetes Kriegsheer.

Du allein hast alle Irrlehren auf der ganzen Welt vernichtet.

In unseren Nöten, unseren Kämpfen, unseren Bedrängnissen schütze uns wider den Feind, und in der Stunde unseres Todes nimm unsere Seele auf in den Himmel! Amen.

Hl. Don Bosco

„Allein den Betern kann es noch gelingen."

An dieses Wort Reinhold Schneiders wird man unwillkürlich erinnert, wenn man nachstehenden Erlebnisbericht einer Wienerin unserer Tage liest. Mit schlichten Worten läßt sie uns einen Blick tun in zwei Tage ihres Lebens. Das scheinbar so alltägliche Geschehen führt uns jedoch hart heran an jene Zone „zwischen Himmel und Erde", an jenes „Etwas" das unseren normalen fünf Sinnen bereits entgleitet und dann doch in seiner unleugbaren Wirklichkeit umso wuchtiger auf uns fällt. Hier ist es die befreiende, beglückende Wirklichkeit der Großmacht des Gebetes, das kindlich und vertrauensvoll an Maria gerichtet wird.

Doch hören wir die Erzählerin selber.

,,...Es ist jetzt der dritte Sommer, daß sich dieses ereignet hat: Ich war, wie alljährlich, auf ein paar Wochen zu meinen Verwandten ins Waldviertel gefahren. Mein Adoptivsohn Karl, Inspektor in der Fernmeldemonteurschule in Sievering, war allein zuhause. Es war Freitag früh und ich wollte um ¾7 zur hl. Messe. Der Weg beträgt für mich ungefähr 8 Minuten, für andere weniger. Auf dem halben Weg blieb ich mit der Fußspitze an einem vorstehenden Stein hängen und stürzte. Ein des Weges kommender Mann blieb stehen, half mir und sagte: ,,Sie hat's jetzt aber sauber hin-g'haut! Haben Sie sich was getan?"

,,Nein, danke schön", sagte ich und kniete auf. Er ging eilig seines Weges weiter, ich blieb knien in dem tiefen Sand der Straße und sagte: ,,Herr, wenn dem Karl etwas zustoßen sollte, bitte, nimm diesen Fall für ihn an.

Ich muß hinzufügen, daß ich bis zu dieser Zeit weder an Karl gedacht noch mir Sorgen gemacht hatte; ich hatte ein Morgengebet gebetet und an die armen Seelen gedacht.

Nun bemühte ich mich aufzustehen, was dann auch gelang. Aber ich war schwindelig, mein Magen revoltierte, Brechreiz, obwohl ich nichts gegessen hatte. Der Kopf tat mir weh.

Mühsam kam ich das Bergerl hinauf zur Kirche. Dort war mein ganzes Beten nur: ,,Herr, hilf mir durchhalten, laß mich dich empfangen." Ich hielt aus. Es waren nur drei Frauen in der Kirche - ich blieb unbeachtet. Heimwärts ging ich nicht mehr durch die Dorfstraße, sondern ,,hintenaus", wie man hier sagt, bei den Gärten. Hinter dem Haus meiner Verwandten kreuzen sich Feldstraßen. An dieser Kreuzung stehen zwei große, fast ineinander verwachsene Lindenbäume, darunter ein kleines Kapellchen, ein Marterl, wie man sagt.

Darinnen als Hauptstück ein Herz-Mariä-Bild, von Sonne, Wind und Regen schon ganz verwaschen. Die rötlich-braunen Locken der Madonna unter dem weißen Kopftuch und die schönen, sprechenden blau-grauen Augen machen das alte Bild noch lebendig. Ich begann mit der Muttergottes zu reden und sie zu bitten um Schutz für Karl. Seit ich dort im Straßensand gekniet war, war in mich eine Angst gekrochen, die mit jedem Augenblick größer wurde und diese Angst galt Karl.

Lange stand ich so und betete. Dann ging ich endlich heim. Gesprochen habe ich zu niemandem. Der Tag verging. Der Briefträger brachte keine Post, es wurde Nachmittag. Es war 16 Uhr. Meine Leute waren alle aufs Feld gegangen, ich war allein, die Unruhe und Angst in mir wurde fast unerträglich. Da zog ich mich an, sperrte das Haus ab und ging wieder hinaus zur Muttergottes. Dort stand ich und bat und flehte um Hilfe. Aber mir war, als schüttle Maria leise ihr Haupt und in meinem Innern hörte ich ihre Worte: ,,Ich kann nicht!" Aber ich gab nicht auf...Eine Stunde fast stand ich vor dem Bilde. Niemand kam des Weges, niemand störte mich und meine Angst wuchs ins uferlose. Da rief ich lauter: ,,Mutter, du kannst helfen, ich weiß es, du hast mich noch nie verlassen. Ich mache es jetzt wie Jakob, der gesagt hat: ,,Herr, ich lasse Dich nicht, ehe du mich gesegnet hast!" Und ich sagte: ,,Mutter, ich geh nicht, bis Du mir gesagt hast, daß Du hilfst. Du kannst helfen, ich vertraue auf Dich, Mutter, hilf!"

Da vermeinte ich ein leises Lächeln auf Marias Zügen zu sehen, es war, als neigte sie bejahend das Haupt. Und in mir stieg urplötzlich ein Jubel und ein Dank auf: ,,Dank, Mutter, tausend Dank!" Ich wußte ja, daß du hilfst. O Mutter, wie ich Dich liebe.

Ich lief heim. Es war noch niemand da. Ich sperrte auf. Ein Blick auf die Uhr: Es war 17 Uhr. Auf dem Tisch stand unser kleines Radio. Ich drehte auf und schon ertönte die Stimme des Ansagers: ,,Es ist 17 Uhr, wir senden Nachrichten. Das größte Straßenbahnunglück seit Menschengedenken. Der von Wien auswärtsfahrende Straßenbahnzug der Linie 38 kam zu einem Zusammenstoß mit dem von Sievering stadteinwärsfahrenden Wagen der Linie 39. Die Wagen sind ineinander verkeilt. Bisher 10 Tote und über 80 Verletzte..." Weiter verstand ich nichts mehr.

Das war es also was ich gefühlt hatte! Genau diesen Wagen nach 16 Uhr^{30} mußte Karl benützen! Ich brauchte eine Weile bis ich mich gefaßt hatte. Dann überlegte ich: Was tun? Telefonieren? Das nächste Postamt war ¾Stunden weit entfernt und hatte bereits geschlossen. Mir blieb nichts anderes übrig als zu warten. Der nächste Tag war ein Samstag, an dem die Schule geschlossen ist. Karl hatte jedoch gesagt, daß er dennoch dort zu tun habe. Die Nacht verging... Um 8 Uhr war ich am Telefon und meldete das Gespräch an. Ich war ganz ruhig geworden und still. Der Beamte am Postschalter versuchte immer wieder, die Verbindung zu bekommen, er entschuldigte sich, er komme nicht nach Wien durch, alle Leitungen seien belegt. Endlich um 10 Uhr hieß es: „Wien, bitte melden!" Vom anderen Ende der Leitung hörte ich Karls Stimme: „Mutti du bist das! Was ist geschehen?" Ich schluchzte nur noch: „Du lebst! Dir ist nichts passiert!" Das war alles, was ich hervorbrachte. „Ja," sagte er, „ich lebe, aber das ist eine eigenartige Geschichte, Ich wollte fort zur Straßenbahn, um diesen Zug noch zu erreichen. In der Tür prallte ich mit einem Kollegen zusammen, der noch etwas fragen wollte. Ich fertigte ihn rasch ab und wir wollten beide fort, auch er wollte diesen Zug erreichen. Wie ich die Tür schloß, läutete hinter mir das Telefon. „Ach was", dachte ich, „die sollen mich in Ruhe lassen, jetzt ist keine Bürozeit mehr!"

Aber es läutete Sturm! Ich ging zurück. Es konnte die Direktion sein und etwas Dringendes. Aber es war eine ganz belanglose Sache. Eilen brauchte ich jetzt nicht mehr, der Straßenbahnzug war versäumt, eine halbe Stunde verloren. Aber als ich zur Haltestelle kam und die Toten liegen sah am Straßenrand und die vielen Verletzten und Feuerwehr und Rettung, da wußte ich, was ich versäumt hatte!"

„Die Muttergottes hat dir geholfen," sagte ich und erzählte kurz, wie es mir ergangen und was ich getan.

„Ja, die Muttergottes", sagte ich, „aber weißt du, daß ich jetzt zwei volle Stunden warten mußte bis ich die Verbindung bekam!"

„Mutti", sagte Karl, „danke Gott, daß du warten mußtest. Ich war die ganze Zeit in der Direktion und bin eben erst gekommen. Ich habe noch den Hut auf dem Kopf. Es ist kein Mensch in der Schule, es hätte sich niemand melden können."

Ich konnte nichts mehr sagen - mein Herz war übervoll.

Gebet des hl. Gabriel Possenti zur Gottesmutter

Ich glaube, Maria, daß du die Mutter aller Menschen bist. Ich glaube, daß du unser Leben bist und nach Gott die einzige Zuflucht der Sünder. Ich glaube, daß du die Ruhe der Christen bist und ihre Hilfe, vor allem im Tode. Wenn ich dir folge, werde ich nicht vom Wege abirren; wenn ich dich anrufe, werde ich nicht im Stich gelassen; wenn ich bei dir stehe, werde ich nicht fallen; dir nachfolgend, werde ich nicht ermüden, wenn du mir gnädig bist.

Ich glaube, daß du die Mitwirkerin bei unserer Erlösung bist, daß alle Gnaden, die Gott uns spendet, durch deine Hände gehen und daß keiner in den Himmel kommen kann, wenn er nicht durch dich hindurchgeht, die du die Pforte des Himmels bist. Ich glaube, daß deine Verehrung das sicherste Zeichen des ewigen Heiles ist. Ich glaube, daß du erhaben bist über alle Heiligen und Engel, so daß Gott allein deine Größe ermessen kann.

Ich glaube, daß Gott dich im höchsten Grade mit allen Gnaden ausgestattet hat, die nur Geschöpfen verliehen wurden. Ich glaube, daß deine Schönheit die Schönheit aller Engel und Heiligen übertrifft. Ich glaube, daß du allein jenes Gebot vollkommen erfüllt hast: du sollst den Herrn, deinen Gott, lieben aus deinem ganzen Herzen, so daß die seligen Seraphim des Himmels hätten herabsteigen können, um in deinem Herzen zu lernen, wie man Gott liebt. —

Königin der Liebe

Als Berger auf der ziellosen Wanderung durch die Stadt plötzlich vor der Kirche stand, verhielt er verwundert den Schritt an. Im Kreis herum hatten ihn die Gedanken geführt, so daß er jetzt wieder hier stand, nahe seiner Wohnung. Seiner Wohnung! Seinen Lippen entrang sich ein zorniger Laut, er konnte immer noch nicht begreifen. Hatte er denn die Kinder großgezogen, damit seine Älteste, die Luise, nun anfing einem jungen Mann nachzulaufen, der noch nichts war? Daß sie sich mit einem verloben wollte, der sich erst noch eine Existenz schaffen mußte!

Diese Sorge war nicht neu, sie quälte ihn schon seit Monaten, nun zerstörte sie mehr und mehr den Frieden in der Familie. Er hatte zu der Wahl seiner Tochter nein gesagt, nein auch dem jungen Manne Stefan Heim, als er gestern gekommen war, sein Einverständnis zur Verlobung mit Luise zu erbitten. In drei Wochen wollten die jungen Leute die Ringe an die Finger stecken. So eine Verrücktheit, hatte er gesagt. Den Gefahren einer langen Verlobungszeit würde er seine Tochter nicht aussetzen. Nie und niemals! Er möge wiederkommen, wenn er eine Existenz habe.

Das hatte er gesagt. Ja, nun aber war der Friede daheim ganz dahin; alle, auch seine Frau, schauten ihn wie einen Feind an, glaubte er erkannt zu haben.

So war es auch vorhin noch zwischen ihm und den beiden Frauen zu einer Auseinandersetzung gekommen. Zuerst war Luise weinend fortgegangen, dann hatte seine Frau gesagt: „Merkst du denn nicht, daß du vor lauter Besserwissen und Korrektseinwollen andere Menschen unglücklich machst? Luise ist volljährig, sie könnte ihren Weg allein gehen, wenn sie wollte. Doch sie möchte, daß wir an ihrem Leben, ihrem Glück in der Zukunft mit teilhaben, darum wünscht sie dein Einverständnis. Wann endlich begreifst du, daß seit unserer Hochzeit fünfundzwanzig Jahre vergangen sind?"

„Die Existenz des Mannes ist auch heute noch das A und O des Familienstandes", rief er ungestüm aus. „Ein Mann der nicht danach fragt, handelt gewissenlos."

„Glaube, Liebe und Opferbereitschaft sind das Wichtigste für ein glückliches Familienleben", sagte sie.

„Wieviele Ehen zerbrechen, obwohl der Mann eine sichere Existenz hat. Sei doch nicht so! In zwei Jahren macht Stefan sein Examen; er ist tüchtig und ordentlich — er steht allein, und Luise möchte ihm Frau und Mutter sein."

„Unsinn. Sie will in ihrer Dummheit für ihn arbeiten gehen, damit er sorglos leben kann. Ich habe nein gesagt, weil ich ihm nicht traue."

„Du bist ungerecht und herzlos." Seine Frau hatte zu weinen begonnen. Das hatte ihn hinausgetrieben. Nun stand er also wieder auf dem Kirchplatz und wußte nicht recht wohin. Im Westen sank langsam die Sonne, und das Blau des Himmels verblaßte. Aus der Kirche drang der Klang der Orgel an sein Ohr und die Stimmen der Gläubigen tönten herüber: „Meerstern, ich dich grüße..." Er stand und lauschte. Wie Melodie und Worte sein Herz packten und seltsam aufwühlten, wie sie Bilder schufen, die vor vielen Jahren einmal Leben waren.

Er erinnerte sich an damals, als die Mutter ihn das Marienlied und den Rosenkranz singen und beten lehrte, als er Blumen in die Kirche trug. Er sah das Bild klar vor sich: die Statue der Himmelskönigin, ihr liebevolles Lächeln, die vielen Blumen zu ihren Füßen. Und er hörte die Stimme der Mutter: ,,Wer die Gottesmutter liebt, der meistert auch das Leben."

Das Lied klang aus, die Stimmen verstummten, das große Kirchenportal wurde geöffnet, und nun strömten sie heraus, jung und alt — sie alle, die Maria lieb hatten. Langsam trat Berger näher, stieg die Stufen empor, betrat die Kirche. Aus dem Dämmerlicht, das die großen, bunten Fenster schufen, hob sich im Schein der Kerzen der Marienaltar heraus. Er schritt den Gang hinauf darauf zu und blieb plötzlich überrascht, beinahe erschrocken stehen. Vor ihm knieten Luise und Stefan nebeneinander auf einem Betstuhl. Ihre Blicke waren zur Madonna emporgerichtet. Sie beteten. Er trat hinter eine Säule und starrte von dort her zu den beiden hinüber. Welch ein Bild des Friedens, durchfuhr es ihn. Die Gesichter der jungen Menschen waren ernst und angefüllt mit kindlichem Glauben und Vertrauen.

,,Königin des Friedens, bitte für uns", schoß es ihm durch den Sinn. Hatte er nun wirklich den Frieden in seiner Familie zerstört? War er allein der Unvernünftige, Unbelehrbare? Er meinte es doch gut mit seiner Tochter. Er starrte das Antlitz der Madonna an und lauschte in sich hinein. War er wirklich im Begriffe, schwere Fehler zu begehen? Würden die beiden da vor ihm denn das Leben meistern und nicht in den zwei Jahren schon zerbrechen, ehe Stefan Heim sein Examen gemacht hatte? Freilich, erinnerte er sich jetzt, erhielt der Junge einen ansehnlichen Ausbildungszuschuß. Und wenn Luise ihren Verdienst solange hinzu tat, dann... Mein Gott, warum fiel im das jetzt, und hier ein, warum sah jetzt plötzlich vieles anders, gar nicht mehr so absurd und unmöglich aus? War er blind gewesen? Oder — wollte er seine Tochter nur noch nicht hergeben, war es väterliche Eifersucht auf den anderen, auf Stefan Heim? Er tupfte sich mit dem Taschentuch über die feuchtgewordene Stirne. ,,Königin des Friedens, hilf uns", murmelte er vor sich hin. Er wollte doch nicht, daß seine Tochter unglücklich werden sollte. Am Ende hatte seine Frau doch recht, daß er vor lauter Korrektheit das natürliche Maß übersah und der Vernunft die Zügel schießen ließ.

Seine Augen brannten heiß, und sein Schuldgefühl wuchs, als er sah, wie Stefan sich erhob, fort ging, und mit zwei Kerzen in der Hand zurückkam. Eine reichte er Luise und nickte ihr liebevoll tröstend zu. Sie entzündeten die Kerzen und steckten sie zu Füßen der Gottesmutter in einen eisernen Halter.

Bergers Augen schimmerten feucht. Nein, dachte er, vom Erlebnis des Augenblicks der beiden unter dem Bildnis der Gottesmutter erneut aufgewühlt und ergriffen, zwei junge Menschen, die in ihrer Not zur Himmelskönigin gingen, die dort um Frieden und Glück und um Hilfe flehten, ihren Weg gehen zu dürfen, den sie für gut und richtig hielten, die handelten gewiß nicht leichtfertig und gewissenlos, denen war das Leben bitter ernst. Jedenfalls hatten sie jetzt darum gebetet, daß er, der Vater, ein Einsehen haben solle, weil ihnen soviel daran lag, in Frieden mit ihm zu leben.

Leise zog er sich zurück, verließ die Kirche und schritt ein Stück beiseite. Er mußte etwas tun, er wollte kein starrköpfiger, rücksichtsloser Vater sein. Er wollte... Da kamen die beiden die Stufen heruntergegangen, und er schritt ihnen, wie zufällig dahergekommen, entgegen.

„Vater!“ Die Röte schoß Luise in die Wangen. Angst verschlug ihr die Stimme „Herr Berger...“, begann Stefan Heim, doch Berger unterbrach ihn. „Schon gut“, sagte er und wunderte sich, wie leicht ihm die Worte über die Lippen kamen. Kommt jetzt mit zur Mutter. Wir wollen noch einmal in Ruhe über alles sprechen. Schließlich bin ich es ja nicht, der Verlobung und Hochzeit machen will.“

Als Luise ihre Hand in seinen Arm schob, und ihren Kopf für einen Augenblick an seine Schultern drückte, da war ihm, als würde er unverdient reich beschenkt.

Es wird wieder alles gut, dachte er dankbar.

Lorenz Binkowski in „Rosenkranz“

O Reis Jesse und verehrungswürdiger Sproß Davids, heiligste Jungfrau, aus welcher uns der erwartete Emmanuel geboren wurde! Heilige Stadt, die der Allerhöchste gegründet; jungfräuliches Brautgemach, aus welchem uns der Erlöser als Bräutigam hervorging! O preiswürdigste Jungfrau, wie keine andere vorher gewesen ist, keine andere in Zukunft kommen wird; wahrhaft gebenedeit unter den Frauen, die allein uns die Frucht des ewigen Segens bringt!

O ausgezeichnete und einzigartige Jungfrau, die Gott mit den Schätzen der ganzen Welt erfüllte, die durch ihre neue, nie erlebte Geburt die Welt von der Schuld befreite! Du bist der wahre Baum des Lebens in der Mitte des Paradieses, von welchem nicht der Apfel des Todes, sondern die Speise der Unsterblichkeit herabhängt. Du bist eine Königin, bekleidet mit der Sonne, wahrhaft würdig, daß alle Gestirne dir dienen, und daß der Mond mit Freuden sich unter deine Füße wirft; daß nämlich alle englischen Mächte dich als Fürstin verehren.

O vorzügliche Jungfrau. die du ohne Vergleich alle Mütter übertriffst und den gefallenen Menschen der Weg und die Pforte des Himmels geworden bist! O Zierde des Paradieses, Krone des Himmelreiches, Asyl des Lebens, strahlende Lade des ewigen Bundes, schönstes Werk des Schöpfers vor allen seinen Werken und glänzende Grundlage einer neuen Schöpfung, kostbarer Edelstein am Throne Gottes, Mutter und Jungfrau gebenedeit in alle Ewigkeit! Du übertriffst die Rosen an Purpurröte, die Lilien an Reinheit, den Schnee an Glanz und verdunkelst die Strahlen der Sonne durch deine Pracht. Du bist erhabener als alle Engel, edler als die Gesamtheit der Heiligen, schöner als alle geschaffene Schönheit; du, geboren zum freudvollen Genusse der göttlichen Segnungen, führst jene, welche die Mutter Eva in den Abgrund versenkt hatte, wieder zum Himmel zurück. O liebe und milde Jungfrau, heilige und gütige Mutter, empfehle uns durch deine Bitten Gott, deinem Sohne, auf daß wir, die wir uns an deinem Lobpreis auf Erden erfreuen, uns bestreben durch unschuldvolle Sitten dir zu gefallen, und so verdienen, zur Anschauung deiner Herrlichkeit im Himmel zu gelangen. Amen.

Hl. Venantius Fortunatas, Bischof (535 - 600)

Wer sich Maria hingibt, wird von ihr überreich beschenkt

Der hl.Ludwig Maria Grignion von Montfort empfiehlt in seinem sogenannten »Goldenen Buch« die Ganzhingabe an Jesus über Maria. Ganzhingabe bedeutet, daß man sich nicht nur unter den Schutz Mariens stellt, sondern sich selber mit all seinen Werken, mit seinem Besitz, mit allen seinen Verdiensten, auch den zukünftigen, voll und ganz Maria übergibt und ihr sozusagen die vollkommene Verfügungsgewalt überläßt in dem Vertrauen, daß sie ja alles auf die beste Weise einsetzen und durch ihre Liebe veredelt vor Gott bringen kann.

Nach 33tägiger Vorbereitung, die aus bestimmten Gebeten und religiösen Übungen besteht, soll man nach Möglichkeit an einem Marienfest diese Ganzhingabe vollziehen.

Als meine Vorbereitungszeit beendet war, suchte ich nach dem nächsten Marienfest. Es war gerade das Fest der sieben Schmerzen Mariens in der Fastenzeit. So vollzog ich schließlich an diesem Tag meine Ganzhingabe.

Es war 1 ½ Jahre später. Die großen Ferien waren wieder zu Ende. Ich hatte gerade in den einzelnen Schulklassen meine Religionsstunden festgelegt und den Kindern gesagt: „Also nächste Woche wollen wir neu beginnen", da fand ich, daheim angekommen, einen Brief vom Ordinariat liegen. Ein Brief vom Ordinariat an einen Kaplan gerichtet, bedeutet immer etwas Besonderes. Ich öffnete deshalb hastig und mit etwas Herzklopfen den braunen Umschlag: „Ab 15. September versetzt!" Ich war momentan wie aus allen Wolken gefallen. In der Pfarrei hatte ich mich wohl gefühlt und nicht im geringsten mit einer Versetzung gerechnet. Da kam mir plötzlich der Gedanke, auf den ich sonst noch nie gekommen war: „Wenn der 15. September ein Marienfest ist, dann hat sicher Maria die Hand im Spiele." - Ich schaute im Kalender nach und siehe da, der 15. September ist wirklich ein Marientag und sogar das Fest der sieben Schmerzen Mariens, das zweimal gefeiert wird, es ist ja auch das Fest meiner Ganzhingabe.

Als ich das festgestellt hatte, war ich eigentlich sofort beruhigt und wußte, diese Versetzung ist sicher gut, ja ich darf sie sogar als besonderes Entgegenkommen Mariens betrachten.

Und das hat sich auch voll und ganz bestätigt. Ich habe dann in dieser neuen Pfarrei so viel dankbare Liebe seitens der Gemeinde gefunden und eine so harmonische und großzügige Zusammenarbeit mit meinen Vorgesetzten, wie ich es kaum für möglich gehalten hatte. Ich bin fest davon überzeugt, daß Maria mir die für mich so günstige Kaplanstelle der Diözese ausgesucht hat.

*

Einige Jahre später. Es war wieder das Fest der sieben Schmerzen Mariens, der schmerzhafte Freitag, und ich stellte fest: „Heute sind es gerade 5 Jahre, daß ich die Weihe vollzogen habe.“ Da wagte ich den Gedanken: „Muttergottes, wenn es dich damals gefreut hat, daß ich mich Dir geschenkt habe, dann könntest Du mir eigentlich heute auch irgend eine besondere Freude bereiten.“ — Nun, der Tag verging ohne besondere Ereignisse. Am Abend erhielt ich noch einen Besuch. Als er sich verabschiedete, drückte er mir einen Briefumschlag in die Hand und sagte: „Da habe ich noch etwas für Sie, aber machen Sie es erst nachher auf.“

Ganz erstaunt bedankte ich mich. Als ich allein war, öffnete ich schließlich den Umschlag und fand zu meiner großen Überraschung darin 360.— DM enthalten zur freien Verfügung für meine Anliegen. Noch nie hatte ich in meiner Kaplanzeit unerwartet auf einmal soviel Geld erhalten, als am 5. Jahrestag meiner Ganzhingabe.

*

5 Jahre nach meiner oben beschriebenen Versetzung:

Wieder einmal steht eine Versetzung bevor. Vom Ordinariat wurde mir angeboten, am Stadtrand von München eine Kuratie zu errichten. Nach den großen Ferien, zum Schulbeginn, sollte ich dann dort in der Mutterpfarrei beginnen; das hieß also Versetzung zum 1. September, wie aus dem Amtlichen Schreiben hervorging, das ich im Laufe der Ferien erhielt.

„Diesmal ist es also kein Marientag“, dachte ich mir im Stillen und fast ein wenig traurig. Aber es kam dann doch anders: Mein Stadtpfarrer meinte, ich solle mich doch von der Gemeinde richtig verabschieden, wenn die Leute aus dem Urlaub zurück sind und deshalb am 8. September die Abschiedspredigt halten. So kam es dann, daß ich am darauffolgenden Sonntag, am 15. September, der neuen Gemeinde vorgestellt wurde und also wieder das Fest der sieben Schmerzen Mariens am Beginn eines neuen Lebensabschnittes stand. Und nach all dem, was ich bis jetzt erleben durfte und wie sich alles entfaltete, bin ich überzeugt, daß gerade mein neuer Wirkungskreis wieder so richtig von Maria ausgesucht war.

Das erschütternde Erlebnis eines Volksmissionars

Ein Industrieort im westlichen Deutschland. Wir sind seit acht Tagen am Werk. Es ist ein schweres, aber auch ein trostvolles Stück Arbeit. Die Predigten sind morgens um fünf und um neun Uhr, nachmittags um drei und abends um acht Uhr. Dazwischen und nach der letzten Predigt bis Mitternacht wird ununterbrochen Beicht gehört. Abends wird im Schulhaus polnisch und in der alten Kapelle, in der Nähe der großen Kantine der Italiener, italienisch gepredigt.

Heute ist Freitag. Die Frauen und Jungfrauen haben zum größten Teil schon gebeichtet. Auch die meisten älteren Männer sowie viele kleine Geschäftsleute und selbstständige Handwerker. Die ganze Bevölkerung ist in ernstbewegter Stimmung: Die Wirtshäuser sind leer, weil alles zu den Predigten strömt. Man erzählt sich wunderbare Dinge. Von den Leuten, die seit ihrer Kindheit nicht mehr gebeichtet und jetzt den Anschluß wieder gefunden haben. Einem Landwirt sind 1600 DM zurückgestellt worden, die ihm vor einigen Jahren gestohlen wurden, ohne daß man den Täter finden konnte. Langjährige erbitterte Feindschaften wurden beigelegt.

Aber eine bange Frage beschäftigt uns und den Rektor: Es fehlen uns noch 1200 bis 1500 Männerbeichten, und morgen ist der letzte, große Beichttag. — Werden sie noch alle zur heiligen Beichte sich einfinden?

Heute Abend soll ich über den Glauben und das Bekenntnis des Glaubens predigen und einen letzten Mahnruf zur Beichte an die Männer und Jünglinge richten, die, Kopf an Kopf gedrängt, fast ausschließlich das Gotteshaus füllen. -

Ich weiß nicht, wie es gekommen ist: Nachdem ich die falschen Entschuldigungen der Menschenfurcht gründlich zerzaust hatte, wird es mir beim Anblick der Männerscharen plötzlich weich ums Herz und ich beginne einer plötzlichen Eingebung folgend, von der lieben Gottesmutter zu reden:

„Wenn jemand unter euch sein sollte, der sich noch immer nicht zur Umkehr entschließen kann, so soll er immer unsere himmlischen Mutter vertrauensvoll anrufen. Wer noch ein klein wenig Liebe zu seiner guten Mutter im Herzen spürt, der möge Mut fassen; er darf sicher sein, daß er durch ihre Fürbitte gerettet wird. Sage keiner: Was nützt mir das Beten? Ich glaube doch an nichts mehr! - Nein, lieber Bruder, mit dem letzten spärlichen Rest deines Glaubens, der noch in der Tiefe deiner Seele schlummert, versuche wenigstens zu ihr zu beten. Sie wird dir von Gott die Gnade des Glaubens, des vollkommenen Herzensfriedens und die Beharrlichkeit im Guten erlangen."

Ich weiß nicht, was ich sonst noch sagte; jedenfalls gehörte es eigentlich nicht in diese Predigt, und es war auch nicht überlegt, sondern wie von selber über meine Lippen gekommen, so daß mein Oberer, der einen Teil meiner Predigt von der Sakristei aus gehört hatte, mir hernach einen gelinden Tadel wegen dieser Abschweifung vom Gegenstand aussprach. - Dann gingen wir wieder in den Beichtstuhl.

Es war halb ein Uhr nachts, als ich aufstand, um ins Pfarrhaus hinüberzugehen. Da sehe ich vor dem Bilde der schmerzhaften Mutter einen Mann knien, mit dem Rosenkranz in der Hand der bitterlich weint. Auf meine Frage, ob er noch beichten wolle, antwortete er nur unter Tränen: „Herr Pater, ich habe seit mehr als fünfundzwanzig Jahren nicht mehr gebeichtet; ich habe an nichts mehr geglaubt, und ich bin auch nicht mehr zur Kirche gegangen. Aber dieser Rosenkranz, Hochwürden, ist von meiner seligen Mutter daheim in Lothringen. Auf dem Sterbebett hat sie ihn mir als Andenken gegeben. Ja, Herr Pater, ich hab's immer meiner seligen Mutter versprochen, jeden Tag wenigstens ein Gesetz vom Rosenkranz zu beten. Das hab ich ihr zuliebe bis heute gehalten. Ich bin tief gesunken, ich hab mir immer gedacht: Mit dir ist es zu weit gekommen; es ist zu spät, du kannst doch nicht mehr gerettet werden. Aber heute Abend bin ich aus Neugierde wieder einmal in die Kirche gegangen und habe nur noch gehört, wie Sie von der lieben Gottesmutter in ihrer Predigt sprachen. Sie haben gesagt: Wer noch ein klein wenig Liebe zur Gottesmutter hätte, der würde sicher gerettet. Herr Pater, da hab ich wieder Hoffnung geschöpft; denn, wenn ich auch sonst nicht viel getaugt habe, auf die Mutter Gottes habe ich nichts kommen lassen; ihren Rosenkranz habe ich in Ehren gehalten, und was ich meiner Mutter versprochen, das habe ich treu gehalten.

Ist es wirklich wahr, kann ich mich noch bekehren?" —

Statt einer Antwort nahm ich den Mann beim Arm und führte ihn in den Beichtstuhl. Was weiter geschah, weiß nur Gott. — Es hatte längst ein Uhr geschlagen, als zwei überglückliche Menschen das inzwischen dunkel gewordene Gotteshaus verließen. Ich fühlte heiße Freudentränen niederrinnen, als der Mann vor der Kirche meine Hand ergriff und sie dankbar an seine Lippen drückte.

Es ist Samstag, der vorletzte Tag der Mission, der letzte große Beichttag. Von einer Seite der Kirche her bis zu der anderen haben sich seit fünf Uhr morgens die Männer in langen Reihen vor den Beichtstühlen aufgepflanzt und warten geduldig, bis die Reihe an sie kommt. Viele haben Urlaub von der Fabrik begehrt und erhalten, um heute mit größter Ruhe das wichtige Geschäft ihrer heiligen Beicht zu erledigen. Heute sind auch nur zwei kurze Predigten, denn heute ist Erntetag im Beichtstuhl und der Schnitter liebt nicht die öftere Unterbrechung seiner Erntearbeit. Das wird morgen eine herrliche Generalkommunion der Männerwelt geben!

Die Freude und der Trost, die wir bei der Anhörung dieser Männerbeichten empfinden, erleichtern uns die mühsame, schier endlose Arbeit; denn immer neue Scharen rücken an: man merkt nicht, daß die Kirche leerer wird. Nur immer weiter, heißt die Losung. Wir dürfen nicht aufstehen, bis der letzte Mann gebeichtet hat, und wenn es die ganze folgende Nacht dauern sollte! So ermuntern wir uns gegenseitig in den kurzen Pausen, die wir alle paar Stunden machen müssen, um in der Sakristei eine kleine Erfrischung zu nehmen, oder um Luft zu schöpfen und die steif gewordenen Glieder zu bewegen. Keiner von uns denkt an Ruhe, obschon wir alle in den letzten Nächten kaum vier Stunden Schlaf mitbekommen haben.
Plötzlich wurde ich zum Rektor gerufen. Es muß dringend sein, denn vor einer halben Stunde habe ich ihn zu einem Versehgang forteilen sehen. „Herr Pater, ich habe ihnen den letzten Dank eines Toten zu überbringen. Der Mann, der heute Nacht um ein Uhr bei Ihnen gebeichtet hat, ist soeben gestorben. Er ist zwischen die Räder der Maschine geraten; er war aber noch bei Bewußtsein und hat mir in Gegenwart von Zeugen erklärt, wie er dazu gekommen ist, sich zu bekehren. Er hat heute morgen in der Kirche kommuniziert. Ich habe ihm soeben die heilige Ölung gespendet und die Generalabsolution erteilt. Er ist trotz seiner großen Schmerzen mit Ergebung gestorben wie ein Held. Den Rosenkranz, der ihn gerettet, hat er bis zuletzt in den Händen gehalten. Er läßt sie dankbar grüßen, und bittet Sie es überall zu erzählen, daß er durch Maria die große Gnade erhalten hat, an dem ihr geweihten Tag mit Gott ausgesöhnt zu sterben."

Aus dem Buch „Erlebtes und Erlauschtes"
des Volksmissionärs M. Kassiepe O. M. S.
Echter-Verlag, Würzburg

Die Unwissenden müssen durch die Opfer und die Fürbitten der Glaubensstarken und Opferbereiten gerettet werden.

Die Gottesmutter — Hilfe der Sterbenden

Karl zählte fünfzehn Jahre. Er war ein Wirtssohn aus Turin und wohnte ganz in der Nähe des Oratoriums.

Während Don Bosco sich auf Reisen befand, wurde Karl krank. Der Arzt machte die niedergeschlagenen Eltern aufmerksam: „Es ist Zeit, an die Sterbesakramente zu denken!"

„Ich möchte Don Bosco! Holt mir Don Bosco!", bat der Junge. Aber Don Bosco war abwesend. So kam ein Kaplan aus der Pfarrkirche und brachte dem Kranken die Sterbesakramente. Der Bub blieb jedoch noch immer sehr unruhig und verlangte ununterbrochen, auch in seinem schweren Todeskampf nach dem Heiligen. Inzwischen kehrte dieser ins Oratorium zurück und man übermittelte ihm sogleich die Bitte Karls.

Eiligst begab er sich dorthin. An der Haustür empfing ihn ein Diener: „O mein Gott! Ihr kommt zu spät. Vor sechs Stunden ist Karl gestorben."

Der Priester wurde ins Sterbezimmer geführt. Die Mutter und die Tante des Knaben knieten dort betend und weinend. Am Kopfende des Bettes brannte die Sterbekerze inmitten vieler Blumen. Don Bosco ging auf den leblosen Körper zu und segnete ihn. Dann rief er in gebieterischem Ton: „Karl, steh auf!"

Durch den Leichnam ging ein Zittern, er richtete sich auf, die Augen öffneten sich und erkannten den Priester. ,,O, Don Bosco!" Das kam wie ein Schrei von den Lippen Karls.

,,Don Bosco, wenn ihr wüßtet, wie ich nach Euch gerufen habe! Das ist der liebe Gott selbst, der Euch hierher geführt hat. O wie gut das ist!"

,,Sprich Karl! Sag mir, was du auf dem Herzen hast, jetzt bin ich ganz für dich da."

Karl gestand: ,,Bei meiner letzten Beichte habe ich eine schwere Sünde verschwiegen, die ich einige Wochen vorher begangen habe. Und denken Sie sich, was ich geträumt habe: Ich stand am Rande eines großen Abgrundes, der ganz mit Feuer angefüllt war. Da waren schreckliche Leute, die wollten mich in den Abgrund stoßen. Aber eine wunderschöne Dame kam und schützte mich. Sie nahm mich bei der Hand und sagte: ,,Laßt ihn, er ist noch nicht gerichtet!" Und in diesem Augenblick haben Sie mich aufgeweckt. Jetzt möchte ich gerne beichten!"

Auf einen Wink des Priesters verließ Mutter und Tante schreckensbleich das Zimmer. Nach Beendigung der Beichte durften sie mit den übrigen Angehörigen wieder hereinkommen. Karl rief ihnen freudestrahlend zu: ,,Don Bosco hat mich vor der Hölle bewahrt!"

Noch zwei Stunden unterhielt er sich mit seinen Lieben. Sein Leib und seine Glieder aber fühlten sich kalt wie Marmor an. Dann stellte ihm der Heilige die Frage: ,,Was jetzt, mein lieber Karl? Du bist wieder ein Freund Gottes geworden. Was willst du nun tun? Willst du bei uns bleiben oder zu Gott gehen?" ,,Ich will zu Gott", kam ohne zögern die Antwort. ,,Also gut, dann auf Wiedersehn, mein Sohn! Auf Wiedersehn im Himmel!" Karl legte den Kopf in die Kissen, schloß friedlich die Augen und ging heim zu Gott.

Von zwei anderen Schülern des Heiligen, die im Alter von 15 Jahren eines heiligmäßigen Todes starben, vernehmen wir, daß ihre Marienverehrung ihnen der größte Trost im Augenblick des Todes war.

Kurz bevor Michael Magon die Augen für immer schloß, fragte ihn Don Bosco: ,,Sag mir, Michael, was von all dem, das du in deinem Leben getan hast, beglückt dich in diesem Augenblick, wo du vor Gott hintreten wirst, am meisten?" Und Michael erwiderte ihm mit einem schon wahrhaft himmlischen Lächeln: „Die meiste Freude macht mir jetzt all das, was ich zur Ehre der Gottesmutter getan habe!"

Der zweite, Dominik Savio, seliggesprochen am 5. März 1850 erschien bald nach seinem Tode unserem Don Bosco.

„Dominikus, verrate mir, damit ich es an deine Freunde weitersagen kann: Was hat dir im Augenblick des Sterbens am meisten geholfen?" - „Sag ihnen, Vater, es war der Beistand der Gottesmutter!"

Aus „Don Bosco"
Sein Leben der Jugend erzählt
M. Pelissier, Benzinger Verlag

*

Sei gegrüßt, des Lammes Mutter und des Hirten;
sei gegrüßt, Hürde der geistigen Schafe.
Sei gegrüßt, du beschützest vor den unerkannten Gegnern;
sei gegrüßt, du erschließest das Heiligtum des Paradieses.

Sei gegrüßt, die Himmel jauchzen mit der Erde;
sei gegrüßt, in Christus frohlocken alle Geschöpfe.
Sei gegrüßt, durch dich sind die Apostel mündig geworden;
sei gegrüßt, an dir haben die Märtyrer Gleichmut gewonnen.

Sei gegrüßt, du starker Halt des Glaubens;
sei gegrüßt, du lichte Offenbarung der Gnade.
Sei gegrüßt, durch dich wird die Unterwelt entmachtet;
sei gegrüßt, von dir sind wir im Glauben ermächtigt.

Sei gegrüßt, du jungfräuliche Mutter!

Aus: Hymnos Akathistos (Ostkirchliche Liturgie seit 700 - 800)

Der Selbstmörder

Pater Guillaumet, der Obere des Klosters zu St. Diziers, berichtet folgende selbsterlebte Geschichte:

1855 - auf der Fahrt nach Ars. In aller Fahrgäste Mund ist der Name *Vianney,* des armen, abgemagerten, überarbeiteten und doch übermenschlich arbeitenden Pfarrers von Ars. Auf allen Lippen sind seine Wunder und geheimnisvollen Gesichte, seine in die Seele dringende und dort die heimlichsten Heimlichkeiten enthüllende Schau, seine merkwürdigen und haargenau eintreffenden Prophezeiungen, der unheimliche Spuck, den der Teufel mit dem Pfarrer allnächtlich treibt, die auffallenden Bekehrungen in Ars, diese Predigten und Christenlehren, die Verstockte und Verhetzte, Spötter und Zweifler in neue, bekehrte und glaubensbegeisterte Menschen umwandeln.

Neben Pater Guillaumet sitzt eine landfremde Dame in tiefem Schwarz, stumm, schweigend. Erst beim Aussteigen in Villefranche, der Station von Ars, öffnet sie den Mund zu den paar Sätzen: „Hochwürden, erlauben Sie, daß ich Ihnen nach Ars folge? - Nicht war, Sie nehmen sich meiner an, dort so gut wie anderswo, ich bitte Sie darum. Ich reise der Zerstreuung halber."

Der Pater begreift die dunklen Sätze nicht, stellt sich aber der Dame zur Verfügung. Ein Wagen fährt beide nach Ars. Vor der Kirche steigen sie aus. Die Elf-Uhr-Messe geht gerade zu Ende; so fährt der Priester die Dame auf den Platz zwischen Kirche und Pfarrhaus. Nach einer Weile kommt der Pfarrer aus der Kirche, schreitet durch die kniende Menge, geht geradewegs auf die Dame zu, neigt sich zu ihrem Ohr und sagt: „Er ist gerettet". - Die Unbekannte schnellt empor, Vianney wiederholt: „Er ist gerettet."

Eine ungläubige Geste der Dame ist die Antwort. Da entgegnete der Heilige, jedes Wort betonend: „Ich sage Ihnen, er ist gerettet. Er ist im Fegfeuer, und wir müssen für ihn beten. Bei dem Sprung vom Brückengeländer in das Wasser hat er noch Zeit gehabt, einen Akt der Reue zu erwecken. Die Muttergottes hat ihm diese Gnade erwirkt. - Erinnern Sie sich noch an den Monat Mai, den Marienmonat, in Ihrem Zimmer? Obgleich glaubenslos, hat er sich doch zuweilen mit Ihrem Gebet vereint. Das hat ihm die Reue und ein letztes Erbarmen verdient."

Der dabeistehende Pater konnte sich die rätselhaften Worte des Pfarrers an die Unbekannte nicht deuten.

Am nächsten Morgen aber sollte er erfahren, welch wunderbare Schau Gott hier wieder - wie so oft schon - seinem Diener verliehen hatte.

Vor Ihrer Abreise besuchte die fremde Dame den Pater, um sich zu verabschieden. Auf ihrem Gesicht lag eine friedvolle Ruhe und Heiterkeit, nicht mehr der trostlose verzweifelte Zug wie vorher. Sie dankte dem Pater, daß ihr das gestrige Erlebnis mit dem Pfarrer zuteil wurde und fügte dann hinzu: „Die Ärzte haben mir aufgetragen, ich müßte im Interesse meiner Gesundheit reisen, in Wirklichkeit war ich nicht krank, sondern litt an einer wilden Verzweiflung beim Gedanken an den tragischen Tod meines Gatten. Mein Gatte war ungläubig, und ich lebte nur dem Bemühen und der Hoffnung, ihn doch noch zu Gott zurückzubringen, aber ich hatte nicht mehr die Zeit dazu. Er hat sich selber ums Leben gebracht, indem er sich vom Brückengeländer ins Wasser stürzte. Ich verzweifelte ganz; denn ich wurden den Gedanken nicht los, daß er, der Glaubenslose und Selbstmörder dazu, verdammt sei. Und nun einander nie mehr sehen zu können! In Ewigkeit nicht mehr! Hochwürden, Sie haben gestern des Pfarrers Worte zu mir und ihre Wiederholung gehört: „Er ist gerettet". Auch das vom Brückengeländer und vom Wasser und von dem öfteren Mitbeten meines ungläubigen Mannes bei meinen häuslichen Maiandachten und von der Gnade der Reue noch im selbstmörderischen Todessprung. Er ist gerettet, und ich werde ihn im Himmel wiedersehen. Hochwürden ich bin geheilt.

Dieses wahre Erlebnis zerteilt das schwarze Gewölk der Verzweiflung und reißt der Hoffnungslosigkeit den Himmel auf. Da kommt diese landfremde Frau wie durch einen Zufall nach Ars. Sie, dem heiligen Pfarrer völlig unbekannt und er ihr, sieht ihn durch die Menge schreiten und kann nicht verstehen, daß er ihr sagt: „Er ist gerettet." Und muß es doch glauben; muß es, weil er von ihrem Gatten, von dem hier in Ars niemand etwas weiß, so genaue Einzelheiten nennt: die häuslichen Maiandachten, die Glaubenslosigkeit ihres Gatten und trotzdem sein Mitbeten, seinen Selbstmord, Brückengeländer und Wasser und Todessprung - muß es glauben - und darf aufstehen mit der hoffnungsfrohen, auf Maria bauenden Gewißheit, daß die liebe, treue Mutter Gottes ihm jenes Mitbeten durch die Gnade der Reue im Todessturz dankte und mit der Rettung für den Himmel belohnte.

O du liebe Mutter Gottes! Es ist noch nie gehört worden, daß einer, der zu dir sich wandte, von dir verlassen worden sei.

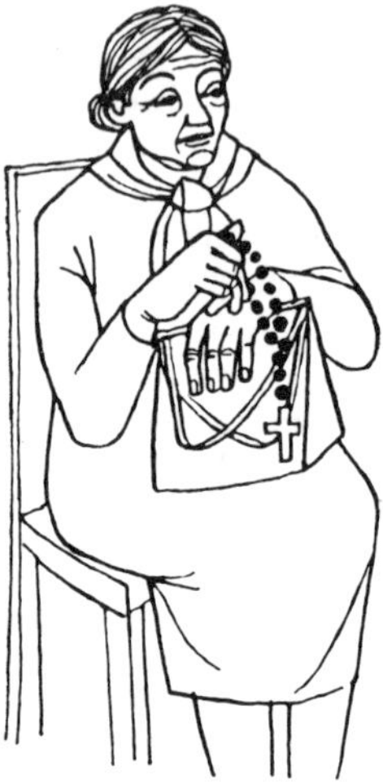

Anruf aus Budapest

Es war Mitte September 1962 in München. Das Telefon des Pfarramtes klingelte. Anruf aus einem Krankenhaus aus unserem Pfarrbezirk: Eine Frau mit Gehirntumor solle versehen werden. Die Mutter der Schwerkranken habe aus Budapest angerufen und gebeten, es solle ein Priester zu ihrer Tochter geholt werden. Die kranke Frau sei fast immer bewußtlos und deshalb solle ich ihr nur das hl. Öl mitbringen.

Als ich wenige Minuten später das Zimmer der Schwerkranken betrat, konnte ich zu meiner Überraschung und Freude feststellen, daß sie doch wieder das Bewußtsein erlangt hatte. Auf meine Frage, ob sie bereit wäre zu beichten und zu kommunizieren, lehnte sie jedoch strikt ab. Alles gute Zureden schien zwecklos. Ich war wirklich ein wenig verärgert und wollte schon unverrichteter Dinge wieder gehen, als auf einmal ein Wandel in der Gesinnung der noch jungen Frau eintrat. Sie zeigte sich nunmehr sichtlich erfreut über mein Kommen und als ich nochmals, ein wenig schüchtern die Frage stellte, ob ich ihr nicht den Heiland bringen dürfte, es würde doch eine große Gnade und Stärkung für sie bedeuten, erklärte sie sich bereit.

Voll Freude ging ich schnell in unsere Pfarrkirche, um das Allerheiligste zu holen. Mit einem leisen Bangen, ob ich die Patientin wohl noch im gleichen wachen Zustand anträfe betrat ich bald darauf wieder das Krankenzimmer. Gott sei Dank! Sie war noch immer bei sich und ich konnte ihr schließlich noch eine richtige Beichte abnehmen, die hl. Ölung spenden und ihr den Leib des Herrn reichen.

Kaum aber war die hl. Handlung vorüber, schwanden ihre Sinne und sie fing wieder an zu phantasieren. Ich konnte es kaum fassen. Auf dem Heimweg stand ich noch unmittelbar unter dem Eindruck dieses spürbaren Waltens der göttlichen Vorsehung und ich dachte: „Für diese Frau muß wohl jemand viel gebetet haben, daß ich gerade im richtigen Augenblick noch zu ihr kommen und ihr den Frieden mit Gott schenken konnte."

Der Zustand der Kranken wurde auch immer schlechter und nach einigen Tagen starb sie.

Vierzehn Tage später läutete es im Pfarrhof. Eine schon ältere, abgehärmte Frau verlangte nach dem Priester, der noch zu ihrer Tochter gekommen war.

Es war die Mutter der Verstorbenen, die aus Budapest eigens hergereist war, um sich noch näher zu erkundigen. Ihre erste Frage, die sie sogleich an mich richtete, war: „Sagen Sie, Hochwürden, ist das wahr, daß mein Tochter schon bewußtlos war, als Sie zu ihr kamen? Eine Krankenschwester hat mir das gesagt."

Welche Freude war es für mich, als ich ihr sagen konnte: „Nein, das stimmt nicht. Wohl war Ihre Tochter die letzte Zeit fast immer bewußtlos. Die Schwester sagte deshalb, ich solle nur das hl. Öl mitbringen. Aber als ich bei ihr war, konnte man ganz vernüftig mit ihr reden und ich konnte sie vollkommen versehen mit den hl. Sakramenten. Erst als ich fertig war und mich von ihr verabschiedete, schwanden wieder ihre Sinne."

„Jetzt fällt mir ein Stein vom Herzen", sagte darauf voll Dankbarkeit und Erleichterung die tieffromme Mutter. Dann zog sie einen großen, abgegriffenen Rosenkranz aus ihrer Tasche und sagte: „18 Jahre habe ich für diese Tochter gebetet und geopfert. Sie ist gegen Kriegsende mit den deutschen Soldaten aus Ungarn geflüchtet und war durch eine unglückliche Ehe auch ganz von der Kirche abgekommen. Ich habe mich viel gesorgt um sie. Aber nun weiß ich, daß sie gerettet ist."

Sichtlich getröstet und mit großer Dankbarkeit verabschiedete sich diese gute Mutter, um bald wieder in ihre Heimat zurückzukehren.

Ich aber habe wieder einmal bestätigt gefunden: Ein Mensch, für den viel gebetet wird, geht nicht verloren.

*

Sei gegrüßt, du Gefäß der Weisheit Gottes;
sei gegrüßt, du Gemach seiner Vorsehung.
Sei gegrüßt, Philosophen hast du an die Grenzen geführt;
sei gegrüßt, Wissensforschern hast du das Unerforschliche gezeigt.

Sei gegrüßt, denn die Gelehrten Streiter schwindelte;
sei gegrüßt, denn die Mythendichter schwanden dahin.
Sei gegrüßt, spitzfindige Denkgeflechte hast du zerrissen;
sei gegrüßt, gefüllt hast du die Netze der Fischer.

Sei gegrüßt, aus unbekanntem Abgrund hast du uns herausgeführt;
sei gegrüßt, bereichert hast du viele an Erkenntnis.
Sei gegrüßt, du rettendes Schiff derer, die erstreben das Heil;
sei gegrüßt, du Hafen derer, die das Leben erfahren.

Sei gegrüßt, du jungfräuliche Mutter!

Aus: Hymnos Akathistos (Ostkirchliche Liturgie seit 700 - 800)

Der Rosenkranz des Abbé Pièrre

Obwohl es um diese sehr frühe Morgenstunde noch verhältnismäßig still war in den breiten Straßen und Boulevards von Paris, drängte sich doch im Handumdrehen eine ansehnliche Menschenmenge am Pont de Bercy, wo der lange Polizist gerade das klatschnasse kleine Mädchen auf die Arme hob und zu trösten begann. ''Ruhig, ruhig - Marietta'', sie war ja nun gerettet. Die Seine hatte ihr Opfer nicht behalten.

Wo war sie denn zuhause? Wie hieß sie? Das Kind schluchzte nur. Der Polizist wandte sich an den Nächststehenden.

,,Kennt jemand die Kleine? Wie konnte sie jetzt im Morgengrauen schon allein auf der Brücke spielen? Hallo- Monsieur, kannten Sie - aber wo ist er denn?''

Die Leute wichen zurück - in der Freude um das gerettete Kind hatte man den Helfer vergessen, der ihm nachgesprungen war in das herbstkalte Wasser. Nicht einmal die Personalien hatte der Polizist aufnehmen können; begreiflicherweise gilt die erste Sorge dem verunglückten Kind. Nach und nach bekamen sie es aus dem verstörten Mädchen heraus, ein Arbeiterkind, das irgendwo zwischen den Lagerschuppen am Pont de Bercy wohnte und vermutlich den Vater von der Nachtschicht abholen wollte.

Aber wo war sein Retter? Hatte er nicht eine Belohnung verdient? Sah ja selbst armselig genug aus, der Mann. War ihm denn niemand gefolgt?

Eine Frau deutete zurück in den schwachen Morgennebel: „O doch — der Pater drüben nahm seine Spur auf, der mit der Lederjacke und dem dunklen Bart, der die ganze Zeit drüben gestanden hat." Der Polizist lachte: „Der? Das war Abbé Pièrre, na, dann können wir getrost sein, der stöbert alle auf, die er finden will. Komm, ma pétite!"

Er schickte sich an, das Kind heimzutragen. Die Menschen zerstreuten sich. Nur eine Dame lief eilig dem Pater nach, eine Dame, die es wohl kaum nötig hatte so weit zu Fuß zu gehen, aber sie erreichte ihn noch, wie er sich in einem grauen Viertel verlieren wollte.

„Bitte, Abbé — ich wollte ihnen schon immer einmal begegnen, aber zum Unglück habe ich jetzt nichts Kostbareres bei mir — als dies — bitte nehmen Sie es an — für die Armen!"

Sie drückte ihm etwas in die Hand, kühl und blinkend, und ehe Abbé Pièrre danken konnte, hatte sie ihm den Rücken gewandt, fast beschämt über die Herzenswallung. Gelassen steckte der Pater das Geschenk unbesehen ein, jetzt war keine Zeit, es zu betrachten, er mußte den Unbekannten wiederfinden, der das Kind gerettet hatte. Irgendwo war er ihm schon einmal in den Weg getreten — aber wo? Einer der Clochards, dessen war er gewiß. Solche Gesichter vergaß er nicht.

Er stutzte — richtig, unter dem nächsten Brückenbogen hauste er. Da kauerte der Mann und versuchte, aus altem Papier und Holz einen kleinen Scheiterhaufen zu bauen, um sich daran die nassen Kleider trocknen zu können; jetzt zündete das Streichholz und beleuchtete sein hageres, bärtiges Hungergesicht. Hoch schoß die Flamme — er erschrak und wandte sich um. Da war er wieder — der Armeleutepriester, dieser Pater Abbé Pièrre, dessen „trauriger Ruhm" darin bestand, den menschlichen Abfall unter den Brücken zu sammeln und ihm mit dem „Abfall" den die reiche Kaste großmütig verschleuderte, wieder aufzuhelfen zu menschenwürdigem Dasein. Aber er verachtete ihn und dies ganze Werk des Mitleids — er haßte Mitleid, er haßte Barmherzigkeit, die es sich leicht sein läßt, so einem Priester einen Brocken zuzuwerfen — für die Clochards. „Machen Sie, daß Sie weiterkommen, Abbé, ich brauche Sie nicht", knurrte er wütend.

Abbe Pierre sah ihn mit seinem unergründlichen Lächeln an. „Stimmt, mon ami, aber Gott braucht Sie." Der Clochard biß die Zähne zusammen. „Ich will nichts von ihm wissen!" Er drehte dem Bettlerpater den Rücken. Ihn würde er nicht einfangen. Er wollte arm bleiben und niemand danken, am wenigsten dem reichen Pack, das sich mit Abbé Pièrres Erbarmen nachher brüstete. „Sie haben eben ein Kind gerettet, unter Einsatz ihres Lebens, mon ami", fuhr der hartnäckige Abbé fort, „niemand hat Ihnen gedankt, aber Gott sah das." Der andere kümmerte sich um das Feuer. „Brauche keinen Dank, weder von Gott, noch von Menschen." Abbé Pierre sah ihn an. „Würden Sie wohl auch ein zweites Mal jemanden das Leben retten?", fragte er unvermittelt; er sah, wie der Arme in seinen Lumpen vor Kälte schauerte. Aber jetzt nickte er fast hochmütig. „Selbstverständlich, weiß bloß nicht, was Sie das angeht." Abbé Pièrre trat näher.

„Sehr viel. So viele Menschen sind in akuter Lebensgefahr,würden Sie mir helfen, sie zu retten? Hiermit?" Er griff in die Kutte und zog etwas hervor, kühl blinkend. „Es wurde mir eben von einer Dame geschenkt, der lebensrettende Rosenkranz. Sie hatte gerade nichts anderes, sie wußte wohl nicht, wie kostbar ihr Geschenk ist. Nehmen Sie und beten Sie für meine Armen. Adieu, mon ami —"

Ein glitzernder Rosenkranz fiel vor die Füße des Clochard, er griff danach, ehe ihn die Flammen des Holzstoßes erfaßten. Hallo — Abbé — das, das war ja kein gewöhnliche Rosenkranz, lieber Himmel — das war echtes Silber — das Kreuz und die großen Perlen aus Gold. Auch Abbé Pièrre hatte sicher nicht gewußt, was er verschenkte. Und jetzt — der Clochard kniete neben dem Feuer unterm Brückenbogen nieder — hob den Rosenkranz dicht unter die Augen und — dann schlug er die Hände vor das Gesicht.

Eine Stunde später hatte er Abbé Pièrre eingeholt; er weilte in der neuen Siedlung für die Armen, die aus lauter Spenden entstanden war. Sofort erkannte er den Verlorenen vom Brückenbogen der Seine wieder, noch war dessen Kleidung klamm. „Ja, mon ami, was ist?" Und dann erzählte ihm der Mann mit dem graubärtigen Gesicht seine erschütternde Lebens-Beichte.

„Mon Père — Sie hatten recht — Gott braucht mich, Gott wollte danken. Dieser Rosenkranz, den Sie mir gaben — er — er ist immer mein gewesen, er ist — der Rosenkranz meiner verstorbenen Mutter. O Abbé — ich bin ein verlorener Sohn — meine reiche, vornehme Familie enterbte mich wegen einer schweren Schuld — Mutter konnte nichts tun, sie schenkte mir nur ihren kostbaren, echt silbernen Rosenkranz mit dem goldenen Kreuz. Als mir das Wasser bis zum Halse stand — versetzte ich ihn bei einem Juwelier, ich bekam soviel dafür, daß ich einen Monat lang nicht zu hungern brauchte, dann vergaß ich das Erbstück meiner Mutter vollends, ich betete nie mehr. Ich verbannte Gott aus meinem Leben — ich versackte ganz und gar. Sie wissen ja, was aus mir wurde — auf der Leiter des Elends immer tiefer hinab — bis unter die Brücken von Paris."

Abbé Pièrre lächelte nur. „Und nun, mon ami, werden Sie diesen Rosenkranz wohl ein zweites Mal — versetzen? Der Clochard krampfte seine Hand zusammen. „Nie — mon Père — nur, was kann ich mit ihm tun, andere zu retten. Was meinen Sie?" Und der Mann mit dem heilandsgütigen Lächeln nahm ihn bei der Hand. „Ich werde Sie beten lehren — beten zuerst, und dann bauen — für die andern. Helfen Sie mir?"

Und sie gingen miteinander die Siedlung entlang — niemand sah die silberne Kette, die sie verband, Gott sah sie und das genügte.

C. M. Lakotta

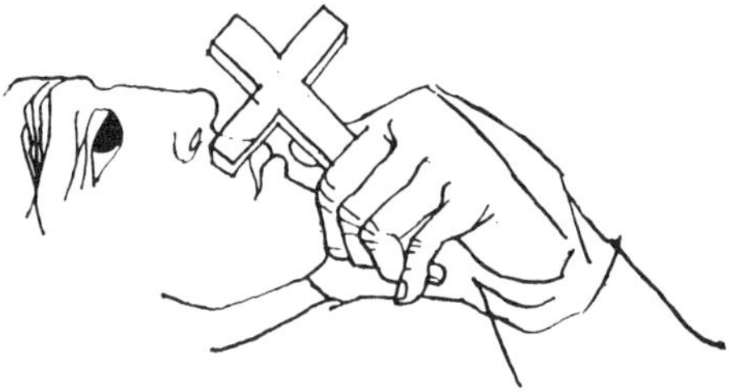

„In drei Teufels Namen: Nein!“

So fluchte ein vornehmer sterbender Greis, als ihm der Priester den Empfang der heiligen Sakramente anriet. Kurz zuvor hatte dieser Priester in seiner Predigt über die Mutter der Barmherzigkeit und Zuflucht der Sünder gesagt: „Ich kann es nicht für möglich halten, daß Du eine Seele verloren gehen läßt, für die innig zu Dir gebetet wird.“ Der Sterbende hatte schon mehrere Priester fluchend vertrieben. Auch diesem gab er eine kaum verständliche, brummige Antwort. Da setzte sich der Priester in einiger Entfernung von dem Sterbenden hin und betete einen Rosenkranz um den anderen, indem er an das Wort des heiligen Clemens Maria Hofbauer (gestorben 1820), des Apostels aus Wien, dachte: „Sooft ich auf dem Weg zu einem sterbenden Sünder den Rosenkranz gebetet habe, bin ich nicht vergebens gegangen. Alle haben doch noch die heiligen Sterbesakramente empfangen.“

Der Sterbende schien in den letzten Zügen zu liegen. Der betende Priester versuchte noch einmal, ihn zu bewegen, die Sakramente zu empfangen. (Das Schreckwort „Beichte“ vermied er absichtlich.) Da richtete sich der Sterbende plötzlich mit letzter Kraft auf, starrte den Priester mit schrecklichen Blicken an und keuchte: „In drei Teufels Namen: Nein!“ Noch einmal griff der Priester zum Rosenkranz, wartend, wer den Sieg in diesem furchtbaren Ringen zwischen Maria und der Hölle um eine unsterbliche, mit Christi Blut erlöste Seele davontragen werde. Da sagte der Priester in seiner letzten Not und Verzweiflung zur Gottesmutter: ,,Liebe Gottesmutter, droben in Deiner Wallfahrtskirche hängen viele Votivtafeln mit der Inschrift »Maria hat geholfen«. Wenn Du mir diesen armen Sünder unbußfertig in die Ewigkeit eingehen läßt, lasse ich ein Bild aufhängen mit der Inschrift »Maria hat einmal nicht geholfen«.''

Und wieder versuchte der Priester, den Sterbenden zur Umkehr zu bewegen. Er zeigte ihm ein Kreuz und sagte: ,,Kennen Sie ihn, der am Kreuze sein Leben für die Menschen hingab?''

Einige Sekunden vergingen, dann sagte der Kranke überraschend: ,,Das ist der Herr und Heiland.''

,,Vor ihm werden Sie in wenigen Stunden stehen. Bitte, schenken Sie ihm vorher noch einen Kuß.''

Und, o Wunder, der Sterbende küßte mehrmals innig das Kreuz. ,,Schwester, jetzt ist die Schlacht gewonnen'', jubelte der überglückliche Priester. ,,Ein Sterbender, der seinen Heiland so innig küßt, wird heute noch mit ihm im Paradiese sein.''

Dann bat der Sterbende um die Wegzehrung. Der Priester verhalf ihm zu einer guten Beichte und reichte mit Tränen in den Augen die heilige Kommunion. Es folgten die heilige Krankenölung und der vollkommene Ablaß für die Sterbestunde. Dann verschied der Kranke friedlich und versöhnt mit seinem Herrgott.

Zum Dank für diese wunderbare Hilfe in letzter Stunde ließ der Priester in der Wallfahrtskirche eine Votivtafel anbringen mit der Inschrift: »Maria hilft immer«.

*

Frau, so groß bist Du und mächtig,
Daß, wer Gnade sucht und nicht an Dich sich wendet,
Einem gleicht, der ohne Schwingen fliegen möchte.

Dante Alighieri, + 1321

Maria öffnet die Tür

In der folgenden Geschichte erzählt ein in Amerika und England sehr bekannter und geachteter protestantischer Geistlicher seine ans Wunderbare grenzende Bekehrung zur katholischen Kirche. Sein Name ist Irwin St. Johannes Tuckert. Er war ein aufrichtiger Sucher und ist heute überzeugt, daß Maria es war, die ihm die Tür zur Wahrheit öffnete. Wir bringen hier auszugsweise seinen eigenen ergreifenden Bericht:

Bei Chikago, nicht weit vom Strand, im östlichen Teil des Riesenstadions ist eine Stelle, die mir immer heilig sein wird, denn hier liegt der Wendepunkt meines Lebens. Ich bin in einem Pfarrhaus der Episkopalkirche geboren, als Sohn eines Pfarrers. Von früher Kindheit an hatte ich den lebhaften

Wunsch, meinem Vater im Dienst an der Kirche nachzufolgen und ein Mann zu werden wie er. 40 Jahre lang bemühte ich mich dieses Ideal zu erreichen. Das war nicht leicht, da ich der Meinung war, das auserwählte Volk bestehe aus den Armen und Kleinen aller Völker. Das machte mich in einer Gemeinschaft unbeliebt.

Der Apostel Paulus verdiente sich den Lebensunterhalt durch seine Arbeit als Zeltmacher. So arbeitete ich für meinen Unterhalt an Zeitungen mit und bemühte mich dabei, kleine vereinsamte Kirchen, deren Armut keinen Geistlichen unterhalten konnte, wieder instandzusetzen. Das war gesellschaftlich gesehen ein Mißgriff. Immer wieder tauchte — aus dem Nebel des Zweifels und der Streitfragen — das Gespenst der römischen Kirche vor mir auf. Nach einer ungewöhnlich scharfen Auseinandersetzung mit einem Bischof der Episkopalkirche besuchte ich eine Zeitlang den katholischen Sonntagsgottesdienst. Während dieser Zeit hatte ich eine Begegnung mit dem jungen Priester Josef B. Lux, Kaplan an der benachbarten Pfarrkirche. Seine Hände räumten später viele Hindernisse auf meinem Weg zum Frieden beiseite. Von Zeit zu Zeit wurde ich von Bischöfen gebeten, kleine, verlassene Seelsorgestellen zu übernehmen. Ich wurde nach St. Stephan geschickt. Während der 27 Jahre, die ich an diesem Altare diente, wurde St. Stephan ein Juwel von Heiligtum. Es erhielt den Namen „Das Kirchlein am Wegende".

Während all dieser Zeit aber bedrückte mich die ausweglose Lage der zersplitterten Christenheit. Als sich nun 1954 die zweite Vollversammlung des „Weltrates der Kirchen" näherte, war ich voller Hoffnung. Ich dachte, diese gewaltige Versammlung könnte endlich die Verschmelzung der umherliegenden Bruchstücke zu einem arbeitsfähigen Ganzen zustande bringen.

Nun der entscheidende Sommer kam und ging. Aber niemand war bei der Versammlung, der entscheiden konnte, was das wirkliche Werk Christi war und wie es verkündet werden sollte. Ich las die Berichte und besuchte so viele Veranstaltungen als ich konnte. Es folgten die Sitzungen des Welt-Kirchen-Rates bis zum 31. August. Außer der Unzufriedenheit aller wurde nichts erreicht. Einen Monat später besuchte ich eine Feier zu Ehren Mariens. Dabei hatte ich ein Erlebnis, das andere erklären mögen wie sie wollen: Für mich verschob es den Schwerpunkt des Lebens.

Der Weltkirchenrat hatte seine Besucher aus vielen Religionsgemeinschaften von der ganzen Welt herbeigezogen und ihre Anzahl auf ungefähr 125 000 gebracht. Die Marienfeier wurde nur von der Erzdiözese Chikago veranstaltet und schloß nur die um die Stadt liegenden Gebiete ein. Nach der Schätzung der Polizei erwiesen innerhalb des Stadions 150 000 Menschen der Mutter Gottes ihre Verehrung, während etwa 110 000 keinen Platz im Stadion fanden und draußen auf dem Soldatenfeld stehen mußten.

Der mich begleitende junge Mann meinte: „Wir werden kaum hineinkommen. Aber vielleicht können wir die Lautsprecher hören.“ Ich hatte mich mit gemischten Gefühlen zu dieser großen Versammlung begeben. Was hatte ich, ein Pfarrer der protestantischen Episkopalkirche bei einer marianischen Feier zu suchen?

Im marianischen Jahr hatte ich mehr als einmal von der Kanzel des „Kirchleins“ gegen die Marienanbetung gesprochen. Ich hielt die der Mutter Jesu erwiesene Verehrung für überspannt. Sie weise einer Frau einen Platz zu, der Gott allein gebührt. Ich hatte auch gegen die Anrufung des Heiligen Geistes gesprochen, gegen die Ablässe, die Unfehlbarkeit des Papstes, den Rosenkranz und andere katholischen Gebräuche.

Ich hatte mich mit bedenklichen Gefühlen auf den Weg gemacht. Aber einmal am Versammlungsort angelangt, wurde dieses Widerstreben durch eine starke Anziehung ersetzt, so, als ob mich eine unbekannte Kraft hineinzöge. Als wir am Eingang ankamen, öffnete sich vor uns die undurchdringlich scheinende dichte Menge, ließ uns ruhig durchgehen und schloß sich wieder ebenso ruhig hinter uns. Wir konnten unbehindert in das riesige Amphitheater eintreten. Es war gefüllt bis auf den letzten Platz. Manche von den Tausenden, die da saßen, waren schon seit vier Stunden da. Welch ein Unterschied. Der Anfang des „Glaubensfestes“ mit seinem Schaustück war gezeichnet durch munteres und lautes Geplauder. Bei dieser Veranstaltung herrschte eindrucksvolle Stille im Stadion.

Die meisten Anwesenden hielten den Rosenkranz in der Hand: ihre Blicke waren auf etwas Unsichtbares gerichtet und ihre Lippen sprachen unhörbare Worte.

Es ging von ihnen eine fast mit Händen greifbare innere Andacht aus. Vom Südtor her bewegten sich zwei marschierende Säulen. Jeder Sektor trug eine Flagge, die ihre Herkunft aus fremden Ländern kundtat. Ihre Fahnen gruppierten sich um den Flaggenmast, während die ungeheuere Menschenmenge das Lourdeslied sang mit dem Kehrreim „Ave Maria!"

Wir gingen langsam die Ostseite entlang, bis wir unmittelbar vor dem Zentrum standen, wo ein Altar aufgebaut war. Auf dieser Stelle hatte vor wenigen Wochen die Bühne gestanden, auf der am „Glaubensfest" die Ballett-Tänzerinnen ihre schwierigen und zierlichen Körperbewegungen gemacht hatten. Jetzt ist die Bühne ein heiliger Berg geworden, ein Heiligtum für das Meßopfer. Mein Gedächtnis setzte jene Szene in scharfen Gegensatz zu der gegenwärtigen.

Zuerst kamen die Mitglieder der Laienorden. Sie standen für den herankommenden Klerus Spalier und ließen an sich vorbeiziehen Akolythen, Seminaristen, Ordenspriester, Weltpriester, dann Prälaten und Bischöfe, zuletzt Se. Eminenz Kardinal Stritsch, Erzbischof von Chikago. Sie schritten in geordneten, geschlossenen Reihen. Vor dem Altar entboten sie alle ehrfürchtig dem einsamen Bewohner des Tabernakels ihren Gruß.

Hier ehrte man den Einen, der da über sechs brennenden Kerzen am Kreuz hing. Durch die Glaswand um den Altar konnten wir jede Handlung der Messe verfolgen. Wir beobachteten, wie der zelebrierende Kardinal die Verneigungen machte und reumütig an die Brust schlug und wie die assistierenden Priester das Confiteor beteten. Über den Lautsprecher konnten wir die Epistel und das Evangelium des Subdiakons und des Diakons hören. Von der Seite her erklangen die Stimmen eines geschulten Chores. „Kyrie eleison, Gloria in Exelsis Deo, Credo in unum Deum, Sanctus — Sanctus — Sanctus und Agnus Dei". Es dauerte lange. Obwohl der Beginn für 20.15 Uhr vorgesehen war, fing die Messe erst um 21 Uhr an. Gegen 23 Uhr sagte mein junger Begleiter etwas ungeduldig: „Ich muß morgen schon früh zur Arbeit, wir sollten jetzt aufbrechen, wenn wir hoffen wollen, noch vor morgen früh nach Hause zu kommen."

Wir gingen langsam zurück, um die betende Menge nicht zu stören. Auf halbem Wege zwischen dem Altar und dem Flaggenmast stand eine Statue der Jungfrau Maria. Sie war von dem Dominikanerpater Thom. McGlynn angefertigt worden und stellte die Muttergottes auf der Mondsichel stehend und mit einem Sternenkranz um das Haupt dar. Ihr Kleid war weiß, darüber ein blauer Mantel. Solche Figuren sieht man oft in den Kirchen, aber diese war von seltener Schönheit.

Wir gelangten zu Ihr und sahen sie dastehen in der Glorie des Septembermondes, unter der klaren Schönheit eines wolkenlosen Himmels, unter den goldschimmernden Sternen, die hoch darüber leuchteten wie ein Widerschein der Sterne um das Haupt der Statue. Bei diesem Anblick rief etwas in mir wie zum Gruß: „Ah, das ist meine Mutter!"

Mich dünkte eine Antwort zu hören, eine Stimme mild und klar wie das Läuten einer Silberglocke: „Warum kommst du nicht nach Hause?" Sechs Wörter so bestimmt, als hätte sie jemand neben mir gesprochen. Mein Unterbewußtsein muß wohl dagegen beteuert haben, daß ich das den größten Teil meines Lebens lang zu tun suchte. Da kam die Antwort noch deutlicher: „Kind, du bist auf dem falschen Weg." In diesem Augenblick wendete sich mein Leben. Einen Moment versank die ungeheuere Menschenmenge in ein Nichts. Nur die Stimme blieb bestehen — die Stimme und ich.

Nicht die Statue hatte gesprochen. Sie war nur die Kontaktstelle, die wie ein Knopf an der elektrischen Leitung den Strom mit einer fernen Botschaft einschaltet. Wie konnten nur die wenigen Worte eine solche Wirkung haben? Sie lösten mir eine Lebensfrage. Ein großer Teil der Menschen glaubt an die Vaterschaft Gottes. Juden, Mohammedaner, Christen und die meisten anderen Religionen glauben, daß alle Menschen Kinder des einen Vaters sind. Für eine Familie aber genügt der Vater allein nicht. Eine wahre Familie muß auch eine Mutter haben.

Auf der Welt-Kirchen-Ratsversammlung wurde die allgemeine Vaterschaft Gottes häufig erwähnt. Aber bei der geringsten Erwähnung der Mutter Gottes gab es einen plötzlichen

Umschlag. Mitglieder der anglikanischen Kirchengemeinschaft waren ihr Leben lang gewöhnt, von der Mutter Jesu mit tiefster Ehrfurcht zu sprechen. Sie mußten hier lernen, wie unangebracht das unter Protestanten war, die Halbweisen in der Welt sind, weil sie keine Mutter haben. Jedes Lebewesen anerkennt Mutterliebe, mit einer einzigen Ausnahme - die protestantische Kirche.

Die Stimme, oder wenn man will, die Wahrnehmung, war ganz deutlich eine weibliche Stimme, wie die Stimme eines jungen Mädchens, wohlklingend und von jungfräulicher Unschuld und doch zugleich von tiefer, mütterlicher Weisheit. Man muß es sich selber vorstellen, eine Beschreibung ist unmöglich. Alle Christen glauben, daß die Mutter Jesu im Reich der Seligen lebt. Nirgends auf Erden war an jenem Abend eine so große Versammlung und so erfüllt von vertrauender Hingabe an den Namen Mariens, der Mutter und Jungfrau, wie die Versammlung auf dem Soldatenfeld. Unter der großen Menge suchte vielleicht niemand so verzweifelt wie ich die rechte Antwort auf die uralte und erschreckende neue Unruhe.

Dann kam die bittere Zeit, wo alle Bande, die mich so fest an das ,,Kirchlein am Wegende" fesselten, zerbrochen werden mußten. Meine Beziehungen zum Bischof und anderen Geistlichen der Episkopalkirche waren keine Probleme. Sie waren nie so eng, um nicht schmerzlos abgebrochen werden zu können. Aber mit einem Band tiefer und starker Liebe verknüpften mich 27 Jahre mit einer Gemeinde, an deren bedeutendsten Stunden Freuden, Schmerzen, Unruhen, Zweifeln und Fragen ich teilgenommen hatte. Nur wer selber so lange einer Gemeinschaft verbunden war, kann die Bitternis der Trennung verstehen. Ich fühlte mich buchstäblich entzweigerissen. In Gegenwart anderer konnte ich eine tapfere Miene aufsetzen. Doch wenn ich allein in der Kirche war, die sich unter meinen Augen aus einem abstoßenden, verlassenen Bau in ein Kunstwerk umgewandelt hatte, mußte ich so manchesmal weinen und laut schluchzen. Einmal warf ich mich an der Schranke des Altares nieder, hielt meine Schläfen zwischen den Händen und stöhnte: ,,Mutter, ich kann sie nicht verlassen!" Da kam die Stimme oder die Wahrnehmung einer Stimme wieder: Diese Stimme, die ich auf dem Soldatenfeld gehört hatte. Diesmal waren es nur drei Worte: „Er verließ mich!"

Nur drei Worte. Aber sie genügten. Jesus wußte, was ihm bevorstand und ging dennoch von seinem Heim weg, seinem Martyrium und Tod entgegen. Mancher hat schon Haus und Weib und Kinder verlassen, um dem Ruf der Pflicht zu folgen zum Kampf, vielleicht zum Tod. Ich fühlte mich beschämt.

Es war die dritte Äußerung - ich habe keine anderen Worte für diese Wahrnehmung einer Stimme.

Eine Woche darauf war ich allein und blätterte die Hefte durch, welche die Kinder bei meinem sonntäglichen Religionsunterricht mit kindlicher Schrift und spaßigen Zeichnungen vollgeschrieben hatten. Die Liebe zu den Kindern faßte wieder mein Herz. Ich weinte wieder wie ein Kind: „Ich liebe diese Kinder: Ich kann sie nicht im Stich lassen! Du darfst das nicht von mir verlangen!"

Diesmal war die Stimme — oder die Wahrnehmung einer Stimme — wie Flötenton, zart und mitleidig und sprach diese fünf Worte: „Sie sind auch meine Kinder!"

Damit nahm der Sturm in mir ein Ende. Wer bin ich? Wie kann ich vom Im-Stich-lassen reden? Sie werden in besserer Obhut sein als unter der meinigen! Ich fühlte indes, daß noch etwas zu sagen sei, aber das kam später. Inzwischen studierte ich unter der Leitung von Msgr. Josef B. Lux, der wöchentlich einmal zu Besprechungen und Erklärungen zu mir kam. Es war unmöglich, die heiligen Bande meiner bisherigen Verbindung mit der Gemeinde plötzlich zu lösen.

Am Sonntag, dem 31. Oktober, trat ich zum letzten Mal offiziell vor meiner Gemeinde in Erscheinung. Beim Kommuniongottesdienst goß ich die ganze Kraft meiner Seele in den letzten Segen. Tagsdarauf, am l. November und Allerheiligen, legte ich meine Stelle als Pfarrer von St. Stephan nieder, nachdem ich 27 Jahre sie versehen hatte. Den Monat November verbrachte ich mit Studium, besuchte täglich die hl.Messe und wartete ab. Am Erntedankfest saß ich gegen 10 Uhr vormittags beim Fenster und beschäftigte mich mit Schnitzen, meiner Lieblingsarbeit. Plötzlich die Stimme — oder die Wahrnehmung einer Stimme — sie sagte deutlich: „Bring sie herein!" —

Diesmal kam die Stimme nicht aus nächster Nähe, sondern wie die Stimme von Jemandem, der nahe gewesen und irgendwo vor der Abfahrt von einem Fahrzeug aus noch letzte Anweisung zurückruft. Fünf Äußerungen. Wer hat sie gemacht? Jeder mag seine Meinung darüber haben. Ich habe der meinigen gemäß schon gehandelt.

Am folgenden Sonntag, 28. November, dem 1. Adventsonntag wurde ich im Franziskus-Exerzitien-Heim zu Mayslake in Illinois in die römisch-katholische Kirche aufgenommen. Als die Presse meine Konversion bekannt gemacht hatte, strömte eine Flut von Willkommensgrüßen und Glückwünschen auf mich ein, von allen Teilen des Landes von der Ost-, West und Golfküste und der kanadischen Grenze. Viele Briefe waren von Bekannten, manche freudig, manche traurig. Doch die meisten kamen von Leuten, über die ich nie etwas gehört hatte. Dieser Ausbruch von Willkommensgrüßen setzte mich in Erstaunen und beschämte mich.

Bei den Episkopalisten reicht die Aufnahme eines Neulings aus einer anderen Religionsgemeinschaft nie über eine kühle Formalität und höfliche Annahme hinaus. Aber hier war ein überschwenglicher Ausbruch der Freude und Begeisterung wie er zu erwarten wäre bei der Rückkehr eines langverlorenen Angehörigen der Familie. Im Evangelium wird von solchen Freuden erzählt. Ich hatte sie immer für zu stark aufgetragen gehalten, so etwa die Erzählung von der Freude, mit der der Vater den verlorenen Sohn empfängt, oder die Freuden der Hirten über ein wiedergefundenes Schaf und das Getue der Frau, die Freundinnen und Nachbarinnen zusammenruft und ihnen sagt: „Freut euch mit mir, denn ich habe die Drachme wiedergefunden, die ich verloren hatte."

Diese Gleichnisse hatte ich als Beispiele orientalischer Hyperbeln und Übertreibungen angesehen, mit denen man die Erzählungen anziehender machen wollte.

Warum, fragte ich, sollte Freude sein vor den Engeln Gottes über ein verlorenes Schaf, das wiedergefunden wird oder über einen Sünder, der Buße tut?

Aus einem Herzen voll staunender Dankbarkeit, kann ich nun bezeugen, daß die Freudenfarben nicht zu stark auf diesen

Bildern aufgetragen sind. Es ist keine Übertreibung in ihnen. Die Bewillkommnung auf Seiten der Gottesfamilie ist freudig und überwältigend. Der Grund liegt auf der Hand: Es ist ja die Mutter, die die Tür öffnet.

*

Gebet des hl. Franz von Sales zu Maria

Gedenke, o allerseligste Jungfrau, daß du meine Mutter bist und daß ich ein armseliges Geschöpf bin, elend und schwach.

O allerliebste Mutter, ich flehe zu dir: leite und beschirme mich auf allen Wegen und in allen meinen Handlungen. Sage nicht, du könntest mir nicht helfen. Dein Sohn hat dir alle Macht gegeben. Sage nicht, daß du nicht verpflichtet bist, mir zu helfen, denn du bist die allgemeine Mutter aller Menschen und besonders die meine. Wenn du mir nicht helfen könntest, so würde ich dir das nicht verübeln, sondern sagen: Es ist allerdings wahr: sie ist meine Mutter, und sie hat mich auch als ihr Kind lieb; aber ihre Armut gestattet nicht, anderen zu helfen. Und wärest du meine Mutter nicht, so müßte ich mich dreingeben und sagen: sie ist zwar reich genug, sie könnte mir helfen, aber sie ist leider nicht meine Mutter, sie liebt mich nicht.

Da du aber nun, o süßeste Jungfrau, doch meine Mutter und zugleich reich und mächtig bist, so bleibt dir tatsächlich nichts anderes übrig, womit du dich entschuldigen könntest, wenn du mir nicht hilfst. Du siehst also doch wohl selbst die Notwendigkeit, alle meine Bitten zu erhören. Amen.

Die drei Ave Maria

Ich war damals Pfarrer in Lesch in Albanien, einer Stadt, die zu meiner Zeit an die 4000 Einwohner zählte. Die Hälfte davon waren Mohammedaner, die übrigen Katholiken. Die Pfarrei war sehr ausgedehnt und meine zwei Reitpferde hatten es nicht leicht, denn ich war meistens auf dem Wege, um meinen Verpflichtungen nachzukommen. Das eine, eine Stute, arabisches Vollblut, namens Milizza war ungemein ausdauernd und flüchtig wie eine Gazelle, doch neben ihren guten Eigenschaften auch sehr stolz und halsstarrig. In meiner Abwesenheit durfte es keiner wagen, ihr auch nur nahe zu kommen. Ich muß dies anführen, damit man die späteren Ereignisse besser begreifen kann.

Ich mußte öfters nach Scutari, der damaligen Hauptstadt des Landes, reiten, ca. sieben Reitstunden von meiner Pfarrei entfernt. Eine Stunde vor Scutari führt der Hauptweg geradeaus in den Basar. Als ich nun das erste Mal mit der Milizza nach der Stadt ritt, benützte ich wie selbstverständlich den Hauptweg, welcher durch den Basar führt. Doch als ich dort ankam, sträubte sich das Pferd weiterzugehen, denn es hatte die Fischhalle gerochen, wo es gewöhnlich pestilenzialisch duftet.

Kurzum, alle Versuche, das Pferd weiter zu bringen, schlugen fehl, so war ich gezwungen, den weiteren beschwerlichen Seitenweg einzuschlagen. Und so geschah es auch späterhin, wenn ich den Weg nach Scutari nahm.

Eines Tages erhielt ich vom Außenministerium in Wien wichtige Nachrichten, die mich veranlaßten, gleich nach Scutari zu reiten, um mit dem Herrn Generalkonsul die Sache zu besprechen. Ich ließ die Milizza satteln und brach auf. Das Pferd ging den ihm gewohnten scharfen Trab, ich aber war während des ganzen langen Weges beschäftigt mit den kommenden Verhandlungen und den zu fassenden Beschlüssen, als mich ein gewisser Geruch aus meinen Gedanken riß. Zu meinem größten Erstaunen bemerkte ich, daß ich durch die Fischhalle ritt. Ja — war denn ein Wunder geschehen? Die Milizza ging durch die ihr verhaßte Hölle! Und zwar so selbstverständlich, als ob sie es wie alltäglich gewohnt wäre.

Kopfschüttelnd stieg ich ab, da das Pflaster sehr schlecht und naß war, nahm den Zügel über den Arm und schritt hinein in den Basar, wo mir die eigenartige Ruhe auffiel, da es doch Mittwoch, also Basartag, war. Erst am Ende desselben wurde mir des Rätsels Lösung klar. Der große Platz nebenan war voll von schreienden, gestikulierenden Menschen. ,,Aha, eine Revolution", dachte ich und bemühte mich durch den Menschenknäuel hindurchzukommen, als plötzlich eine Stimme aufgällte: ,,Ktu ast nie Papass!" - ,,Hier ist ein Priester!" Und ein überlanger Offizier kam auf mich zu, gab die Zügel einem Soldaten und schob mich an den Schultern wie ein Sturmbock durch die Menge. Ich verstand und begriff meine Rolle nicht, die mir so urplötzlich zugedacht wurde. Erst durch die Stimme des Leutnants an meiner Seite erhielt ich Klarheit: ,,Er wurde erschossen, ist ein Christ, und nun stirbt er!" — ,,Ein Christ im türkischen Heere?", dachte ich ungläubig. Bald sah ich vor mir den Sterbenden liegen, einen türkischen Offizier, seinem Rangabzeichen nach ein Major. Ergriffen neigte ich mich zu ihm nieder und sagte ihm ins Ohr: ,,Ich bin ein katholischer Priester und gebe dir die Absolution! Bereue deine Sünden! Mein Jesus, Barmherzigkeit! — Ego te absolvo..." Dann hebt sich des Sterbenden Brust, einmal, zweimal, — er ist tot!

Ich aber kehrte zu meinem Pferd zurück, das ich zu meinem nicht geringen Erstaunen eingekeilt, doch ruhig unter der großen Menge vorfand. Ich führte es hinaus ins Freie und strich ihm liebkosend über Kopf und Hals: „Brav bist du gewesen, sehr brav" und steckte ihm ein Stück Zucker nach dem anderen zu. Dann ritt ich zurück ins Kloster, erschüttert von dem soeben Erlebten, das mir manche Rätsel aufgab, Dinge, die ich nicht begriff. War es nicht sonderbar genug und schier unbegreiflich, daß mein starrköpfiges Pferd plötzlich den ihm so verhaßten Weg einschlug, daß ein Fremder seine Zügel angestrafft, wo es sonst kein Fremder berühren durfte, um dann in der drängenden Menschenmenge wie ein alter Karrengaul stille zu stehen? Und war es wirklich nur ein Zufall, daß ich auf die Minute genau dort ankam, wo man meiner bedurfte? Wer war denn auch dieser Major, der ein Christ sein sollte? Mitten in diesen Erwägungen hatte ich das Kloster erreicht und eilte nun so schnell als möglich zu P. Anastasius, um ihm dieses außerordentliche Ereignis mitzuteilen. Er betete gerade sein Brevier und mußte wohl mein eiliges Schreiten gehört haben, da er erstaunt aufsah: „Nun, was gibt es denn?"

Ich begann zu erzählen, erst hastig, dann allmählich gefaßter. Ruhig hörte mir P. Anastasius zu, doch als ich jenen christlichen Major erwähnte, der erschossen worden war und dem ich im letzten Augenblick die Absolution erteilte, da schnellte er empor, hob die Hände zum Himmel und sprach ganz erschüttert: „Kennst du diesen Mann?" Ich schüttelte den Kopf: „Nein, ich habe ihn niemals gesehen, kenne daher auch seinen Namen nicht." — „Doch, du kennst ihn, hast ihn oft gesehen, auch seinen Namen täglich gehört!" Und er nannte den Namen, den ich freilich kannte und dessen Träger ich auch oft genug gesehen hatte wie er auf stolzem Pferd, umgeben von seiner Leibgarde, durch die Straßen ritt. Er, der Schrecken aller Verbrecher, aber auch der Hohen und Höchsten im Lande, den alle fürchteten und den der Sultan selbst zum Polizeipräsidenten über ganz Albanien gesetzt hatte. Das alles wußte ich.

P. Anastasius begann wieder zu sprechen und deutete auf einen Stuhl: ,,Setze dich, ich werde dir von diesem Manne erzählen. Ich kannte ihn schon als kleinen Buben. Er war der Sproß der berühmten fürstlichen Familie Mirditas und wuchs heran zu einer herrlichen, stolzen Jünglingsgestalt. Ich bewunderte ihn aufrichtig. Da geschah das große Unglück. Die türkischen Gewalthaber in Scutari taten ihm in wichtiger Sache ein offenbares Unrecht an. Es war der alte Haß der herrschenden Mohammedaner gegen die besiegten, unterjochten Christen, der da wieder zum Ausbruch kam. Der Grimm, daß es unter den verachteten Rahas noch immer freie Stämme gab, die sich unter ihr Joch nicht beugten, nach eigenen Gesetzen lebten, keinen Sultan anerkannten und daß ein Fürstengeschlecht existiert, das von allen Christen anerkannt wurde und welches offen anzugreifen man sich scheute, weil es unter dem Schutze einer starken Auslandsmacht stand. So versuchte man eben durch kleine Schikanen den Gegner, diesmal in der Gestalt des jungen Mirditenfürsten, zu treffen.

O hätten sie es nicht getan! Man hatte den friedlich schlafenden Löwen gereizt, der nun als brüllende, gereizte Bestie erwachte. Der Jüngling war plötzlich zum Mann geworden, zu einem gewaltigen Riesen, der seine grausamen Gedanken der Wiedervergeltung bald in die Tat umsetzte, wobei die Betroffenen laut aufschrien und die Regierung ins Wanken geriet. Der Rächer hatte Mirditen, die sich nicht vor Hölle und Teufel fürchteten. Mit diesen zog er aus zur Vergeltung. Es war ihm nicht darum zu tun, Beute zu machen, sondern vielmehr jene Regierungsmänner lächerlich zu machen und zum Spotte des Landes, was ihm vortrefflich gelang.

Da die türkische Regierung ihre Post nicht fremden Bahnen und Schiffen anvertrauen wollte, wurde sie durch die sogenannte Tatarenpost befördert. Ein ausdauernder Reiter mußte sie von Kostantinopel nach Scutari bringen, wobei nicht bloß Briefe, sondern auch die Gelder zur Bezahlung des Paschas, der Offiziere, der Soldaten und Beamten befördert wurden. Einmal kam wohl der Postreiter, aber nicht die Post nach Scutari. Der Bote erklärte, er sei auf offener Straße überfallen und ausgeplündert worden. Auch die ihn begleitenden Soldaten hatten das gleiche Los gehabt. Man hatte ihnen alles, Pferde, Waffen und Monturen, abgenommen und sie im bloßen Hemde zurückgelassen. Derlei Husarenstücke gab es mehr als genug, sie folgten in längeren oder kürzeren Intervallen. Die 20 Mirditen aber und ihr Führer hatten ein unstetes, aufreibendes Leben, doch während sie tafelten und unsinnig tranken, geschah es nun öfters, daß ihr Führer mitten in der Orgie plötzlich stille wurde und eine Zeitlang in sich versank, dann aber begann er zu sprechen, und wie eine Beichte klangen seine Worte: ,,Ich bin ein großer Sünder vor Gott, und vieles, was ich getan und noch tue, ist nicht recht. doch seit Jahren bete ich täglich drei ,,Gegrüßt seist du Maria'' zur Muttergottes, damit sie mir die Gnade erbitte, mir bei meinem Sterben einen Priester zu senden.'' Wenn er so sprach, wurde es still in der zechenden Gesellschaft, unwillkürlich falteten sich die Hände...

Die Regierungsmänner aber waren fertig mit ihrem Latein. Man hatte alles getan, dieses schrecklichen Menschen habhaft zu werden. Militärs wurden ausgesandt, doch man fand ihn nicht. Er war überall und nirgends. Es wurden findige Spione bezahlt, um seine nächsten Pläne zu erkunden, aber auch der Gegner hatte seine Leute, die von ihm besser bedient wurden als von den Herren der Stadt. Vergebens waren die Fallen, die man ihm stellte. Da griff die türkische Diplomatie ein und fand ein Mittel, freilich einen Ausweg, der nur in Konstantinopel gangbar war.

Ein Irade des Sultans wurde abgesandt, worin der seltene Mut und die Tapferkeit des Mirditenchefs gerühmt ward und dieser gebeten wurde, seine Kraft in die Dienste des Sultans zu stellen, und so Ordnung zu schaffen in den desolaten Zuständen Albaniens. Es wurde ihm der Negedieorden übersandt, dazu die Ernennung zum Major, und die Würde eines Polizeipräsidenten von Albanien verliehen.

Und er nahm an, da seine Ehre wiederhergestellt war. In erstaunlich kurzer Zeit hatte er Ruhe geschafft. Er erstickte die Unbotmäßigkeit im Blut. Unzählige Polizeibeamte wurden entlassen, entweder ob ihrer Unfähigkeit, oder weil sie die Gerechtigkeit nach der Höhe des empfangenen Bakschischs verhandelten. Somit schaffte er sich viele Feinde.''

Soweit P. Anastasius. Dann schwieg er eine Weile und fuhr dann an mich gewandt fort: „Ich kenne dich sowie dein unbändiges eigenwilliges Pferd. Ihr beide ward heute Handlanger im Dienste der Gottesmutter, die das Gebet eines Mannes, seine täglichen drei ‚Ave', auf diese Weise beantwortet hat."

Ich war durch das eben Vernommene tief erschüttert. Nun hatte ich Antwort erhalten auf die vielen Fragen, die ich mir gestellt und nicht hatte beantworten können. Seit jenem denkwürdigen Tage aber bete ich täglich drei „Ave" zur lieben Gottesmutter, daß sie auch mir beim Sterben gnädig sei.

*

Heilige Maria, hohe Himmelskönigin, du bist in Wahrheit die Spenderin des Lebens, ein nie versiegender Quell göttlicher Gnaden. Wegen deiner hohen Tugend hast du solches Wohlgefallen gefunden in den Augen Gottes, daß du in deinen jungfräulichen Schoß den Urheber des Lebens und der Gnade selbst, Jesus Christus, aufnehmen durftest. Du wurdest die Mutter des Gottmenschen und damit die Mutter der erlösten Menschheit. Du bist eine Mutter der Gnade und des Lebens, des Erbarmens und der Verzeihung.

In mütterlicher Liebe blicke herab auf mich! Sieh an meine mannigfache geistige und leibliche Not! Hebe mich empor zur rechten Freundschaft mit Gott! Erbitte mir die Gnade der Beharrlichkeit! Maria, durch dein Gebet vermagst du alles beim Herrn. So gestatte denn, daß ich Armer dich zu meiner besonderen Beschützerin erwähle. Durch deine mächtige Fürbitte werde ich gewiß von deinem göttlichen Sohn alle Gnaden erhalten, die mir notwendig sind, um mit Seele und Leib treu zu dienen. So wirst du auch mir gegenüber zeigen, was du bist, die Mutter der göttlichen Gnade, und ich werde mit Hilfe der Gnaden, die du mir erwirkst, heilig leben hier auf Erden und werde dich dann ewig preisen dürfen im Himmel! Amen.

Papst Pius XI.

Altöttinger Fußwallfahrt

Seit einigen Jahren besteht in München ein schöner Brauch. Angeregt durch die Legion Mariens wallfahrten alljährlich einige Hundert Münchner zu dem bekannten Gnadenort Altötting. Betend und singend ziehen sie den fast 100 km langen Weg hin zum Heiligtum. Jahr um Jahr mehrt sich die Zahl derer, die der himmlischen Mutter ihre Sorgen und Nöte anvertrauen, aber auch derer, die ihre Freude und ihren Dank in Ihre mütterlichen Hände legen. Wohl kaum einer verläßt den Gnadenort, ohne gestärkt oder getröstet den Heimweg anzutreten.

Man kann mit Recht sagen: auch eine Fußwallfahrt ist Nachfolge Christi. Als Jesus 12 Jahre alt war, durfte er mit seinen Eltern die Reise von Nazareth nach Jerusalem machen. Von dieser Zeit an ist er jährlich mit den Pilgern gezogen — eine ähnliche Wegstrecke wie von München nach Altötting. Da wir Jesus doch immer ähnlicher werden wollen, ist es nur zu begrüßen, wenn möglichst viele Menschen den rechten Geist und die Freude einer Wallfahrt erkennen würden.

Es wird der Ewigkeit vorbehalten sein, zu erfahren, wie viel Segen und Gnade bereits auf unser bayerisches Land herabgefleht wurde. Aber auch jetzt schon wird manchmal in besonderer Weise das Gnadenwalten Gottes und Mariens sichtbar. Das mögen einige kleine Begebenheiten aufzeigen:

Maria hilft immer, in jeglicher Not!

Die Hauptgruppe der Fußwallfahrer legt den Weg immer in zweieinhalb Tagen zurück und muß deshalb zweimal übernachten. Da wir nicht für alle Pilger Privatquartiere erhalten konnten, mußten wir für 200 bis 300 Luftmatratzenlager in den zwei Übernachtungsorten sorgen. Ich hatte es in diesem Jahr wieder übernommen, die entsprechende Anzahl Luftmatratzen zu beschaffen. Im letzten Jahr hatte ich sie gegen ganz geringe Leihgebühr vom Kreisjugendring erhalten. Das wollte ich auch dieses Jahr versuchen, erhielt jedoch eine Absage. Für größere Jugendveranstaltungen wurde dort der ganze Vorrat benötigt. Es war gerade im Jahr des Eucharistischen Weltkongresses. So kam ich auf den Gedanken, beim Kongreßbüro anzufragen, ob wir nicht dort das Gewünschte erhalten könnten. Durch einen guten Bekannten, der in diesem Büro tätig war, ließ ich meine Anliegen dem verantwortlichen Leiter vortragen. Nach längerem Warten erfuhr ich schließlich, daß es nicht möglich sei.

Es waren nur mehr wenige Tage bis zum Beginn der Wallfahrt. Die Zeit drängte und andere Möglichkeiten mußten ausgeschöpft werden. Ich fragte in den größten Münchener Sportgeschäften, ob die notwendige Anzahl von Matratzen dort zu erhalten sei. In einem Geschäft konnte ich 40 Stück, in einem anderen 50 Stück und in einem dritten auch etwa 50 Stück bekommen - jedoch gegen eine Leihgebühr von insgesamt etwa DM 400.-

Schließlich kam der letzte Tag der Vorbereitung. Es war der 31. Mai, das Fest Maria Königin. Was sollte ich tun? Der Betrag der Leihgebühr war für unseren Zweck entschieden zu hoch. Ich machte darum noch einmal den Versuch, die Matratzen über das Kongreßbüro zu erhalten. Mein Bekannter sollte unser Anliegen noch einmal vortragen.

Inzwischen ging ich in die Kirche, kniete mich vor das Bild Mariens: ,,Muttergottes, Du weißt, daß wir die Luftmatratzen für die Wallfahrt zu Deinem Gnadenort brauchen. Wenn wir sie vom Kongreßbüro erhalten, müssen wir DM 400,- Leihgebühr bezahlen. (Voriges Jahr hatten wir nur DM 25,- bezahlen müssen.) Du bist doch die Königin des Himmels und der Erde.

Heute feiern wir dieses, Dein Fest. Wir wenden uns vertrauensvoll an Dich. Du kannst die Gesinnung des entsprechenden Herrn im Kongreßbüro ändern, daß er uns doch noch unsere Bitte erfüllt. Um 14 Uhr fahre ich in die Stadt zu den Geschäften, um für das teure Geld die 250 Matratzen zusammen zu bringen. Ich vertraue darauf, daß Du alles erreichen kannst. Ich bitte Dich, hilf uns doch!“

So ähnlich hatte ich gebetet und verließ darauf die Kirche. Es war schon Mittag vorüber, kurz vor 14 Uhr. Ich wollte gerade das Haus verlassen, um in die Stadt zu fahren. Da war es mir, als hörte ich das Telefon. Ich kehrte noch einmal um — und siehe da — es war ein Anruf vom Kongreßbüro. Ich solle dort noch einmal vorbeikommen. Es bestände Aussicht, die Luftmatratzen doch noch zu erhalten.

Zwei Stunden später hielt ich die schriftliche Bestätigung des Büros in meinen Händen, daß ich für die Fußwallfahrt 250 neue Luftmatratzen abholen kann, ohne einen Pfennig Leihgebühr dafür bezahlen zu müssen.

Neue Existenz - durch Maria!

Der Großteil der Fußwallfahrer sind junge Menschen, aber auch einzelne ältere Leute sind immer wieder darunter zu sehen. Ein Herr mit ergrauten Haaren ist mir besonders aufgefallen. Er war bereits mehrere Male dabei. Bei einer Gebetspause ging ich zufällig neben ihm und er erzählte mir den Grund seiner alljährlichen Pilgerschaft.

Er war selbständiger Kaufmann und wurde plötzlich schwer krank. Die Krankheit dauerte viele Monate. Als er wiederhergestellt war, hatte der Geschäftsführer, dem er seinen Betrieb anvertraut hatte, diesen auf DM 3000,- Schulden herabgewirtschaftet. Er mußte seinen Betrieb aufgeben und stand nun mittellos da. Mit 56 Jahren etwas Neues zu beginnen, wagte er nicht, und so suchte er eine Anstellung in einem anderen Betrieb. Aber niemand wollte ihn aufnehmen wegen seines Alters. Er war nahe daran, sich das Leben zu nehmen, denn er sah keine Möglichkeit mehr, sich eine neue Existenz zu schaffen.

Verzweifelt irrte er tagelang in der Stadt umher und die Aussichtslosgkeit seiner Lage bestärkte ihn immer mehr, einfach Schluß zu machen. In dieser Verzweiflung kam er auch in die Theatinerkirche. Beim Hinausgehen fiel sein Blick auf ein Plakat: Ein Aufruf zur Fußwallfahrt nach Altötting. ,,Das soll mein letzter Versuch sein" - schoß es ihm durch den Kopf. ,,Vielleicht kann mir die Muttergottes helfen!" Und kurz entschlossen meldete er sich zur Teilnahme an und ging mit. In seinem Herzen trug er das große Anliegen: Muttergottes, hilf du mir zu einer neuen Existenz. Und auf dem Weg zum Gnadenort reift schließlich noch das Versprechen: ,,Wenn du mir hilfst, Maria, dann will ich jedes Jahr mitgehen, solange ich kann."

Wie groß war seine Freude, als er von seiner Reise heimkam! Es lag ein Brief im Briefkasten mit einer Vorladung des Stadtrates wegen einer eventuellen Einstellung. - Er erhielt sofort eine Anstellung bei der Stadt!

Die versprochene Wallfahrt

Ein junger Schlosser hatte in einer Münchener Fabrik einen schlimmen Unfall. Er war mit seiner Hand in eine Maschine geraten und zu allem Unglück mit dieser schwerverletzten Hand in einen Farbtopf gefallen.

Er ging sofort zum Arzt, aber die Sache wurde sehr bösartig. Die Hand wurde trotz bester Behandlung nicht besser, sondern schlimmer. Eine Amputation stand bevor. Das gestand der Arzt schließlich dem Verunglückten und seiner Mutter. Das war besonders für den jungen Mann ein harter Schlag. Wie sollte er seinen Beruf wieder ausüben können? Da nahm die Mutter ihre Zuflucht zu Unserer Lieben Frau. Sie hatte einen Aufruf gelesen, ,,Für ein Neues München" eine Fußwallfahrt nach Altötting mitzumachen. Sie nahm diese Gelegenheit wahr, und machte ein Versprechen: ,,Wenn die Hand meines Sohnes erhalten bleibt, dann will ich aus Dankbarkeit mit nach Altötting gehen!"

Kurz darauf gingen sie wieder zum Arzt. Als dieser den Verband abgenommen hatte, stellte er mit Erstaunen fest, daß die Hand nun zu heilen begann. Es bestand keine Gefahr mehr.

Aus Dankbarkeit ist nicht nur die Mutter, sondern auch der so offensichtlich wunderbar geheilte Sohn und der Vater den fast 100 km langen Weg nach Altötting gegangen.

*

Gebet zu Maria der Gnadenvollen

Mächtige Jungfrau, du liebevolle Helferin, hochgebenedeite Jungfrau, du bist die Mutter des göttlichen Sohnes, des Herrn der ganzen Schöpfung. Du bist ohne Schuld, ganz heilig. Du bist die Hoffnung der Verzweifelnden und der Sünder. Wir grüßen und preisen dich als die Gnadenvolle, die Christus, den Gottmenschen geboren hat. Vor dir werfen wir uns alle nieder, rufen zu dir und bitten um Hilfe.

Heilige, unversehrte Jungfrau, bewahre uns vor jedem Unglück und vor allen Versuchungen des Teufels! Sei unsere Mittlerin und Fürsprecherin in der Stunde des Todes und des Gerichtes! Rette uns vor dem drohenden und unauslöschlichen Feuer und vor der seelischen Finsternis!

Liebenswürdige, mildeste Jungfrau und Mutter, laß uns würdig werden, die Herrlichkeit deines Sohnes zu schauen. Du bist unsere einzige, sichere, untrügliche Hoffnung bei Gott. Ihm gebührt Ruhm und Ehre, Herrlichkeit und Macht in alle Ewigkeit. Amen

Die Geschichte des Stocker-Kreuzes

Es war am heiligen Abend 1926, da kam nach Altötting ein 64jähriger Mann mit Namen Franz Stocker, Zimmermann aus Prien am Chiemsee. Nach Verrichtung seiner Andacht ging er in die Kapell-Administration, um nach einem Kreuz zu fragen, auf dem sein Name stehe mit dem Datum 30. Mai 1887.

Auf die Frage, was es denn mit diesem Kreuz für eine Bewandtnis habe, erzählte der Mann folgendes schaudervolles Erlebnis:

Ich war 22 Jahre alt, als bei einer Holzfahrt in den Bergen der Schlitten stürzte und mich unter der schweren Ladung begrub. Als man mich bewußtlos herauszog, waren die beiden Füße abgeschlagen, vier Rippen gebrochen und die Schädeldecke eingedrückt. Sehen Sie, sagte er, heute noch habe ich als

Andenken daran das tiefe Loch im Schädel und vier versilberte Stahlrippen im Brustkasten. Mein Gott, war das ein Jammer, wie sie mich in diesem schrecklichen zerfetzten, elenden Zustand nach München ins Allgemeine Krankenhaus zu dem berühmten Arzt Dr. Nußbaum brachten. Ich hatte wirklich keine Hoffnung mehr, mit dem Lebem davonzukommen und geheilt zu werden.

Eine Operation nach der anderen machten die Ärzte an mir, um mich zu retten. Was ich da auszustehen hatte, ist Gott bekannt, das ganze Haus hatte Mitleid mit mir. Aber jetzt kommt das Ärgste:

Am 5. Februar fiel ich nach einer schweren Operation in Starrkrampf. Kalt und steif lag ich im Bett, unfähig auch nur einen Finger zu rühren, oder eine Muskel zu bewegen. Der Erstarrungszustand wurde allmählich ein derartiger, daß man mich als tot erklärte. Eine entsetzliche Angst überkam mich, als die Krankenschwestern mich für gestorben hielten und auch der Arzt dies schließlich bestätigte. Und ich hörte und sah alles. Um 19 Uhr wurde ich in den Sarg gelegt und in die Leichenkammer hinuntergetragen, wo bereits zwei Tote aufgebahrt waren. Da lag ich nun wie eine dritte Leiche unter den anderen.

Ich wußte alles, was um mich und mit mir vorging. Wie man mir den Rosenkranz um die Hand wickelte und das Sterbekreuz gab, wie man mich bedauerte und doch wieder glücklich pries, daß ich jetzt erlöst sei von den schrecklichen Schmerzen und meinem jammervollen Zustand. Ich hörte, wie man betete: O, Herr gib ihm die ewige Ruhe! All das hörte und sah ich und konnte mir nicht helfen. Eine entsetzliche Angst überkam mich bei dem Gedanken: Lebendig begraben zu werden! Ich hätte heulen und schreien und brüllen mögen in meiner schrecklichen Not und Todesangst, aber ich konnte den Mund nicht bewegen. Ich wollte alle Kräfte bis auf den letzten Rest anspannen, aber alles umsonst. Auch die geringste Bewegung war einfach unmöglich.

Meine Angst war so entsetzlich, daß ich meinte, es müßte mir das Herz brechen. Es war mir, als müßte ich wahnsinnig werden. Fieberhaft arbeiteten meine Gedanken, Stunde um Stunde verrann in quälendem, schier ewigkeitslangem Warten.

Mein starrer Blick ruhte auf dem großen Kreuz vor mir in der Totenkammer. Ich fing an zu beten und zwar so innig, wie ich noch nie gebetet hatte. Plötzlich kam mir der Gedanke: Mach ein Gelübde zur Mutter Gottes von Altötting! Und so gelobte ich dann: „Gnadenmutter von Altötting! Ich habe keine Hoffnung mehr. Du allein kannst mir durch deine Fürbitte noch helfen! Du bist mein letzter Hoffnungsstern! Wenn du mir hilfst, daß ich nicht lebendig begraben werde, dann will ich ein zentnerschweres Kreuz von Prien bis Altötting zu Fuß tragen und dort am Gnadentor niederlegen."

Nach diesem inbrünstigen Gebet wurde ich innerlich ruhiger. Da auf einmal um zwei Uhr nachts ging die Tür der Leichenkammer auf, zwei Wächter kamen herein, nahmen mich unerwartet aus dem Sarg und trugen mich zu den Ärzten in ein Separatzimmer. Dort wurde ich mit Aufbietung aller Gewalt am ganzen Körper massiert, gerieben und gebürstet und schließlich auch noch auf den Kopf gestellt. Und siehe da: auf einmal mußte ich erbrechen. Welche Freude und Seligkeit!

Das erste Lebenszeichen! Unter den fortgesetzten Bemühungen der aufopfernden Ärzte wich schließlich nach und nach die starre Lähmung der Muskeln und Glieder. Ich war dem Leben wieder gegeben. Es herrschte eine unbeschreibliche Freude. Der alte Herr Professor Dr. Nußbaum kniete nieder und rief: Gott sei tausend Dank, daß dieser arme Mensch von dem entsetzlichen Tod des Lebendigbegrabenwerdens bewahrt wurde.

Dann griff er in seine Westentasche, zog elf blanke goldene Zehnmarkstücke hervor und gab sie mir Überglücklichem für den ausgestandenen Schrecken.

Nun aber hören sie auch, erzählte der Mann weiter, wie denn meine Rettung eingeleitet wurde:

Um 24 Uhr Mitternacht war die übliche Ablösung des wachhabenden Arztes. Der Herr Assistenzarzt Dr. Schmiedbauer ging durch die Säle der Schwerkranken und fand da mein Bett leer. „Wo ist denn der Stocker Franz?", fragte er die Krankenschwester. „Er ist nachmittags gestorben und liegt schon seit 19 Uhr in der Leichenkammer", war die Antwort.

Dem Arzt ließ es aber keine rechte Ruhe. Wiederholt sprach er von mir bei der Krankenvisite. Er wollte gar nicht glauben, daß der junge Bursche wirklich gestorben sei; und als er hörte, daß der Chefarzt Dr. Nußbaum noch nicht verständigt sei, entschloß er sich schnurstracks und ging noch gegen ½ 2 Uhr in dessen Wohnung. Der edle Dr. Nußbaum stand sofort vom Bett auf, ließ sich ins Krankenhaus tragen — Dr. Nußbaum war damals bereits so schwer gichtleidend, daß er nicht mehr zu gehen vermochte — und da sollte er denn auch einen Erfolg und eine Freude ohnegleichen erleben.

Es dauerte schließlich lange Wochen bis ich als geheilt entlassen werden konnte. Als ich dann endlich heimkam, war mein erstes zur lieben Mutter Gottes nach Altötting zu gehen, um meinen Dank abzustatten, denn durch ihre Fürbitte allein war ich gerettet worden. Freilich das versprochene zentnerschwere Kreuz konnte ich mit meinem durch und durch geschwächten Körper nicht mitschleppen.

So ging ich denn von Prien bis Altötting den etwa 12stündigen Weg zu Fuß betend. Nach einigen Monaten ein zweitesmal, dann ein drittesmal und so innerhalb 2 Jahren neunmal hierher zu Fuß wallfahrten. Aber merkwürdig, befriedigt war ich nie, ja immer ärgerlicher ging ich von der Gnadenstätte fort. Es war mir, als ob das sonst so liebevoll herabgrüßende Muttergottesauge mich nicht sehen wollte. Als ich das neuntemal da war, da ging ich heim mit einem Herzen voller Unruhe, Unmut, ja Bitterkeit und Zorn und Verzweiflung. Ich war derart herabgestimmt, daß ich auf dem Heimweg bei einem Gang durch den Wald nahe daran war, mich aufzuhängen; es war mir, als wenn eine innere böse Stimme mir immer sagte: „Häng dich auf, dein Leben ist verpfuscht und verflucht, mach dem Elend ein Ende!" Glücklicherweise waren Wallfahrer des Weges gekommen, so daß ich den teuflischen Gedanken nicht ausführen konnte. Ich kam heim. Aber Friede und Ruhe konnte ich nirgends finden und so wurde ich schließlich ganz verbittert und verbissen, voll des Grolles gegen Gott und die Religion.

Da im Frühjahr 1887 sagten zu mir ein paar Kameraden auf dem Werkplatz: „Wir gehen übermorgen nach Ötting. Es ist der 1.Mai, Philippi und Jakobi, das Kirchenpatrozinium der Pfarrkirche. Da ist's immer recht schön dort, Franzl gehst nicht mit?" Ich aber bin ganz wild aufgefahren: „Fällt mir gar nicht ein, ich glaub überhaupt nichts mehr. Das ganze Beten und Wallfahrten ist nichts wert." — ,,Was Franzl?" war die Antwort. ,,Du, du, du traust dir so daherreden? Hast es schon vergessen, daß du schon längst im Grabe verfault wärest, wenn dir unsere liebe Frau von Ötting nöt g'holfen hätt'? Schäm dich! Dein Kreuz, das du ihr versprochen hast, hast heut noch nöt nauftragen nach Altötting!" Ich war von diesem unerwarteten Vorwurf wie vom Blitz getroffen. Kein Wort sprach ich mehr, aber am anderen Tag ging ich nach Grabenstätt und schaffte ein Eichenkreuz an. Fast 2 ½ Meter war es lang und weit über einen Zentner schwer und am 30. und 31. Mai schleppte ich es zu Fuß von Prien nach Altötting. Wie ich dann so schwerbeladen vor dem Gnadenaltar kniete, da hat mich unsere liebe Frau nicht mehr vorwurfsvoll fragend angeblickt. Nein, es war mir, als wolle sie mich mit dem Jesuskindlein auf dem Arm grüßen und sagen: ,,Gott sei Dank, daß du jetzt dein Versprechen gehalten hast!" Eine unbeschreibliche Andacht und Freude und Seligkeit war über mich gekommen, daß ich gar nicht aufhören konnte mit Beten und Danken. Im Himmel, meine ich, kann man nicht seliger sein als mir damals ums Herz war. Ich wollte gar nicht mehr aus der hl. Kapelle gehen, so wohl war mir bei der Himmelsmutter, die mich, ihr verirrtes Kind, nicht verlassen hatte. Und weil der Weihnachtsabend Mariens schönster Tag ist, weil sie an diesem Tage Gottesmutter wurde, darum komme ich so gerne, fast alljährlich, zum hl. Abend hierher, um an ihrer Gnadenstätte mich mit ihr zu freuen!

Aus Altöttinger Liebfrauenbote

*

Reinstes Herz der heiligen Jungfrau Maria, erbitte mir von Jesus ein reines, demütiges Herz!

(Papst Pius IX.)

Bei unserer Lieben Frau von Lourdes

Da fuhr im Mai 1928 von Köln am Rhein ein Pilgerzug nach Lourdes. Ein achtundzwanzigjähriges Mädchen war bei der Pilgerschar, ein bemitleidenswertes, armseliges Geschöpf. 1918, gegen Ende des Krieges, wurde es, damals 18 Jahre alt, von einer heftigen Kopfgrippe befallen. An ihrem Krankenbett schwand bald alle Hoffnung auf Genesung, Der Arzt gab die Kranke auf.

Schon war sie mit den Sterbesakramenten versehen.

Doch wider alles Erwarten führte die Krankheit nicht zum Tode. Das Mädchen überstand die Todesgefahr, wurde allerdings auch nicht mehr gesund. Ein langes zehnjähriges Martyrium begann. Als Folge der Krankheit war ein schweres Nierenleiden zurückgeblieben, das ständig heftige Schmerzen verursachte. Aber das war noch nicht das Schlimmste. Schlimmer als diese Nierenkrankheit war eine zweite Folge der nicht ausgeheilten Grippe: eine Art Lähmung der Beine. Diese waren an den Knien hochgezogen und ließen sich nicht mehr strecken. Das arme Menschenkind konnte zehn Jahre lang weder stehen noch gehen noch sitzen noch knien. Zusammengerollt lag es auf seinem Schmerzenslager, ein Anblick zum Weinen. In fünf Krankenhäusern war das Mädchen gewesen, zwölf Ärzte versuchten nacheinander ihre Kunst an ihr ohne Erfolg. „Unheilbar", so lautete das Schlußurteil der menschlichen Weisheit. Dabei lebte die Bedauernswerte in äußerst armseligen Verhältnissen. Mit ihrer alten Mutter, einer Bergmannswitwe, die eine kleine Rente bezog, bewohnte sie zwei Dachzimmerchen. Das war ein bitteres Leid, eine große Not.

Nur ein Stern leuchtete in der finsteren Leidensnacht der beiden, der Tochter und der Mutter. Das war der Gedanke an eine Wallfahrt nach Lourdes. Aber wie sollte das möglich sein? Die Krankheit hatte alle Ersparnisse aufgezehrt, und die kleine Witwenrente reichte kaum zum Leben. Da taten sich die Nachbarn, selbst arme Leute, zusammen und brachten unter sich das Reisegeld auf. Mehr noch als das. Sie beteten auch zusammen, lange vorher schon, daß die liebe Gottesmutter sich doch dieser großen Not, die ihnen alle ins Herz schnitt, erbarme. Als dann Anfang Mai die Wallfahrt angetreten wurde, hörten daheim die Freunde, voran die Mutter, sozusagen bei Tag und Nacht nicht mehr auf zu beten.

Die Kranke fuhr dem fernen Lourdes entgegen. Schrecklich nahm die lange Eisenbahnfahrt sie mit; halbtot kam sie in Lourdes an. „Die wäre auch besser daheim geblieben", meinte einer von den Ärzten.

Und alles Beten an der Grotte und alles Baden in der heiligen Quelle half rein gar nichts. So verging der erste Tag, der zweite Tag, der dritte Tag, der vierte Tag. Es wurde schlimmer anstatt besser. In der Nacht zum fünften Tag kam die Verzweiflung über die Kranke. Immerfort wimmerte sie in ihren Schmerzen vor sich hin: „Wäre ich doch daheim geblieben, um bei der Mutter zu sterben." In diesen schweren Stunden kam der Versucher zu ihr und flüsterte ihr zu: „Das Beten ist umsonst. Alles hier in Lourdes ist leerer Wahn. Auch du bist wie alle anderen eine Betrogene."

So sprach der Versucher zu ihr. Sie aber, in ihrem Heiligsten verletzt, raffte darauf all ihren Mut zusammen und sagte dem Teufel zum Trotz das schönste Gebet, dessen ein Mensch überhaupt fähig ist: „Herr, dein Wille gescheh', tut's auch noch so weh, wenn ich's auch nicht versteh'!" Da gab Satan sein Spiel auf. Ein heiliger Friede zog in das Herz der Vielgeprüften.

Leicht schlummerte sie ein, und als sie am Morgen in neuen Schmerzen erwachte und die Krankenträger sie zur Grotte bringen wollten, lehnte sie ab. Nein, sie hatte sich in Gottes Willen ergeben.

Am Mittag wurde die Kranke erneut von den Krankenträgern gedrängt, sich zur Grotte hintragen zu lassen.

Es sei die letzte Gelegenheit, morgen müsse sie heimreisen. Da gab sie nach, nicht um geheilt zu werden, sondern um die Krankenträger nicht zu kränken. Doch kaum hatte sie diesmal das gesegnete Wasser berührt, da — was ist das? — da strecken sich die Beine, eine jähe Freude durchzuckte sie. Sie sprang auf, sie, die zehn Jahre nicht stehen konnte. Schnell kleidete sie sich an, sie, die zehn Jahre lang sich selbst nicht mehr ankleiden konnte. Dankerfüllten Herzens warf sie sich auf die Knie, sie, die zehn Jahre lang nicht mehr knien konnte. Und während sie sich vor lauter Seligkeit nicht mehr zu halten wußte, stieg aus tausend Kehlen jubelnd das Te Deum zum Himmel empor.

O gütige, o milde, o süße Jungfrau Maria!

Aus „Maria, wir rufen zu dir", von A. M. Rathgeber

*

Himmlische Mutter Maria, lehre uns die Sicherheit und Überzeugung, daß nur allein der Wille Gottes für all unser Denken und Handeln maßgebend ist. Erbitte uns die Demut, daß wir uns auch den unerforschlichen Ratschlüssen Gottes beugen und den göttlichen Willen restlos erfüllen, ohne Trotz und Murren, ohne Bedingungen. Erbitte uns jene Liebe, mit der du dein Fiat gesprochen und dich dem Willen Gottes restlos gebeugt hast. Amen.

Eine Schranke fiel

Als Mrs. Harrings in Lourdes ankam, fühlte sie sich bedrückt durch den Anblick der großen Menschenmenge, die alle Straßen und Winkel mit der Vielfalt eines ungeheuren völkischen Gemisches erfüllte. Man sah Trachten aus verschiedensten entlegenen Nationen, ein babylonisches Sprachengewirr schwirrte in den Hotels. Menschen aller Rassen waren hier vertreten. Und Msr. Harrings kam sich verloren und einsam vor, wie immer, wenn sie in einem Menschenstrom wandern mußte. Sie beschloß, sich sofort auf eine stille Insel zu retten.

Zum Glück war ihr in der Fremdenpension lange zuvor telegrafisch ein Einzelzimmer zugesichert worden; es lag etwas zum Ausgang der Stadt an der Windung des Gave hin. Als sie sich beim Portier meldete, mußte sie ein Weilchen warten. Sie wich einen Schritt zurück. Vor ihr stand eine Negerin und erbat in ihrem gutturalen Englisch Aufnahme für sich und ihr krankes Kind. Der Portier nickte freundlich. Er wußte bereits Bescheid. Gewiß, Zimmer Nummer acht war frei. Mrs. Harrings ging ein

Schock durch die Glieder. Sie hatte doch die Nummer zugesichert bekommen. Sollte sie Bett an Bett mit einer Schwarzen kampieren?

Erregt fuhr sie dazwischen: ,,Verzeihung, Monsieur, das muß wohl ein Irrtum sein. Das Zimmer gehört mir!" Der Portier hob die Schultern. ,,Pardon Madame, es war nicht anders zu machen. Sie sehen ja wohl selbst, wie überfüllt unsere Stadt ist. Da müssen wir jeden Raum nutzen."

Mrs. Harrings schlug das Herz bis zum Hals, sie zwang die Erregung nieder, wartete einige Augenblicke, bis die Schwarze vorübergegangen war und sagte dann: ,,Das ist unmöglich, ich habe in meinem ganzen Leben noch nicht mit einer Farbigen in einem Raum zugebracht. Wissen Sie, was Sie mir zumuten?"

Der Mann sah sie ruhig an. ,,Madame, ich vermittelte Ihnen keine schlechte Gesellschaft. Die Schwarze ist die Frau eines großen Häuptlings aus Nordostafrika, unter ihresgleichen eine Person von Rang, und außerdem katholisch, wie Sie und ich."

Mrs. Harrings war den Tränen nahe. ,,Sie verstehen mich nicht, Monsieur, Sie sind eben Franzose! Wie können Sie ermessen, was es für eine Amerikanerin bedeutet, mit einer Schwarzen in enge Berührung zu kommen? Wenn ich das nur geahnt hätte! Aber was tut man nicht alles aus Liebe zu seinem kranken Kind?"

Der Portier wartete, bis sich die Dame etwas beruhig hatte, dann meinte er: ,,Ganz recht, auch die Schwarze hat ein krankes Kind. Keine Sorge, es wird Sie nicht stören. Die Kleine ist drei Jahre alt und total gelähmt." Jetzt stürzten Mrs. Harrings die Tränen. ,,Das tut mir ja leid, mein eigenes Kind liegt in Washington mit Kinderlähmung darnieder. Deswegen bin ich hier. Es war natürlich transportunfähig für die weite Flugreise. Aber deswegen kann ich doch nicht drei Tage lang mit einer Negerin kampieren!" Der Portier verlor die Geduld nicht. ,,Es handelt sich nur um drei Nächte", korrigierte er gelassen, ,,und da ist ohnehin alles schwarz, Madame. Bei Tage werden Sie wohl genau wie die Häuptlingsfrau unterwegs sein. ,,Wir kennen das. Also, wollen Sie das Zimmer, oder..." Mrs. Harrings trocknete sich die Augen. ,,Natürlich, ich muß es ja nehmen, sonst kann ich draußen übernachten, bei der Menschenmenge.

Geknickt ließ sie sich zu ihrem Zimmer geleiten. Als sie hineinkam, saß die Negerin auf ihrem Bett und kaute an einer undefinierbaren Mahlzeit — auch das noch! Jetzt stand sie auf, ergriff den bunten Wandschirm und stellte ihn so vor sich, daß die Amerikanerin ihre braunen, in Lappenschuhen steckenden Füße darunter hervorkommen sah. Gott sei Dank, sie hatte wenigstens einen Schimmer von Verständnis dafür, was in ihr vorging. Wenn sie sich geräuschlos verhielt, konnte man sogar die Illusion aufrechterhalten, man sei allein. Nein, die Negerin störte nicht. Sie hatte weder Gepäck auszupacken noch machte sie irgendwelche Anstalten sich vom Reisestaub zu reinigen. Mäuschenstill verhielt sie sich. Mrs. Harrings legte sich nieder, ihre Nerven entspannten sich. Schon nach wenigen Atemzügen schlief sie ein.

Als sie aufwachte, war es bereits gegen Morgengrauen, ja, todmüde war sie gewesen von der Flugreise, der anschließenden Autofahrt von Paris — Lourdes und den Aufregungen daselbst. Sie setzte sich auf — nebenan war alles lautlos, als sei die Schwarze gestorben. Ehe Mrs. Harrings ihr Zimmer verließ, um die Frühmesse in der Basilika zu besuchen, warf sie doch einen Blick hinter den Wandschirm. Da saß doch die Negerin zusammengekauert vor dem Bett auf dem Fußboden und bewachte wie ein regungsloses Wesen den Schlaf eines Kindes, dessen dunkles Köpfchen scharf von den weißen Kissen abstach. Hatte sie auf der Erde — ja, es mußte so sein: auf der Erde geschlafen oder gewacht — was wußte sie? Leise und seltsam bedrückt ging sie hinaus. Auch in der heiligen Messe fand sie keine rechte Sammlung, keine innere Erhebung, wie sie dies erwartet hatte. Nun, das würde sich wohl bei der Grotte ändern; wie hingerissen sprachen ihre Freundinnen ja daheim von Lourdes. Noch war ihr Interesse kühl und ungerührt. Sie studierte den Kirchenplan, eine Stunde später begannen die öffentlichen Bittandachten an der Grotte den ganzen Tag hindurch und abends dann die Lichterprozession. Nun, sie würde noch beten lernen. Es ging um Eves Gesundheit. Ihre arme Kleine, welche Hoffnungen hatte sie auf diesen Besuch der Mutter gesetzt! Aber jetzt fühlte sich Mrs. Harrings unglücklich, mutlos und matt, kaum, daß sie ein Rosenkranzgebet zusammenbrachte! Vergeblich starrte sie zum schimmernden Bildnis der Jungfrau von Massabielle auf, ihr Herz an diesem Anblick zu entzünden. Enttäuscht wandte sie sich nach einer Weile und ging. Alles ärgerte sie, die Menge, die sich wieder auf die Füße trat, die Verkäufer an den glitzernden Ständen mit den Andenken und Weihegedenken — war das nicht die Negerin aus ihrem Zimmer, die gerade einen knallblauen Rosenkranz kaufte und vor Glück strahlte? Rasch ging sie weiter. Der nur nicht begegnen!

Vielleicht fand sie eine tiefere Erbauung, wenn sie die berühmte Krankensegnung miterlebte am Nachmittag? Der Priester mit dem Allerheiligsten segnete jeden Kranken mit Inbrunst. Die Amerikanerin beobachtete genau, aber nichts Aufsehenerregendes ereignete sich. Dann schlich sie weg zur heiligen Quelle: schöpfte und trank mit Leere im Herzen, füllte eine Flasche mit dem Wasser — für Eve — innerlich war sie wie ausgebrannt. Wie konnte sie da ihrem Kind helfen? Nein, nur nicht zurück in ihr Zimmer, am Ende war die Schwarze bereits wieder dort. Sie wollte noch einmal zur Grotte zurück. Vielleicht war es abends stiller. Doch als sie kam, hatten sich wieder Beter in Mengen dort vereint; nur mühsam gelang es ihr, nach vorn zu kommen. Ein Priester betete vor, stimmte ein Lied an, alle sangen. Plötzlich wurde die Amerikanerin seltsam angerührt durch eine glockenklare, jubelnde Frauenstimme von solcher Leichtigkeit und Schönheit, daß sie irgendeine berühmte Sängerin vermutete und sich umwandte. Fast entsetzt schaute sie in das Gesicht der Negerin, das von Hingegebenheit schimmerte. In ihren Armen hielt sie das kranke Kind und sang — sang, als sei ihre Seele Lied geworden. Mrs. Harrings senkte den Kopf. Wie war es möglich? Wie kam eine Wilde an solche Stimme und warum in aller Welt sang sie mit diesem Glücksausdruck, während ihr Kind doch offensichtlich so krank war wie zuvor?

Der Geistliche verließ nun die Grotte und beendete die Andacht, öffnete das Gitter — sofort strömten die Menschen nach vorn. Auch Mrs. Harrings wurde mitgeschoben. Nun konnte sie ganz nahe, bis unter die Füße der Statue treten; da wandte sie sich halb; die Negerin blieb demütig vor den Weißen zurück. In diesem Augenblick zersprang etwas im Innern der Amerikanerin. Sie ging rasch, nahm die Schwarze bei der Hand und sagte mit weicher Stimme: „Kommen Sie, meine Liebe, bitte, hier ist Platz für Sie" und führte die Negerin bis unter das Bildnis. Die stand reglos, mit emporgewandtem Gesicht, schimmernden Augen, als sänge ihre Seele noch. — Und plötzlich mußte die Amerikanerin weinen, und ihr Herz quoll über von Gebet, für Eve, für sich, nein, auch für jene, die Negerin und das Kind — was war geschehen? Sie kannte sich nicht mehr und kniete. Die Schranke fiel... Später, in ihrem Zimmer, räumte sie den Wandschirm weg; lange sprach sie mit der Schwarzen, mütterlich und gut, woher sie komme, wie lange sie gereist sei mit dem kranken Kind? O — nicht lange, nur drei Monate zu Fuß, ja, von Nordafrika über Spanien bis hierher... „Und nun?", fragte die Amerikanerin erschüttert, „müssen Sie auch wieder zurückwandern, ganz allein, zu Fuß? Und ohne Heilung gefunden zu haben für Ihr Kind?" Die Negerin lächelte eigen. „O Msr. Harrings, ich kam ja nicht, um zu bitten, sondern um zu danken. Ja, dafür, daß mein Mann Christ wurde; einige Jahre zuvor noch hätte er das krankgeborene Kind unweigerlich getötet. Ist es nicht ein Glück, daß er lernte, es zu lieben, daß es leben darf?" Die Amerikanerin schwieg überwältigt. Ehe sie schlafen ging, beugte sie sich über die Negerin und machte das Kreuzzeichen über sie. „Gott segne Sie", murmelte sie, „es ist Gnade, daß ich Sie treffen durfte."

Sie wußte nun, daß es in Lourdes Wunder gab und gibt, die nie offenbar werden, außer am Tage des jüngsten Gerichtes.

Consilia Maria Lakotta

*

Himmlische Mutter, beschütze unser Eigentum und unsere Wohnungen vor allen Nachstellungen der sichtbaren und unsichtbaren Feinde. Laß deine heiligen Engel darin walten und Ergebung, Frieden und die Freude des Heiligen Geistes in ihnen herrschen. Amen.

Eine Unheilbare wird geheilt

Das erste große Wunder an einer Deutschen

Am 28. Juni 1961 wurde durch ein Dekret des Bischofs von Lourdes, Msgr. Théas, die erste wunderbare Heilung einer Deutschen in Lourdes anerkannt und bestätigt. Es ist dies die 55. kirchlich anerkannte Wunderheilung. Das Wunder geschah an Fräulein Thea Angele aus Tettnang, einer Kreisstadt in Oberschwaben, nahe bei Friedrichshafen am Bodensee. Thea war am 20. Mai 1950 von multipler Sklerose in der Lourdesquelle geheilt worden. Heute lebt sie als Ordensschwester im Kloster der Unbefleckten Empfängnis in Lourdes und trägt den Namen Schwester Maria Mercedes.

Wie kam es aber zu dieser furchtbaren Krankheit und zur Heilung?

Es war im Jahre 1944. Fräulein Thea war angestellt im Landratsamt von Tettnang als Stenotypistin. Sie war ein fröhliches Mädchen, immer lachend und guter Dinge und auch eine gute Turnerin.

Doch dann kam es Schlag auf Schlag! Thea wurden plötzlich die Finger auf den Tasten schwer. Bald konnte sie die Schreibmaschine nicht mehr bedienen. Sie war krank. Ein organisches Nervenleiden griff schnell und unbarmherzig von einem Körperteil zum anderen über: Multiple Sklerose, von keinem Arzt zu heilen.

Bald lag Thea vollkommen gelähmt im Bett. Das Bewußtsein schwand mehr und mehr, die Stimme war verstummt. Sie wurde schließlich nur mehr künstlich ernährt.

Geduldig und stark ertrug das Mädchen alles. Ihr Arzt Dr. Kohler, pflegte sie aufopfernd. Er stand aber auf verlorenem Posten. Nicht verloren gab sich die Kranke selbst. Sie hoffte von Tag zu Tag, von Jahr zu Jahr. Und sie hoffte auf Lourdes. Hat sie gewagt an Heilung in Lourdes zu denken? Kaum anzunehmen. Sie wollte Stärkung, Trost und neuen Mut.

Nach normalen Maßstäben war es Wahnsinn, sie fahren zu lassen. Aber nun hatte schon so lange der Bettelkasten neben ihrem Bett den Krankenbesuchern die Groschen mit der Bitte „Wer hilft mir zur Wallfahrt nach Lourdes?" abgeschmeichelt.

Sie hatte sich so darauf gefreut. Sollte man ihr jetzt sagen, daß sie sterbenskrank war und die Fahrt kaum überleben würde? Sie wußte es ohnehin.

Am Mittwoch, den 17. Mai 1950, kam sie in menschlich hoffnungslosem Zustand in Lourdes an, 1,65 m groß und dabei nur noch 68 Pfund schwer. Man spendete ihr die hl. Krankenölung. Bischof Théas besuchte am Abend eine Sterbende.

Trotz ihrer Schwäche trug man sie am nächsten Tag zur Quelle. Sie wurde in dem 14 Grad warmen Wasser gebadet. Dramatische Stunden begannen. War das nach dem ersten Bad schon Besserung, war es Einbildung? Beim zweiten Bad mittags verschlechterte sich ihr Zustand wieder. Tapfer nahm sie an der Sakramentsprozession teil. Der Schulfreundin, die allein ihr mühseliges Gestammel verstand, sagte sie zuversichtlich: „Ich weiß, am Samstag hilft mir die Muttergottes.!"

Die Muttergottes half schon früher. Durch ihre Fürbitte wurde Thea schon am Freitag fast ganz von ihren Leiden befreit. Strahlend bat sie um ein Glas Wasser.

Sie sprach wieder.

Sie aß wieder.

Am Sonnabend konnte sie Hand und Fuß bewegen.Am Sonntag lief sie 20 herrliche Meter zu Fuß in die Hauskapelle. Und sie kannte nur noch ein Wort: Dank, Dank, Dank!

Stumm standen die Ärzte, ergriffen die vielen tausend Pilger aus aller Welt. Die Geheilte klammerte sich an die Freundin: „Ich kann es nicht fassen, nur Gott hat mir geholfen."

Zu diesem Urteil kamen nach elfjähriger, notwendiger, gewissenhafter Prüfung auch die kirchlichen Kommissionen. In der Zwischenzeit mußte sich Thea Angele immer wieder den ärztlichen Komitees stellen.

Bischof Théas setzte schon am 5. Mai eine Kanonische Kommission zur Untersuchung ein. Am 27. Juni wurde der Bericht überreicht. Einen Tag später erließ der Oberhirte dieses Dekret:

„Wir erklären, daß die Heilung von Thea Angele, als Ordensfrau Schwester Maria Mercedes, geschehen in Lourdes am 20. Mai 1950, wunderbar ist und zuerkannt werden muß einer besonderen Machtkundgebung der Allerseligsten Jungfrau Maria, der Unbefleckten und Gottesmutter."

Jedes Jahr fuhr Thea nach ihrer Heilung nach Lourdes. 1955 aber kam sie nicht mehr zurück. Sie ist aus Dankbarkeit zur Gottesmutter dort in einen Orden eingetreten.

Clausen in „Bildpost"

*

Um zu Jesus zu kommen, müssen wir zunächst Maria grüßen, denn dies ergibt sich aus dem Weg, den Christus beschritten hat, als er herniederstieg, um Mensch zu werden.

Papst Paul VI.

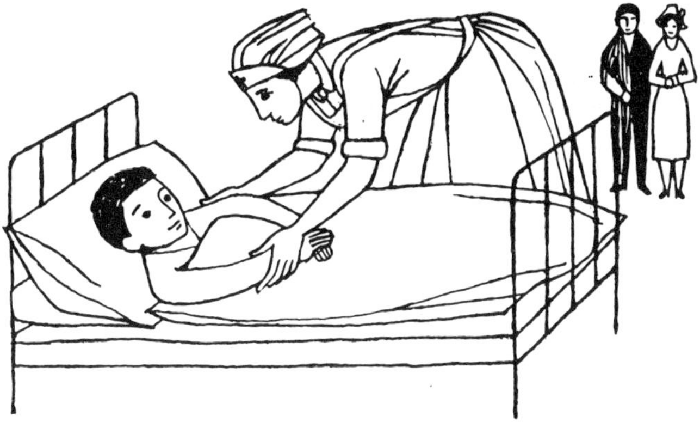

Das größere Wunder

Die Grottenzeitung von Lourdes berichtet in der Nummer vom 27. November 1960 von einem Wunder seelischer Art, das sich in einer französischen Stadt zugetragen hat.

Vor einigen Jahren war in einem Krankenhaus ein Knabe von 12 Jahren, der über und über von Geschwülsten bedeckt war und sich kaum rühren konnte. Trotzdem war er immer fröhlich und dankbar für jeden Liebesdienst. Er hatte nur einen Wunsch: er wollte nach Lourdes kommen zur Grotte, von der er soviel gehört hatte.

Jedoch sein Vater war ein eingefleischter Kommunist, der auch die Mutter stark beeinflußte; er wollte die Reise nach Lourdes nicht erlauben. Weil er sah, daß seine Weigerung dem kranken Sohn Kummer bereitete, gab er endlich doch nach, aber er verbat sich, daß man ihm von Lourdes Albernheiten erzähle.

Die Mutter reiste mit; denn der Kleine brauchte beständige Betreuung. In Lourdes kam man im Hospital bei der Grotte unter, und eine Krankenpflegerin dort nahm sich der beiden liebevoll an. Am dritten Tag sagte die Mutter zur Pflegerin:

,,Ich habe schon 25 Jahre nicht mehr gebeichtet. Glauben Sie, daß mein Sohn gesund wird, wenn ich die Sakramente empfange?" Die Pflegerin antwortete, man könne das nicht voraussagen, aber dies sei gewiß, daß Gott ihren guten Willen sicher und reichlich belohnen werde, und zwar in der Weise, wie es für alle am besten ist. Am Tag darauf hatte die Frau gebeichtet und kommuniziert und war restlos glücklich darüber. Nur um eines bat sie, man möge es ja ihrem Sohne nicht sagen; denn der Arzt hatte erklärt, die geringste Aufregung könnte seinen plötzlichen Tod verursachen. Auch eine freudige Aufregung könnte das tun. Die Pflegerin versprach zu schweigen.

Vor der Abreise der beiden fragte die Pflegerin den Kleinen: ,,Wie bist du zufrieden mit deiner Reise nach Lourdes?" Der Knabe antwortete: ,,Ich habe zur Muttergottes gesagt, daß mir viel lieber wäre, die Mutter würde sich bekehren, als daß ich selbst gesund würde." Und er weinte. Die Pflegerin sprach mit dem Arzt, ob sie den Knaben trösten dürfe mit der Mitteilung, daß die Mutter sich bereits bekehrt habe, und der Arzt erlaubte es. Sie fragte den Knaben: ,,Kannst du ein großes Geheimnis für dich behalten?" — ,,Ja", sagte er. ,,Aber du darfst es auch deiner Mutter nicht sagen." Nach einigem Schwanken sagte er: ,,Ich verspreche es." ,,Nun schau, mein Kleiner", sagte die Pflegerin, ,,deine Mutter ist in Lourdes zur Beicht und Kommunion gegangen."

Die Pflegerin bekam Angst; denn aus dem Knaben leuchtete eine Freude hervor, die ihn zu überwältigen drohte. Man mußte an den Himmel denken. Endlich sagte er: ,,Jetzt kann ich ruhig sterben", und er versuchte seine geschwollenen Hände über der Brust zu kreuzen.

Obwohl sich sein Zustand von Tag zu Tag verschlimmerte, verminderte sich seine Heiterkeit nicht im geringsten. Er lag in seinem Bettchen wie ein Engel.

Er war schon wieder ins heimatliche Krankenhaus gebracht worden, da eröffnete er einer Schwester seinen Wunsch, zu Hause sterben zu können zwischen Vater und Mutter. Man brachte ihn auch sogleich heim; denn es ging mit ihm zu Ende, und schon in der Nacht klingelte das Telefon, daß er zum lieben Gott gegangen sei.

Die Familie wohnte in der „roten“ Vorstadt, und die Pflegeschwester ging hinaus, um zu beten und den Kleinen nochmals zu sehen, der ihr ans Herz gewachsen war. Er lag so schön auf der Bahre, ein überirdisches Lächeln schien sein Gesicht zu umspiegeln. Diese Ruhe strahlte auch das Gesicht der Mutter aus.

„Hören Sie“, sagte die Mutter, „es ist ein wahres Wunder geschehen in dieser Nacht. Kaum hatte unser Kleiner seinen letzten Atemzug getan, stand mein Mann auf und sagte zu mir: ‚Ich möchte ihn einmal wiedersehen!‘ Dann zögerte er einen Augenblick, nahm seinen ganzen Mut zusammen und sagte ‚Bring mich morgen früh zu einem Priester!‘...“

Hätte die Muttergottes ein größeres Wunder vollbringen können?

J. M. im „Rosenkranz“

*

Gebet des hl. Aloisius von Gonzaga

Heilige Maria, meine Herrin, unter deinen gebenedeiten Schutz, unter deine besondere Obhut, in den Schoß deiner Erbarmung empfehle ich mich heute und alle Tage und in der Stunde meines Todes. Meine Seele und meinen Leib befehle ich dir. Alle meine Hoffnung und meinen Trost, meine Angst und meine Not, mein Leben und das Ende meines Lebens übergebe ich dir.

Auf deine hochheilige Fürsprache hin, kraft deiner Verdienste, möge mein ganzes Tun nach deinem und deines Sohnes Willen geordnet und geleitet sein. Amen.

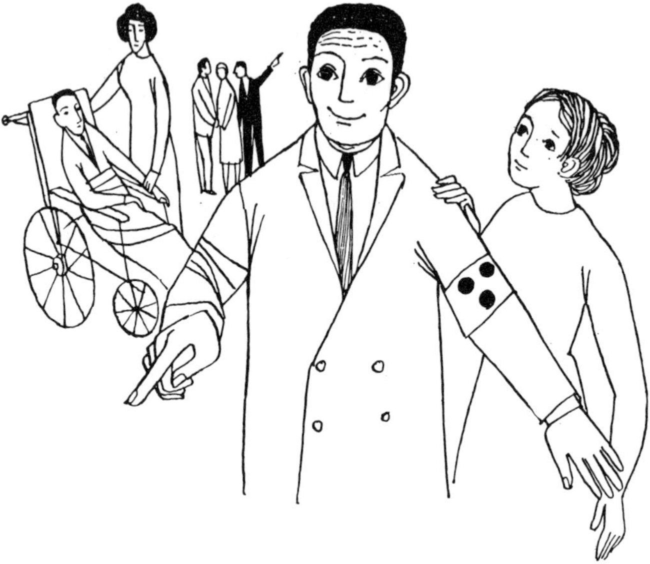

Er wurde geheilt

„Und sie wurde geheilt?", fragt der gelähmte junge Amerikaner James Power und schließt einen Atemzug lang, wie von dem Glanz eines unvermuteten Lichtes geblendet, die Augen.

„Ja, sie wurde geheilt!", jubelt seine achtzehnjährige Schwester Coral und schwingt beinahe triumphierend die Zeitung. „Hier steht es: nachdem Isabella Calomo zum dritten Male in der Quelle gebadet hatte, wurde ihre Haut plötzlich zart und rosig wie die eines kleinen Kindes. Nach der Feststellung der internationalen Ärztevereinigung in Lourdes ist der Körper der Isabella Calomo auf eine der medizinischen Wissenschaft unerklärbare Weise von dem entzetzlichen Lepra-Aussatz befreit worden; die Geheilte steht heute wieder mitten im Leben."

Eine Weile ist es still im Zimmer, dann sagt die vornehme Dame, die neben dem Rollstuhl ihres kranken Sohnes steht, mit ihrer trockenen, immer etwas belegten Stimme: „Wer weiß, ob das wahr ist. Papier ist geduldig."

„Doch, ich glaube daran", entgegnet James, während in der müden Trostlosigkeit seiner großen Augen eine starke Hoffnung zu leben beginnt. „Ich danke dir, daß du mich auf den Artikel aufmerksam gemacht hast, Coral. Er soll mir in den nächsten Wochen zu einem recht festen Glauben verhelfen."

Die Mutter blickt ihn erstaunt an: „Möchtest du denn nach Lourdes fahren?" — „Ja, Mutter, ja! Ich möchte dorthin, ich möchte mich in seinem wunderbaren Wasser baden lassen und den Segen empfangen, den der Priester jedem einzelnen Kranken mit dem Sakrament gibt. Eine frohe Stimme in mir sagt, daß auch ich dort Heilung finde."

Wie die Hoffnung ihren Sohn mit neuem Leben erfüllt! Dabei ist James gar nicht das, was man einen frommen Christen zu nennen pflegt. Er kümmerte sich lieber um sportliche Wettkämpfe und interessante Filme, als um die Religion. Woher schöpft er nun den Mut, an ein Wunder zu glauben, ausgerechnet an ein Wunder für ihn? Nur aus dieser kleinen, höchst unwahrscheinlichen Zeitungsnotiz? Doch Frau Power hütet sich, etwas zu sagen, was ihrem Sohne die Hoffnung zerstören könnte. Der arme James! Mag er es einmal an dem berühmten Wallfahrtsort versuchen! Auf das Geld, das diese Fahrt kostet, kommt es ja nicht an. Von dem Vermögen ihres verstorbenen Mannes, des reichen Großindustriellen, können sie alle drei sehr gut leben, und die Bücher, die James in seinen vielen einsamen Stunden schreibt, bringen zudem ein schönes Honorar ein. Sie wird ihren Sohn nach Lourdes begleiten, wo sie ihn seit der Stunde, da die schreckliche Lähmung seinen Rücken und all seine Glieder erfaßte und ihn hilflos gemacht hat wie ein Kind, keinen Tag allein ließ...

An einem Frühlingstage fährt ein staubbedeckter silbergrauer amerikanischer Wagen über die schwindelerregenden Straßen der Hochpyrenäen. Der gelähmte Schriftsteller James Power befindet sich mit seiner Mutter auf dem Wege nach Lourdes. Er wollte keinen der Pilgerzüge benützen, denn ihm, dem Kranken, graute es vor all den mit Krankheit Gezeichneten, mit denen er in den Abteilen eines solchen Zuges zusammentreffen müßte. Bald wird er nichts mehr mit ihnen gemeinsam haben als das Wissen um das Leid der Krankheit. Denn wie könnte Gott es zulassen, daß er eine so große Hoffnung spürt, wenn sie nicht Erfüllung finden sollte? James Power betet mit der ganzen Kraft seines zuversichtlichen Glaubens.

Und nun liegt er in einem Fahrstuhl zum letzten Mal auf der weiten Esplanade vor der Grotte. Oft ist er während der vergangenen Tage in das heilkräftige Wasser des Bades hinabgetaucht, ohne daß es ihm Heilung schenkte. Oft stand die weiße Hostie in der goldenen Monstranz segnend über ihm, ohne daß das Wunder geschah. Mit ihm harren auch heute wieder viele, viele arme Menschen der Erhörung ihrer Gebete. „Herr, mach', daß ich gehe!" James Power spricht es flehend, sein Herz klopft in zitternden, erwartungsvollen Schlägen. Noch das tuberkulöse Kind an seiner Seite, und dann tritt der Priester zum letzten Mal mit der Monstranz zu ihm, um ihm den Krankensegen zu spenden. Er erhebt groß den Blick zum eucharistischen Gott. „Christus", stammelt seine Seele, „mache mich gesund!" Die goldene Monstranz leuchtet über der Gestalt des jungen Amerikaners. Doch nichts geschieht. Er liegt da und starrt mit leerem Blick und einem bohrenden Schmerz im Herzen vor sich hin.

Aber jetzt, nicht sehr weit von ihm, ein Schrei: „Ich sehe! Ich sehe!" Einer, der blind gewesen, hebt jubelnd und betend die Hände zur Hostie hin, schaut dann glücklich, dankbar und still zur Felsengrotte hinüber, in der einst das Kind Bernadette das Wunder geschaut. Der Atem der Menge stockt. Ein tiefes, ehrfurchtsvolles Schweigen hängt über dem Riesenplatz der Esplanade. Dann steigt, von Tausenden gesungen, in brausendem Jubel das »Te Deum« zum Himmel, der sich strahlend über Lourdes spannt.

Nur einer singt nicht mit: der junge, gelähmte Amerikaner James Power. Er hat den einen Arm, den er ein wenig heben kann, über sein Gesicht gelegt und weint...Warum heilte Gott jenen anderen und nicht ihn? Warum muß er ebenso krank von Lourdes wegfahren, wie er hergekommen ist? Er hat doch so gehofft, so geglaubt! War er des Wunders nicht würdig?

Endlich hat die begeisterte Menschenmenge die Esplanade ein klein wenig geräumt. Frau Power bahnt sich einen Weg zu ihrem Sohn. Seine Gestalt ist starr und steif wie immer, seitdem die furchtbare Krankheit ihn heimsuchte, sein junges Gesicht ist ungewöhnlich bleich und bewegungslos.

„Bereust du es, hierhergekommen zu sein?", fragt sie ihn besorgt. Er gibt keine Antwort, sondern fragt langsam und bebend: „Ist er — der Blinde — wirklich geheilt? — Hast du ihn gesehen?"

„Ja,ich sah ihn." Der sonst so nüchternen Frau stürzen ein paar erschütterte Tränen die Wangen hinab. „Er führte seine Wärterin, er nannte die Farben unserer Kleider, unserer Augen, unserer Haare. Er war wie ein vor Freude überströmendes Kind, obwohl er schon ein älterer Mann ist. Ein verwitweter Zechenarbeiter aus Frankreich ist's, der bei einem Grubenunglück das Augenlicht verloren hatte. Nun kann er seinen fünf Kindern wieder das tägliche Brot erwerben!"

„Fahre mich noch einmal ganz nahe zur Grotte", bittet James plötzlich leise. Sie tut es. Männer und Frauen knien vor der Felsennische, Leidbeladene? Erhörte? James Powers Blicke gehen über sie hinweg. Dort oben, wo jetzt die Statue der Gottesmutter mit zum Himmel aufgeschlagenem Blick und dem Rosenkranz in Händen steht, hat die Königin des Himmels und der Erde gestanden. Es fließt wie eine überirdische, mütterlich beruhigende Nähe in seine Brust, in sein ganzes Inneres ein. Etwas Unaussprechliches geht in ihm vor...

Ja, Gott tut immer das Rechte. Jener Mann hat die Heilung nötig gehabt, viel nötiger als er. Denn er braucht für keine Familie zu sorgen, er, seine Mutter und seine Schwester haben Geld genug, um ein sorgenfreies Dasein zu führen. Und er vermag sogar einer Berufung zu dienen. Welches Glück ist es doch für ihn, daß seine Hände, wiewohl auch von der Krankheit ergriffen, fähig sind, die Feder zu halten, die Gedanken niederzuschreiben, die ihm in reicher Fülle kommen.

Da steigt, einem frommen Gebet gleich, ein Gelöbnis in ihm auf: seine nächste Arbeit soll der Jungfrau, der Gnadenmutter, gehören; sie soll sein Erleben an ihrem gebenedeiten Wallfahrtsorte schildern. — Wie ein helles Leuchten tritt es jetzt in die

Züge des jungen Mannes, mühsam faltet er die versteiften Hände, und seine Seele öffnet sich weit dem allergrößten Wunder von Lourdes: dem Wunder der Ergebung in Gottes heiligem Willen und dem geheimnisvollen Strom der Kraft, das Kreuz seiner Krankheit von nun an in der Liebe zum Gekreuzigten, zum Gott der Liebe in der Monstranz, zu tragen.

Aus „Altöttinger Liebfrauenbote"

*

O unbeflecktes, in Reinheit erstrahlendes Herz Mariä! Du bist die schönste Blume im Garten Gottes. Du bist jenes wunderbare Paradies, das die Sünde nie entweiht hat. Erwirke uns die Gnade, daß wir jede Beleidigung Gottes, auch die geringste, nach Kräften meiden und Gott mit reinem, schuldlosen Herzen dienen. Gegrüßet...

O unbeflecktes, in göttlicher Liebe erglühendes Herz Mariä! Du bist die brennende Lampe, die der Heilige Geist selbst angezündet und mit dem Öl seiner Liebe genährt hat. Auf dem Herd deines Herzens ist diese heilige Glut nie erloschen. Entzünde unsere lauen Herzen mit jenem Feuer göttlicher Liebe, von dem du ganz entflammt bist. Gegrüßet...

O unbeflecktes, um das ewige Heil der Seelen tiefbekümmertes Herz Mariä! Gedenke der armen Sünder, die, verstrickt in den Banden ihrer Leidenschaften, getrennt von Gott dahinleben. Hilf ihnen die traurigen Fesseln sprengen, die sie der Freiheit der Kinder Gottes berauben und zu Sklaven der Hölle machen. Amen.

(Hl. Anton Claret)

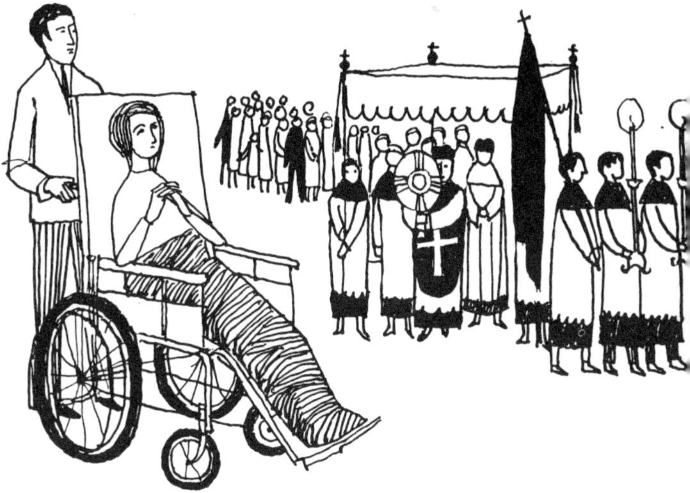

Tänzerin in Lourdes geheilt

Man nannte sie die „Fulda-Sisters", bildhübsche junge Wiener Madeln in duftigen, rosafarbenen Wolken von Tüll, die die klassischen Wiener Walzer durch ganz Europa tanzen, Tänzerinnen einer Art, die heute immer seltener werden. Aber dann kam die Tanztournee durch Italien, und Edeltraut Fulda erlitt ganz plötzlich einen Magendurchbruch. Es war das Ende ihrer künstlerischen Laufbahn. Dreizehn Jahre war sie ans Bett gefesselt seit jenem Unglück, das 1937 über sie hereingebrochen war. Dreizehn Jahre Fieber. Sie wiegt schließlich noch 68 Pfund, nur mehr Haut und Knochen, eine Todgeweihte, die die Ärzte aufgegeben haben, eine junge Frau, die so verarmt ist, daß sie ihre Möbel verkaufen lassen muß und die ihrer Mutter dazu. Aber sie hat in ihrer hoffnungslosen Lage noch einen Wunsch: Sie will nach Lourdes. Sie bettelt ihre Bekannten an. Ein Flüchtlingspfarrer, selber bitterarm, bekommt eines Tages Geld und gibt die unverhoffte Spende an die Todkranke weiter, um ihr die weite Reise von Wien bis nach Lourdes zu ermöglichen. Es ist im Frühjahr 1950.

Auf einem Rollstuhl fährt sie ein „Brancardier," ein hilfreicher Holländer, in Lourdes zur Ärztekommission. Man prüft die Papiere der Wiener Ärzte, und man beschließt, die hoffnungslos Kranke täglich in den Piscinen zu baden. Edeltraut Fulda schaudert es vor den eiskalten Bädern, in denen das Wasser nur zweimal täglich erneuert wird. Sie will das Bad wenigstens noch einen Tag hinauszögern aber der Brancardier, Mijnheer Hutten, schiebt sie noch am ersten Tag dem 12. August 1950, bis zu den Bädern hinter der Grotte von Massabielle hinaus. Schwestern nehmen sie in Empfang, vertauschen ihre Kleider mit einem tiefnassen schweren Bademantel und führen sie an den Händen ins Bad. Für Sekunden glaubt die Kranke, ihr Herzschlag setze aus. Langsam tauchen die Schwestern sie bis zum Hals in das eisige Wasser. Als sie wieder ins Freie hinausgeleitet wird, empfängt sie ihre Mutter mit fragenden Augen, und der Holländer mit dem Rollstuhl meint, sie sehe recht wohl aus. Edeltraud Fulda selbst fühlt sich plötzlich sehr glücklich, fühlt sich unbeschreiblich wohl.

Man fährt sie zur Grotte zum Dankgebet. Später zurückgekehrt in das Hotel, spürt die Kranke plötzlich einen ungemeinen Hunger, sie, die jahrelang nur noch Diät leben durfte, nur liegend Nahrung zu sich nehmen konnte, sie richtet sich auf und bittet ihre Mutter, ihr von ihrem Schnitzel abzugeben. Nachmittags fährt man sie im Rollwagen zur Sakramentsprozession auf das weite Rund der Esplanada. Vor jedem Kranken bleibt der Priester mit der Monstranz stehen und segnet die, die da flehen: „Jesus, Sohn Davids, erbarme Dich unser. Herr, mach, daß ich wieder sehe, gehe, höre! O Herr, sprich nur ein Wort, und ich werde genesen sein!" In allen Sprachen der Welt flehen die Kranken um Heil und Gesundung. Dann hebt der Priester die Monstranz über Edeltraud Fulda. Von der Stunde an fühlt sie sich gesund, kann plötzlich wieder stehen und gehen trotz ihrer 34 Kilo. Sie kann es nicht glauben vor Glück.

Und sie kommt heim ins Hotel und kann es immer noch nicht fassen, und sie hat einen unbeschreiblichen Hunger. Die Mutter warnt sie, die Folgen könnten entsetzlich sein, aber die Tochter hört nicht auf sie, sie ißt wie eine Gesunde — und nichts geschieht. Es ist unfaßbar. Sie bleibt noch zwei Wochen in Lourdes. Zwölf Ärzte untersuchen sie, ehe sie zurückkehrt nach Wien. Sie können die Heilung nicht natürlich erklären und schicken sie zu einer weiteren, noch größeren Kommission, der dreiunddreißig Ärzte angehören, Gläubige wie Ungläubige. Zwei Stunden lang untersuchen sie die Geheilte. Sie kommen einstimmig zu dem Ergebnis, daß diese Heilung von der Wissenschaft her absolut unerklärlich sei. Vier Jahre später, am 23. August 1954, erklärt der Wiener Kardinal Innitzer in einem Dekret die offizielle Wunderheilung von Edeltraut Fulda. Es ist die fünfzigste Heilung in Lourdes, die die Kirche offiziell als Wunder anerkennt.

Nach Wien zurück gekehrt, sind für Edeltraut Fulda dreizehn Jahre auf dem Krankenbett bald vergessen. Heute erfreut sich die Frau, der man ihre mittlerweile fast fünfzig Jahre durchaus nicht ansieht, wieder einer guten Gesundheit, sie wiegt wieder 54 Kilo. Sie hat den Weg ins Leben zurückgefunden. Sie arbeitet halbtags in einem Reisebüro, um für sich und ihre alte Mutter den Unterhalt zu verdienen. Sie bewohnt wieder eine geräumige Wohnung, die sie ohne Hilfe besorgt, aber all das genügt ihr nicht. Edeltraut Fulda ist nur von einem Gedanken bewegt, der ihr keine Ruhe läßt: Sie will danken. Sie widmet sich mit Hingabe der Krankenpflege. Wer Rat und Hilfe braucht, ruft bei ihr an. Edeltraut Fulda hat viel zu tun. Sie hat ein Buch geschrieben, das nun auch in Amerika herauskam, ein Buch unter dem Titel „*...und ich werde genesen sein*", das die Geschichte ihrer Heilung erzählt. Von dem Ertrag kaufte Edeltraud Fulda ein Grundstück in der Gegend von Mariazell. Aber nicht etwa, sich dort ein schönes Häuschen für ihren Lebensabend zu bauen. Das Grundstück soll eine Dankkapelle beherbergen, und die Geheilte möchte die Mittel dazu selber herbeischaffen. Drei, vier Abende in der Woche ist Edeltraut Fulda darum unterwegs und kommt oft erst spät heim. Sie hält Vorträge. Ein Wagen des katholischen Bildungswerkes von Wien fährt sie hin, sei es in Wien oder in der Provinz, und überall erzählt die schmale Frau mit leuchtenden Augen von dem Geschehen in Lourdes und von ihrer Dankbarkeit gegen die Madonna.

Und immer wieder übergibt ein Pfarrer hinterher eine Sammlung an Frau Fulda, und mit jedem Male wächst damit die Dankkapelle in Mariazell ein wenig weiter, Stein für Stein.

*

Sei gegrüßt, du Tempel Gottes und des Wortes;
sei gegrüßt, heilig bist du über allen Heiligen.
Sei gegrüßt, du vom Heiligen Geiste vergoldeter Schrein;
sei gegrüßt, du unschätzbarer Quell des Lebens.

Sei gegrüßt, du Ehrenkrone aller die Gott fürchten;
sei gegrüßt, rühmend erhöhst du priesterliche Diener.
Sei gegrüßt, bei dir ist die Kirche geborgen;
sei gegrüßt, des Reiches uneinnehmbare Mauer.

Sei gegrüßt, du setzest Zeichen der Überwindung;
sei gegrüßt, durch dich fallen die feind Gesinnten ab.
Sei gegrüßt, meine Seele geleitest du;
sei gegrüßt, meinen Leib machst du heil.

Sei gegrüßt, du jungfräuliche Mutter!

Aus: Hymnos Akathistos (Ostkirchliche Liturgie seit 700 - 800)

Meine erste Pilgerfahrt nach Lourdes

Im allgemeinen werden Priester im Alter von 24 Jahren geweiht. Ich wurde ebenfalls mit 24 geweiht, aber noch weitere fünf Jahre auf Universitäten geschickt. Fünf Jahre nach meiner Priesterweihe studierte ich Philosophie an der Universität Löwen in Belgien. Ich wollte das fünfte Jubiläum meiner Priesterweihe in Lourdes feiern. Lourdes ist fast allen, nicht nur den Gläubigen, bekannt. Ich hatte genug Geld, um nach Lourdes zu fahren, aber nicht genug, um dort zu wohnen. Ich bat nun meinen Bruder, der an der Universität Löwen Medizin studierte, um etwas Geld. Er war ebenfalls ein typischer Universitätsstudent und hatte daher keines. Ich dachte: ,,Nun, wenn ich genug Glauben habe, nach Lourdes zu fahren, um dort mein fünftes Priesterjubiläum zu feiern, ist es an der Jungfrau Maria, mich über Wasser zu halten.'' Ich fuhr nach Lourdes und kam mit leeren Taschen an. Dann überlegte ich, wenn schon die Heilige Jungfrau meine Hotelrechnung bezahlte, könnte sie genau so eine kleine wie eine große bezahlen. Ich ging also zum besten Hotel in Lourdes. Es war vierte Kategorie für unsere Begriffe, aber es war das beste Hotel in Lourdes. Am fünften Tag bekam ich meine Rechnung. Ich hatte Vorstellungen von Gendarmen und Gefängnissen, aber ich schob es hinaus, denn die Novene rief zu neun Tagen Gebet. Am Morgen des neunten Tages ging ich zum Reliquienschrein hinunter. Nichts geschah. Am neunten Mittag geschah nichts. Am neunten Abend geschah nichts. Dann wurde es ernst. Ich beschloß, der Jungfrau Maria noch eine Chance zu geben. Ich besuchte den Schrein an jenem Abend um ungefähr halb elf Uhr. Als ich den Rosenkranz betete, tippte mir ein stämmiger Mann auf die Schulter. ,,Sind Sie ein amerikanischer Priester? Sprechen Sie französisch? Kennen Sie Paris? Nun, ich bin aus New York. Dies sind mein Sohn, meine Tochter und meine Frau.'' Wir gingen zusammen zum Hotel zurück. ,,Wir möchten, daß Sie morgen mit uns nach Paris kommen und für uns französisch sprechen''. Er sagte: ,,Haben Sie schon Ihre Hotelrechnung bezahlt?'' Das war die interessanteste Frage, die ich jemals in meinem Leben gehört habe. Ich konnte ihn bewegen, die Rechnung zu begleichen. Wir fuhren nach Paris, blieben eine Woche dort und dann sagt er: ,,Ich werde Ihnen meine Adresse von New York geben. Macht es Ihnen etwas aus, wenn ich sie auf den unteren Teil des Schecks schreibe?'' — ,,Nicht im geringsten'', sagte ich. Ich kam nach Löwen mit mehr zurück, als ich abgefahren war. Wir sind seitdem noch zweimal nach Lourdes gepilgert, um der Madonna dafür zu danken, daß sie uns zusammen gebracht hat. Die Moral dieser Geschichte ist nicht, ins größte Hotel zu gehen und von der Jungfrau Maria zu erwarten, daß sie die Rechnung bezahlt. Vielmehr zeigt sie uns, daß sich die Himmelsmutter bei ihrem Göttlichen Sohn für hartnäckige und fordernde Kinder einsetzt.

Aus: Fulton J. Sheen, Entscheidung für Gott

Wie ich eine Verehrerin der Muttergottes von Fatima wurde

Nach dem Tode meines Mannes, der Portugiese war, wurde ich mit meinem fünfjährigen Töchterchen von meinen portugiesischen Verwandten aufgefordert, nach Portugal zu kommen, damit das Kind die Sprache des Vaters erlernen könne. Ich folgte der Einladung und lebte nun in der Familie des Viscomte de Careiro in einem schönen Palais im Donrogebiet. Die Kusine meines Mannes hatte vier Kinder — fast im gleichen Alter wie mein Kind. Wir führten ein schönes Familienleben und meine Margarida erlernte die portugiesische Sprache spielend leicht. In dieses harmonische Zusammenleben kam nun auch plötzlich ein großes Leid. Im ganzen Donrogebiet brach eine Typhusepidemie aus. Es war entsetzlich, wie der Tod die Menschen dahinraffte. Unser Palais schien verschont zu bleiben, bis eines Tages auch mein Kind von dieser schrecklichen Krankheit befallen wurde. Es mußte natürlich sofort isoliert werden und kam in ein abseitsgelegenes Zimmer, welches gleich neben der Hauskapelle lag. Krankenpfleger waren nicht mehr aufzutreiben, alle fürchteten die Ansteckung. So mußte ich mein Kind allein pflegen, Tag und Nacht. Gott aber stärkte mich und ich hielt aus. Margaridas Zustand wurde immer schlimmer und der Arzt gab sie auf.

In meiner Angst, das Kind auch noch zu verlieren, ließ ich einen Arzt aus Paris kommen. Es war ein junger, aber berühmter Arzt. Meine Kusine sagte mir, sie hielte eine neuntägige Andacht zur Fatima-Muttergottes mit den Kindern, die noch verschont geblieben waren. Sie empfahl mir, mitzubeten. Ich antwortete, daß ich die Fatima-Mutter nicht kenne, ich wolle aber mitbeten in der kleinen Hauskapelle neben dem Krankenzimmer, wo eine schöne Statue der „Nossa Senhora de Fatima" stand. Mein Kind war am Ende, die Fingernägelchen waren schon blau, es nahm die Flüssigkeit nicht mehr zu sich und bewegte sich nicht mehr. Die beiden Ärzte hatten eine Aussprache mit mir und sagten, ich müsse mich fassen, sie wollten am anderen Morgen früh bei mir sein, sie glaubten kaum, daß das Kind noch die Nacht überstände.

In welcher Verfassung ich war, können Sie sich vorstellen. Meinen herzensguten Mann hatte ich schon verloren und nun auch noch mein einziges Kind, das Pfand seiner Liebe, hergeben, nein, nein, das konnte ich nicht. In meiner Herzensnot lief ich in die anliegende Kapelle. Es war eine kalte Winternacht. Mit bloßen Knien warf ich mich auf die kalten Steinstufen des Altares und flehte: „Mütterchen von Fatima, alle sagen, daß Du immer hilfst, zeige mir, daß es wahr ist, was die Menschen hier in Portugal von den Fatima-Wundern sagen, wirke auch ein Wunder an meinem Kinde; wenn es gesund wird, will ich es Dir aufopfern und in die Cova von Iria bringen. Hilf, hilf, hilf, erhöre mein Gebet!"

Lange lag ich noch auf den Knien, ich konnte nicht mehr, der Rücken schmerzte, die Müdigkeit übermannte mich. Ich öffnete die Tür zum Krankenzimmer — was sah ich? Mein Kind tanzte im Bettchen und fragte: „Aber Mutti, wo warst du so lange? Ich habe Hunger, gib mir deutsche Blutwurst." Ich wollte es hinlegen, da ich dachte, es sei das Delirium, das meistens am Ende eintritt, aber es sagte: „Mutti, ich bin gesund, die Fatima-Mutter hat es mir doch gesagt.“ Ich bat meine Kusine, die beiden Ärzte zu benachrichtigen. Ich schwieg über das, was über Nacht geschehen war. Die Ärzte waren schon unterwegs und brachten die Papiere für die Todesbestätigung mit, die sie mir später zeigten. Als sie ins Krankenzimmer kamen, begrüßte sie Margridchen freudig, und zum Hausarzt, der Freund des Hauses war, sagte sie : „Onkel Doktor, nun bekomme ich auch die Puppe, die Sie mir versprochen haben, wenn ich gesund würde. Ich will aufstehen und mit den Kindern spielen gehen. Ich bin ganz gesund, und die Muttergottes von Fatima hat es mir gesagt, als Mutti mich so lange allein gelassen hat.“ Die Ärzte sahen mich an, schauten zu dem Kinde und wußten nicht, was sie zu alledem sagen sollten. Der alte Hausarzt sagte scharf: „Sie müssen sprechen, was ist diese Nacht hier geschehen? Haben Sie eine Zauberhexe kommen lassen? Das einfache Weib glaubt noch an diese alten Weiber und konsultiert sie für alle möglichen und unmöglichen Angelegenheiten.“ Ich war entrüstet über diese Frage und antwortete: „Herr Doktor, wie können Sie von einer Deutschen so etwas erwarten. Ihre Landsleute sind ja dumm genug daran zu glauben.“ Er bat mich jetzt energisch um Aufschluß, was in der Nacht im Krankenzimmer vorgegangen sei. Ich sagte: „Wenn Sie ein gläubiger Katholik sind, will ich alles erzählen.“ Erst aber legte er dem Kind den Fiebermesser an, zog ihn hervor und zeigte das Thermometer dem Pariser Arzt: 36,5 normal; sie wiederholten das Messen — tatsächlich normal. „Ihr Kind, das für menschliche Begriffe dem Tode nahe war, ist vollkommen gesund und sein Heißhunger darf gestillt werden.“ Aber deutsche Blutwurst konnte ich ja nun nicht herzaubern.

Ich mußte nun alles erzählen. Der alte Arzt schluchzte in einem fort und rief: „Ein großes Wunder ist hier geschehen.“ Er kniete am Bettchen vom Kinde nieder, nahm seine Hände in die seinen und sagte: „Laßt uns ein Dankgebet zur Muttergottes von Fatima sprechen.“

Der Pariser Arzt blieb steif im Hintergrund stehen. Der alte Arzt wandte sich an ihn und sagte: „Herr Kollege äußern Sie sich. Was sagen Sie dazu?“ Er entgegnete kalt und nüchtern:

„Ich glaube nicht an Wunder.“ — „Dann bitte geben Sie eine Erklärung für diesen außergewöhnlichen Fall und die plötzliche Heilung des todkranken Kindes.“ Er blieb noch eine Weile stumm. Dann stürzte er an das Kinderbettchen, nahm mein Kind laut schluchzend in seine Arme und sagte: „Mein Kind, die Muttergottes von Fatima hat hier zwei Wunder gewirkt: Sie hat dich vom leiblichen Tode errettet und mich vom Tode der Seele, denn ich war ein Atheist — und kein zu geringer. Nun bin ich ein Gläubiger und werde in Paris über Fatima sprechen und auch schreiben.“ Der alte Arzt ließ diese Begebenheit in der Fatimazeitung mit Unterschrift beider Ärzte veröffentlichen.

Wie versprochen, brachte ich Margarida nach Fatima. Es war an einem Wintertag. Wir fuhren per Auto von Leiria aus dorthin. Die Fahrt war sehr beschwerlich, da in dem strömenden Regen die sandigen Wege aufgeweicht waren. Es gab zu der Zeit noch keine Autostraße dorthin. Zum Schluß mußten wir ohne Weg über den rasenbedeckten Berggipfel fahren. Ich zweifelte, daß wir an unserem Ziel ankommen würden, aber der Chauffeur wußte Bescheid, da er schon des öfteren Wallfahrer dorthin gefahren hatte. Wir waren die einzigen Pilger, was ich sehr begrüßte. So konnte ich meiner Ergriffenheit freien Lauf lassen und brauchte meine Tränen nicht zu verbergen, als ich mein Kind in tiefster Dankbarkeit vor der wunderbaren Muttergottes-Statue niederknien ließ, die an dem Gnadenort steht, wo Unsere Liebe Frau in einem Busch den Kindern erschienen ist. Jetzt erhebt sich ja die große Kathedrale weithin sichtbar in der Mulde von Iria. Ich war nun schon dreimal in Fatima und immer war es ein tiefes mystisches Erlebnis für mich. Mein Kind heiratete einen Portugiesen, gebürtig aus Leiria, der ein großer Verehrer der Senhora von Fatima ist. Drei meiner Enkelkinder sind jeweils an einem 13. des Monats geboren. In Deutschland hielt ich an jedem 13. des Monats eine Fatima-Andacht in meinem Haus, an der viele Verwandte und Bekannte teilnahmen, und so auch die Muttergottes von Fatima kennen lernten. Selbst Protestanten erschienen regelmäßig zur Andacht, bis der letzte Krieg ausbrach und ich mit meinem Kind in die Heimat meines verstorbenen Mannes reiste, hierher nach Ponta Delgada auf die Azoren, wo ich noch Länderbesitz habe. Meine Tochter lebt glücklich verheiratet in Brasilien, Sao Paulo, und hat vier Kinder: Eine 17jährige Tochter, Margarida de Fatima, einen 12jährigen Sohn, Pedro Paulo, eine 11jährige Tochter, Maria de Fatima, und ein 13jähriges Mädel, Maria Eduarda.

Mein Haus in Deutschland wurde durch Brandbomben ganz zerstört. In den Ruinen fand eine arme Nachbarin die Statue der Muttergottes vollkommen heil und brachte sie meinen Verwandten. Ein portugiesischer Priester sagte mir einmal:

„Wenn die Muttergottes in Deutschland erscheinen würde, müßte sie ihre Visitenkarte mitbringen, damit sie empfangen würde." Sehr bezeichnend für meine allzu kritischen, stets angriffslustigen Landsleute, was ihrem Ansehen im Ausland nur schaden kann. Es wäre besser, die Kritiker stellten ihre Einwände über Fatima ein und benutzten ihre Intelligenz nicht zum Angriff gegen Fatima, sondern zur demütigen Annahme der von vielen Nationen anerkannten großen Weltmission Unserer Lieben Frau von Fatima!

Über die Marienerscheinungen in Fatima sind folgende Bücher beim Miriam-Verlag erhältlich:

Van Es, *Fatima*, 40 Seiten

Fonseca, *Maria spricht zur Welt*, 484 Seiten

Barthas, *Die Kinder von Fatima*, 184 Seiten

*

Der Rosenkranz

kann uns mehr zum Frieden verhelfen als Gesetze und Reformen. Beten wir daher täglich den Rosenkranz.

Beginnen wir damit in unseren Familien. Dann wird sich die Welt von Grund auf erneuern und der wahre Friede wird uns geschenkt werden.

Es geschah in Fatima

Die Sache ereignete sich am Abend des 12. Juni 1953. Ein katholischer Kaufmann hatte die Angestellten seines Hauses nach Fatima geführt. Unter ihnen befand sich auch ein Protestant, der sich mit großem Eifer für die Verbreitung seiner religiösen Ansichten einsetzte und bereits als Prediger die Gegend von Porto und Vila Real durchzogen hatte. Während der Hinfahrt erging er sich in Spötteleien über das Ziel der Reise, und am Ort selbst kritisierte er einfach alles, was er hörte und sah. Der Chef schenkte jedem der Angestellten eine Kerze für die abendliche Prozession. Unser Protestant nahm die seine mit einem spöttischen Lächeln entgegen, und zur gegebenen Stunde reihte er sich mit seinen Kollegen ein, in seinen Mantel hinein lachend, wie er später selbst gestand.

Da erlischt die Kerze plötzlich. Er zündete sie wieder an — und sie erlischt wieder. Das wiederholte sich etliche Male, während ringsum die Flämmchen die ganze Zeremonie über ruhig und stetig brennen.

Der Mann bemerkt den seltsamen Vorgang und beginnt unruhig zu werden, er hat das Gefühl, als liege ein bleierner Mantel lähmend über ihm. Bald wird ihm das Gefühl unerträglich, er entfernte sich aus den Reihen seiner Kollegen und sucht in der Basilika Zuflucht. Dort kniet er an den Grabmälern von Francisco und Jazintha nieder und eine Woge von Reue überflutet ihn. Er bittet Gott um Verzeihung für seine Sünden. Allmählich läßt der Druck nach, der auf ihm gelastet hat. Nun zündet er die Kerze wieder an und sieht, wie sie sich am Grabe der kleinen Seher vollkommen verzehrt.

Nach Hause zurückgekehrt, erzählt er seiner Gattin, die protestantisch ist wie er, was sich ereignet hat. Sie ist tief erschüttert. Einige Tage später übergibt der bisherige Protestant seine Bibel und seine religiösen Schriften seinem Chef. Seine Gattin begleitet ihn. Der Chef, ein eifriger Katholik, nimmt mit dem Dank seines Angestellten auch dessen vertrauliche Mitteilung entgegen: Die beiden Gatten wollen katholisch werden und ebenso überzeugt für den katholischen Glauben einstehen, wie sie bis dahin ihre frühere Überzeugung verteidigt haben, die ihnen jedoch heute als fragwürdig und der vollen Wahrheit entbehrend erscheint.

Am 13. Juli des gleichen Jahres kam unser Konvertit mit seiner Gattin und seinen drei Kindern im Alter von fünf und drei Jahren und von drei Monaten nach Fatima. Die Eltern empfingen die hl. Sakramente und ließen sich katholisch trauen. Die drei Kinder wurden getauft.

Zur Beglaubigung dieses Berichtes wurde festgestellt, daß Joan Cabecadas, Kaplan im Arsenal von Alfeite, ihnen die heiligen Sakramente gespendet hat.

Aus „Mutter der Kirche" 10/1965

Maria im Niemandsland

Es war irgendwo in Ostdeutschland in den letzten Monaten des Krieges. Wir hatten uns auf einem flachen Hügel, der vor der schwachen Hauptkampflinie in offenem Wiesengelände lag, eingegraben und bildeten einen vorgeschobenen Stützpunkt. Vor uns konnte man deutlich am Waldrand die russischen Stellungen erkennen.

Am zweiten Tag wurden wir durch einen russischen Angriff von unseren Linien abgeschnitten. Am dritten Tag ging ein Volltreffer in unsere Stellung und verwundete zwei Kameraden. In der folgenden Nacht entstand bei uns eine immer verzweifeltere Stimmung; wir hatten weder Wasser noch Verpflegung.

Ich entschloß mich, um ein Uhr nachts zu dem Tümpel hinauszukriechen, der im Niemandsland zwischen uns und den russischen Stellungen lag, um Wasser zu holen. Ich legte den Karabiner zur Seite und schnallte vier Feldflaschen am Koppel fest. Langsam und vorsichtig tastete ich mich vorwärts. Immer wieder hielt ich an und horchte gespannt in die Dunkelheit. Deutlich sah ich die drei Weiden am Rande des Tümpels als schwarze Schatten vor mir. Wenige Meter vor dem Tümpel spähte und

und horchte ich noch einmal in die Dunkelheit — dann kroch ich in die kleine Mulde zum Wasser hinab. Vorsichtig füllte ich die erste und die zweite Feldflasche. Als ich auch die dritte angefüllt hatte, nahm ich einen Schluck — wie gut ist doch das Wasser!

Da glaubte ich ein Geräusch zu hören. Jäh fuhr ich auf. „Halt! Nix schießen, Kamerad, bitte!“, sagte eine Stimme halblaut zu mir. Der Lauf einer russischen Maschinenpistole saß vor meiner Brust.

Ich war wie gelähmt. Vor mir hockte ein großmächtiger Russe. Wir sahen einander an. Aus! Gefangen, schoß es mir durch den Kopf. Der Russe schien unschlüssig zu sein. Jetzt lehnte er seine MP zur Seite und tastete nach meinen Taschen. Aus der linken Brusttasche zog er mein Soldbuch und meine übrigen Papiere. Im Strahl einer Taschenlampe, die er gedeckt hielt, durchsuchte er meine Papiere. Er fand zwei Heiligenbildchen, die ich stets bei mir trug. Wie gebannt starrte er darauf.

„Du nix Faschist, du Christ?“, flüsterte er erstaunt.

Ich nickte. Da gab er mir meine Papiere wieder zurück, bückte sich um meine vierte, noch leere Feldflasche, füllte sie und gab sie mir. Ich konnte nicht fassen, was hier mit mir geschah. Dann setzte sich der Russe neben mich und sagte im Flüsterton: „O ich spreche sehr viel gut deutsch! Warum du hier am Wasser?“

„Wir kein Wasser und viel Durst“, erwiderte ich.

Er schien mir wohl den Hunger aus den Augen zu lesen, denn unvermittelt begann er wieder: „Du nix essen?“

„Wenig Brot“, sagte ich ausweichend. Da kramte er aus seiner Tasche ein schönes Stück Brot, teilte es und forderte mich auf, zu essen. Wie es schmeckte!

„Du haben Schnaps?“, wandte er sich wieder an mich.

„Ja, bei meinen Kameraden“, antwortete ich.

„Wann du auf Posten?“

„Ich immer Posten.“

Wir einigten uns schnell: in der kommenden Nacht wollten wir uns um 23 Uhr wieder hier treffen, ich sollte Schnaps bringen, er Brot. Darauf gab er mir die Hand und kroch davon. Auch ich machte mich auf. Groß war die Freude meiner Kameraden, als ich mit dem Wasser kam. Ich beschloß aber von meinem Erlebnis vorläufig nichts zu sagen. Als es wieder Nacht wurde, wurde mir doch etwas Angst. Vielleicht würde mich der Russe in einen Hinterhalt locken? Ich wagte die Sache aber trotzdem. Meine Kameraden und ich hielten vor Schwäche und Mutlosigkeit kaum mehr durch. Ich kroch hinaus. Wie in der vergangenen Nacht kam ich zum Tümpel. Der Russe wartete schon. Zuerst füllten wir die Feldflaschen mit Wasser. Dann fragte er mich: „Du Schnaps?“ Ich nickte stumm und reichte ihm die Flasche. Er zog den Korken und hielt sie mir wieder her. Er war noch mißtrauisch, und so tat ich einen Schluck. Dann kostete er. „Gut!“, meinte er anerkennend.

Er gab mir ein großes Bündel mit Brot. Am liebsten hätte ich ihn umarmt. „Du noch Zeit?“, fragte er. Ich nickte. Und plötzlich fragte er: „Du wirklich ehrlich Christ?“ Ich lachte. Da begann er, mir aus seinem Leben zu erzählen:

Nach der Revolution des Jahres 1917 wurden seine Eltern, Adelige aus der Gegend von Petersburg, nach Sibirien verschleppt. Als man sie wieder freiließ, durften sie in der Nähe von Wladiwostok wohnen, wo er, Alex, 1921 zur Welt kam. Wie alle Kinder, sollte auch er in eine kommunistische Schule. Dagegen wehrte sich sein Vater, und es gelang ihm, Alex nach China in eine Missionsschule zu bringen, an der auch österreichische Patres wirkten. Alex wurde Christ, er lernte dort auch Deutsch. Später gelang es ihm, heimlich zu den Eltern zu gelangen und bei ihnen verborgen zu leben. Eines Nachts aber wurden seine Eltern verhaftet, ihn brachte man in eine kommunistische Erziehungsanstalt. Von seinen Eltern hatte er seither nie mehr etwas erfahren. Er arbeitete in einer Fabrik. 1943 wurde er Soldat.

Trotz der jahrelangen gottlosen Erziehung blieb er seinem Glauben treu; seine größte Sehnsucht war, einmal wieder mit einem Christen zusammenzukommen. Nun hatte er mich getroffen. Es schien uns wie ein Wunder. Schließlich bat er mich, zu erzählen, was sich in den letzten Jahren in der Kirche ereignet habe. Ich erzählte ihm neben vielem anderen von der Weihe der Welt an das Unbefleckte Herz Mariens, die Papst Pius XII. einige Zeit zuvor vollzogen hatte. Da das Weihegebet auf einem meiner Marienbildchen stand, beteten wir es gemeinsam. Nie werde ich vergessen, wie wir beide, zwischen den Fronten, als Soldaten feindlicher Armeen, im Lärm des Krieges, von einem abgegriffenen Zettel das Gebet lasen:

„...Königin des Friedens...gib der streitenden Welt den Frieden der Waffen...und den Frieden der Seelen...auch für die durch Irrtum und Zwietracht getrennten Völker bitten wir dich...gib ihnen den Frieden..." Er bat mich um das Marienbild mit dem Gebet und ich gab es ihm.

Dann nahmen wir Abschied mit dem Versprechen, uns in der kommenden Nacht wieder zu treffen.

Meine Kameraden faßten es kaum, als ich mit dem Brot zurückkam. Aber auch jetzt schwieg ich.

Gegen Morgen setzte schweres Artilleriefeuer ein.

Dann stürmten die Russen vom Waldrand gegen unseren Stützpunkt vor. In unserem Abwehrfeuer brach ihr Angriff zusammen.

Gegen Mitternacht kroch ich durch das mit Trichtern übersäte Gelände zum Tümpel. Immer häufiger sah ich gefallene Russen. Als ich beim Tümpel ankam, war Alex noch nicht da. Alex kam nicht. Ich wurde unruhig. Langsam kroch ich zurück.

Da lag wenige Meter vor der Mulde mit dem Tümpel ein Gefallener. Ein seltsames Gefühl trieb mich an, näherzukriechen. Da erkannte ich Alex! Mit ausgebreiteten Armen lag er auf dem Rücken. Seine offenen Augen blickten zu den Sternen. In der einen Hand hielt er das Marienbild.

Lange lag ich neben meinem toten Freund. Dann kroch ich zurück. — Gott hatte ihm einen großen Wunsch erfüllt und ihn dann heimgeholt...

Ein ehemaliger Soldat

(Aus: Altöttinger Liebfrauenbote, 9. 12. 1962)

*

Wer meine Mutter verehrt, erweist mir große Huld,
dem werde ich nicht Richter, sondern Retter sein.

Der Rosenkranz war seine Rettung

Der Kaplan meiner Heimatpfarrei erzählte mir folgende wahre Begebenheit:

Ein Verwandter von ihm, Konrad D., war im letzten Krieg an der Ostfront eingesetzt. Stets trug er den Rosenkranz bei sich und betete ihn auch öfters, vor allem wenn er eingeteilt war zur Wache. Er betete ihn, weil es nach seiner Auffassung ein gutes Werk war. Nie hatte er etwas besonderes verspürt und einigemale war ihm auch schon der Gedanke gekommen: „Hat es eigentlich überhaupt einen Wert, dieses Gebet immer wieder zu verrichten?"

Die Ostfront brach allmählich zusammen. Mit vielen anderen geriet Konrad in der Nähe von Berlin in russische Gefangenschaft. Im Sammellager mußten sofort alle Wertgegenstände abgegeben werden. Konrad hatte eine wertvolle goldene Uhr, von der er sich nicht trennen wollte. So versteckte er sie einfach in seinen Schuh. Kurze Zeit darauf mußten alle Gefangenen antreten, in Reihe und Glied, mit hochgehaltenen Händen, und dann verkündete einer in gebrochenem Deutsch, bei wem jetzt noch eine Uhr gefunden würde, der würde auf der Stelle erschossen. Und schon wurde jeder der Reihe nach genauestens durchsucht. Schließlich kam auch einer der Russen zu Konrad, der in Todesängsten dastand. Der Russe griff in jede Tasche und in jede Rockfalte und fand den Rosenkranz. Er zog ihn heraus, betrachtete ihn kurz und mit den Worten „du Katholik, ich dir glauben, daß du keine Uhr haben", reichte er Konrad seinen Rosenkranz zurück und ging zum nächsten.

Da hatte Konrad gespürt, daß sein Rosenkranzgebet nicht umsonst gewesen ist. Ohne den Rosenkranz wäre er wohl kaum mehr am Leben.

*

Gebet zur großen Gnadenvermittlerin

Unsere liebe Frau, du große Gnadenvermittlerin, denke daran, welch unbeschreiblich große Macht dein göttlicher Sohn dir über sein anbetungswürdiges Herz verliehen hat! Voll Vertrauen auf deine Verdienste komme ich zu dir und bitte um deine Hilfe.

Du bist die himmlische Schatzmeisterin des Herzens Jesu, jenes Herzens, das der nieversiegende Quell aller Gnaden ist. Du kannst es nach Belieben öffnen und die Schätze seiner Liebe und Erbarmung, des Lichtes und Heils, die in ihm ruhen, auf die Menschen herabfließen lassen,

Ich bitte dich, gib mir die Gnaden, um die ich dich anflehe... Von dir werde ich nicht abgewiesen, weil du unsere Mutter bist, unsere liebe Frau, die große Gnadenvermittlerin. Nimm also meine Bitten gütig an und erhöre sie. Amen.

Gebet in der Nacht

Der bei der letzten Station in den Zug gestiegene Herr musterte die ihm gegenübersitzende Dame auf dem anderen Fensterplatz. Sie hatte wieder das Buch aufgenommen, in dem sie gelesen hatte.

Gerne hätte der quecksilbrige Südfranzose ein heimatliches Gespräch zum Zeitvertreib angeknüpft, aber er war zu wohlerzogen um lästig zu fallen. Es würde sich schon Gelegenheit bieten, ins Plaudern zu kommen...Die Dame öffnete die Handtasche, um ihr Taschentuch herauszunehmen. Ein Gegenstand fiel zu Boden. Der Herr hob ihn auf. Es war ein schöner Rosenkranz mit elfenbeinernen Perlen. Etwas verlegen reichte er ihn hinüber. „Sind Sie auch Franzose?" Der Herr bejahte. Das Eis war gebrochen.

„Wie leichtsinnig von mir. Der Rosenkranz bedeutet mir unendlich viel. Mein Mann hat ihn mir vor dem letzten Krieg von einer Männerpilgerfahrt nach Rom mitgebracht. Er ist vom Heiligen Vater geweiht. Wir Bretonen sind dem Glaubenserbe unserer Väter verbunden geblieben. Und so wurde dieser Rosenkranz beim gemeinsamen Morgen- und Abendgebet benutzt. Seine Perlen gingen durch die Finger meines Mannes. Sie gingen durch meine Finger, wenn er auf Reisen war und ich mit unserem Töchterchen allein betete." Sie schwieg, in die Erinnerung versunken. Dann stiegen Bilder aus der Vergangenheit vor ihr auf und wurden Worte:

„Mein Mann hatte einen wichtigen Posten in der Widerstandsbewegung. Ich hatte ihn oft gebeten, auf diese gefährliche Betätigung um unseretwillen zu verzichten. Meine Nächte waren ein einziger Alpdruck. Immer wieder träumte ich von seiner Verhaftung mit allen ihren schauerlichen Folgen.

Sehen Sie — und dann kam die Nacht, in der meine Träume Wirklichkeit wurden. Es war ausgerechnet die Nacht der Landung der Alliierten in der Normandie. Wir in der Bretagne wußten noch nichts.

Unser Haus liegt am Meer. Ich konnte in dieser Nacht nicht schlafen. Ich trat hinaus auf den Balkon. Ich war hellwach. In der Ferne klang plötzlich Motorengeräusch auf. Das Brummen wurde deutlicher.

Scheinwerfer tasteten die Landschaft ab. Und das Motorengeräusch kam näher...und plötzlich gingen die Scheinwerfer aus...

Angsterfüllt trat ich ins Schlafzimmer zurück und weckte meinen Mann: ‚Pierre, Motorengeräusch. Es kommt näher. Vielleicht holen sie dich...' Schlaftrunken wehrte Pierre ab. ‚Du mit deiner ewigen Angst. Meine Kameraden verraten mich nicht...' Mich trieb es auf den Balkon zurück. Es war zu spät. Das Summen der Motoren war verstummt, aber — ich spürte es mehr als ich es sah — das Haus war umstellt. Unser Haus.

Am ganzen Leibe zitternd stürzte ich ins Schlafzimmer zurück. ‚Sie sind da...'

‚Wer ist da?' fragte Pierre immer noch schlaftrunken.

‚Die Deutschen...'

‚Die Deutschen...'

In diesem Augenblick wurde die Haustüre erbrochen. Ich flüchtete mich ins Bett und klammerte mich an meinen Mann. Er wollte die Pistole aus dem Versteck im Nachttisch holen. Ich hielt ihn fest; es wäre sinnlos gewesen...

Im ganzen Haus rumorte es. Sie durchsuchten die Zimmer nach Waffen.

Und dann ging die Schlafzimmertüre auf. Die Scheinwerfer von großen Taschenlampen flammten auf, huschten über uns hinweg. Jemand schaltete die Deckenbeleuchtung ein. Pistolen richteten ihre dunklen Läufe auf uns. Vor der Türe standen weitere Soldaten, die Maschinenpistolen im Anschlag.

Ein deutscher Offizier rief in tadellosem französisch meinen Mann an:

‚Sie sind verhaftet. Stehen Sie auf und machen Sie sich fertig. Widerstand ist zwecklos.‘

Die Soldaten durchsuchten das Zimmer. Im Nachttisch fanden sie die Pistole. Pierre wandte sich an den Offizier: ‚Mehr Waffen sind nicht im Haus. Ich gebe ihnen mein Ehrenwort.‘ Der Offizier sah ihn groß und prüfend an. ‚Gut‘, erwiderte er, ‚dann lasse ich die Betten nicht durchsuchen.‘

Lisette unser damals fünfjähriges Töchterchen, war von dem Lärm erwacht. Das Kind begriff nicht ganz, was sich abspielte. Aber es sah mit großen Augen auf die fremden Männer, auf den Vater, der sich mitten in der Nacht anzog, auf die Mutter, die das Kissen vor ihren Mund preßte, um das Schluchzen zu ersticken.

Pierre trat ans Bett, neigte sich über mich und küßte mich auf die Stirne. In seinen Augen las ich den Abschied für immer. Rasch wandte er sich ab, ging an das Kinderbettchen und beugte sich über Lisette. Auch sie küßte er auf die Stirne. Sachte machte er die Händchen los, die sie um seinen Nacken geschlungen hatte.

‚Meine Herren, ich stehe ihnen zur Verfügung.‘

Da geschah etwas völlig Unerwartetes. Lisette, in ihrem Nachthemdchen, war aus ihrem Bettchen gesprungen und hatte den Rosenkranz ergriffen, der auf dem Nachttisch lag.

Sie kniete mitten im Zimmer nieder, ließ die Perlen durch die Fingerchen gehen, wie sie es bei uns gesehen hatte — und betete:

‚Lieber Gott, hilf unserem Vati.‘

Es folgte ein Vaterunser. ‚Liebe Gottesmutter, hilf unserem Vati.‘ Es folgte ein Ave Maria. Die Soldaten senkten die Waffen. Ergriffen starrte alles auf das betende Kind und den Rosenkranz in der Hand. Als es fertig war, reichte es ihn dem Vater.

Da trat der Offizier, der gedolmetscht hatte, an die Kleine heran, fuhr mit einer Hand über das blonde Lockenköpfchen und sprach die Worte, die wir kaum zu fassen vermochten:

‚Ich verspreche dir, dein Vati wird bald wieder zu Hause sein!'

Und — unser Vati kam schon am nächsten Tag heil und gesund zurück. Der Offizier hatte ihn kommen lassen, ihn an das Gebet seines Kindes und sein Versprechen erinnert und ihm die Freiheit angeboten, wenn er ehrenwörtlich verspreche, nichts mehr gegen die deutschen Truppen zu unternehmen. Und er hatte gegen das gleiche Ehrenwort noch drei Kameraden, die vor ihm festgenommen worden waren, mitnehmen dürfen."

Schweigend hatte der Mann im Eisenbahnabteil zugehört. Die Erzählung hatte ihn gepackt. Und nun stellte er die erste Frage:

„Kennen Sie diesen Offizier? Sind Sie mit ihm in Verbindung?"

Die Frau lächelte.

„Er hat uns nach dem Krieg geschrieben. Erst da haben wir seinen Namen erfahren. Und er schrieb, daß dieser geweihte Rosenkranz das Wunder gewirkt habe, und zwar ein doppeltes.

Das Kind, das den Rosenkranz betete, habe ihn plötzlich an seine Mutter erinnert, die ihn als Kind das Rosenkranzgebet lehrte und ihm in den Krieg einen geweihten Rosenkranz mitgab in der Hoffnung, daß er wieder zum Glauben zurückfinden würde.

Am 13. Februar war seine Vaterstadt Dresden unter dem feindlichen Bombenhagel in Schutt und Asche gesunken... Und unter den Toten war seine Mutter. Als er nun nach langer schwerer Gefangenschaft in den frei gebliebenen Teil seines Vaterlandes zurückkehrte, hatte er Heimat und Mutter verloren, aber den Glauben wiedergefunden..."

„Und Sie sind sich nie mehr begegnet seit jener Nacht?", forschte der Mann weiter.

„Mein Mann ist eben zu Besuch bei ihm. Und er bat mich, auch zu kommen und den Rosenkranz mitzubringen. Als Werkzeug des doppelten Wunders wollen wir ihn ihm schenken."

Aus „Trierer Bistumsblatt" von Peter Maria Schaad

Jedes Ave Maria ist wie eine Rose

Das Rosenkranzgebet ist das Gebet, welches dem Vater am wohlgefälligsten ist. Es ist der Gruß mit dem er seine reinste Magd die frohe Botschaft übermitteln ließ.

Es vereint das Gegrüßt seist du Maria mit dem Vater unser, welches Jesus selbst gelehrt hat. Diese beiden Gebete sind vorrangig vor allen anderen.

Jedes Ave Maria ist wie eine Rose, die zu den Füßen des himmlischen Vaters niedergelegt wird.

Aus Maria, aus der reinsten Rose, ließ er seinen Sohn gebären, den Sohn, an dem der Vater sein Wohlgefallen hat. Der Sohn hat sein kostbares Blut für uns vergossen und seine Mutter ist so traurig, weil die Menschheit so große Gnaden von sich weist. Sie möchte so viele Seelen wie möglich retten und zu ihrem Sohn führen.

Darum bittet sie gerade um den Rosenkranz, um viele Rosen, die sie zu Füßen des Vaters niederlegen kann. Der Sohn liebt seine Mutter und freut sich über jede Rose, die sie als reinste Magd dem Vater aufopfern kann. Deshalb betet viel den Rosenkranz und der Welt werden viele Gnaden zuteil.

Verachtet nicht die Gnaden, die eure gute Mutter euch zuteil werden lassen will. Betet den Rosenkranz und ich will diese sinkende Welt retten helfen. Dies sagt euch eure Mutter, die Frau aller Völker.

Erfüllt meine Bitte und ich werde eure Fürsprecherin sein beim Sohne.

Das Geheimnis einer Familie

In einem Bauernhof am Chiemsee habe ich ihn kennengelernt. Er hatte mit seiner Bubengruppe aus München im oberen Heuschober und ich mit meinen Buben im unteren ein Heulager gefunden. Beim hl. Meßopfer begegneten wir uns am nächsten Tag wieder und ich habe mich richtig gefreut, wie ich ihn am Werktag zur heiligen Kommunion gehen sah: Das muß ein feiner Kerl sein, dachte ich mir im Stillen. Geraume Zeit später trafen wir uns wieder. Es war beim Diözesantag der Kath. Jugend. Voll Freude begrüßten wir uns über dieses unverhoffte Wiedersehen. Dann war es das große Georgslager der Pfadfinder, das uns wieder einmal zusammenführte. Da lernte ich auch einige Brüder von ihm kennen, die ebenfalls in der Jugendführung tätig waren und allmählich wurden wir Freunde.

Ludwig erzählte mir dann auch einmal von seinen Kriegserlebnissen in Rußland. Es ist ein Wunder, daß er wieder gesund heimgekommen ist. Nach einem mißglückten Angriff kroch er einmal unter dem gezielten Feuer russischer Scharfschützen von Verwundeten zu Verwundeten. Kein Schuß aber traf ihn. Während er einen Kameraden verband, lag dieser plötzlich, von einem Granatwerfertreffer zerrissen, auf ihm. Ihm selber hat nicht das Geringste gefehlt. Auf dem Rückmarsch war der Rest der Kompanie eingekreist und von den Russen im Sturmangriff niedergemacht worden. An ihm sind die Russen direkt vorbeigelaufen und haben ihn nicht gesehen. Als einziger kam er mit dem Leben davon.

Auch die anderen fünf Brüder waren bis auf den jüngsten im kriegsfähigen Alter und haben alle heil den Krieg überstanden. Fast alle sind heute aktiv im kath. Leben tätig als Laienapostel in der Legio Mariae oder als Leiter einer anderen kath. Gemeinschaft. Einer von ihnen hat sich nun als Spätberufener auf das Priestertum vorbereitet.

Öfter hatte ich mir schon Gedanken gemacht: Da muß doch wirklich ein besonderer Segen auf dieser Familie liegen: Sechs Buben heil durch den Krieg gekommen. Fast alle lebendige, wahrhaft apostolische Menschen. Ein Spätberufener und alle anderen haben eine gesunde Familie gegründet mit Kindern und eigenem Haus und Heim. Noch nie bin ich solch einer sichtlich gesegneten Familie begegnet.

Da erhielt ich eines Tages eine wunderbare Antwort: Ich besuchte einmal die Mutter dieser sechs Gebrüder in ihrer schlichten und einfachen Wohnung. Als wir uns ein wenig unterhalten hatten, nahm sie plötzlich eine Bild von der Wand. Es war ein älteres Marienbild in der Größe einer Postkarte. Sie zog es aus dem Rahmen und hielt es mir hin mit den Worten: ,,In der Hitlerzeit, da hatten wir viel durchzumachen. Mein Mann ließ die Buben nicht in die Hitlerjugend gehen. Dreimal mußten sie deshalb die Schule wechseln. Wir Eltern erhielten Vorladungen und die Buben wurden verhört und vor der Klasse als Staatsfeinde hingestellt. Als die Gefahr dann immer größer wurde, da entschlossen wir uns, die Familie unter den besonderen Schutz der Gottesmutter zu stellen. Wir hatten gehört, daß es Menschen gab, die sich mit ihrem Blut dem Teufel verschrieben haben. Dann können wir uns auch genauso gut der Muttergottes verschreiben, wie es auch der Kurfürst Maximilian von Bayern vor 300 Jahren in Altötting getan hat. Und so haben wir uns mit unserm Blut der Muttergottes geweiht." Und dann zeigte sie mir die Rückseite des Marienbildes. Da waren wirklich in bräunlich vergilbter Schrift die Namen des Vaters, der Mutter und der sechs Buben zu sehen.

Nun war es mir klar, woher der Segen gekommen ist und es ist wohl eindeutig ersichtlich, wie ernst und dankbar die Gottesmutter die Weihe dieser tapferen Familie angenommen hat.

*

Sei gegrüßt, Blüte der Unvergänglichkeit;
sei gegrüßt, Sieg der Gewaltlosigkeit.
Sei gegrüßt, der Auferstehung leuchtende Spur;
sei gegrüßt, den Engeln gleich lebst du im Lichtschein.

Sei gegrüßt, herrlich fruchtender Baum, der die Gläubigen labt;
sei gegrüßt, schützendes Laubdach darunter viele sich bergen.
Sei gegrüßt, den Ziellosen hast du den Weg gewiesen;
sei gegrüßt, anheimgestellt hast du den Unfreien die Freiheit.

Sei gegrüßt, ehrfürchtig stehst du vor dem All-Richter;
sei gegrüßt, in dir findet unser Fehlen Beistand bei ihm.
Sei gegrüßt, denen die ohne Zuversicht wandern, bist du ein Gewand;
sei gegrüßt, dein Lieben ist über alles Verlangen groß.

Sei gegrüßt, du jungfräuliche Mutter!

Aus: Hymnos Akathistos (Ostkirchliche Liturgie seit 700 - 800)

Eine Nacht im zerschossenen Bahnhof

In einem Kellerloch des Bahnhofs Charkow hatten sich fünf deutsche Soldaten zusammengefunden. Sie waren aus verschiedenen Einheiten. Sie suchten ihrer Lage gerecht zu werden. Den Lauf eines geretteten Maschinengewehrs führten sie durch das Kellerfenster und warteten auf den Angriff des Feindes.

Das Feuer der brennenden Stadt loderte durch die hereinbrechende Nacht. Kein Schuß war mehr zu hören. Nur das Surren vereinzelter Flieger dröhnte durch die unheimliche Nacht.

„Du!“, sagte ein Gefreiter zu einem Kameraden, der die Uniform der Waffen-SS trug, „es ist so still.“

„Um so besser.“

„Aber es ist doch merkwürdig“, sagte ein anderer.

„Quatsch!“, meinte der bleiche SS-Mann.

Sie schwiegen und warteten, und wurden müde vom vielen vergeblichen Warten im Dunkeln. Der Gefreite stand auf, suchte und fand eine Kerze. Er ging in die äußerste Ecke des Kellers, zündete sie an uns schirmte sie ab nach dem Fenster, das in Richtung des Feindes lag. Das Licht fiel auf einen Sanitätssoldaten, der — fast noch ein Knabe — in einer viel zu großen Uniform auf einer Kiste saß. Sein schmales, blasses Gesicht war auf die Brust gesunken, und ein gleichmäßiges Atmen verriet, daß er schlief.

Der Gefreite trat zu ihm und bemerkte, daß aus einem Ärmel seines Rockes Blut sickerte. „Bist du verwundet, Kamerad?", weckte er den Schlafenden.

Kann sein", sagte der blasse Junge.

Nun kamen auch die anderen herbei. Stellten fest, daß es sich um einen leichten Streifschuß am linken Unterarm handelte und legten einen Notverband an. Dabei konnte es ihnen nicht entgehen, daß die rechte Hand des Soldaten einen Rosenkranz umschlungen hielt. Niemand aber sprach davon.

Als der Morgen dämmerte, wurde plötzlich die unheimliche Stille durch das krachende Bersten einer Bombe zerrissen. Sie fiel in unmittelbarer Nähe des Bahnhofs und schreckte die fünf Soldaten auf. Es folgten noch ein zweiter und ein dritter Einschlag. Und bald darauf setzte das Knattern von Gewehren ein. Aber nicht nach der Seite des Kellerfensters, durch dessen Öffnung die Soldaten ihr Maschinengewehr bereithielten, sondern nach der umgekehrten Richtung. Die fünf sahen sich erstaunt und fragend an. Niemand sprach ein Wort. Aber in ihren entsetzten Augen stand die Gewißheit, daß die Deutschen die Stadt geräumt und weit hinten in Reservegräben außerhalb der Stadt Stellung bezogen hatten. Und daß sie selber, abgeschnitten von jeder Hilfe, allein im Kellerloch des Bahnhofes von Charkow lagen. Mitten im Kampfgebiet des Feindes.

„Was nun?", fragte jemand.

„Nichts! Wir sind verloren!"

„Sollen wir uns gefangen nehmen lassen?"

„Damit sie uns zu Tode quälen?"

„Lieber schieße ich mir eine Kugel durch den Schädel", sagte der Mann in der SS-Uniform.

Schweigen folgte, bedrückend und lastend. Sie horchten auf den Lärm des Kampfes, der immer undeutlicher wurde.

,,Aber wir müssen doch etwas unternehmen'', raffte sich der Gefreite auf.

,,Was denn?''

Wieder großes Schweigen. Einzig von der Kiste her, auf der der Sanitäter saß, hörte man ein monotones Sprechen.

,,Betest du?'', fragte der Gefreite.

,,Ja!''

,,Den Rosenkranz?''

,,Ja?''

,,Ich bin auch katholisch.''

,,Dann bete mit mir!''

,,Gib mir ein Stück von deinem Rosenkranz!'', bat der Gefreite. Der Soldat trennte zehn Perlen ab und reichte sie dem Kameraden hin.,,Hier hast du ein Gesetz'', sagte er.

Sie hörten Stimmen. Ganz in der Nähe. ,,Sind das die Russen?'', fragten sich die fünf. Aber sie konnten die Leute nicht unterscheiden.

,,Mir auch ein Gesetz, Kleiner'', flüsterte jemand. Es war ein robuster Bursche mit einem Stiernacken. Aber seine großen Hände zitterten, als er die zehn Perlen in Empfang nahm.

,,Bist du denn auch katholisch?''

,,Klar.''

,,Ich auch'', ließ sich der dritte hören. Und auch er bekam ein Gesetz.

,,Willst du auch?'', frug der kleine Soldat den letzten, den in der SS-Uniform. Dieser wandte sich ab. ,,Laßt mich in Ruhe'', antwortete er mürrisch. Ging zum Kellerfenster und spähte vorsichtig ins Freie. Die anderen saßen still auf ihren Plätzen, die Perlen des Rosenkranzes in ihren Händen.

,,Dort kommen Russen'', rief der Mann vom Kellerfenster und stieß ein gotteslästerliches Wort aus.

,,Laß das Fluchen'', sagte der Gefreite.

,,Sie kommen näher'', meldete der vom Fenster.

,,Laß sie kommen'', sagte ruhig und gelassen der Mann auf der Kiste. Und sein Gesicht wurde noch knabenhafter, als er dies aussprach.

Der SS-Soldat sah bewundernd zu ihm hinüber: Woher nimmt dieser Schwächling seinen Mut, dachte er und setzte sich zu ihm, als wenn er Schutz suchen wollte. Er sah dem Kleinen auf die Finger.

„Hast du noch ein Stück übrig?“, raunte er kleinlaut.

„Ja.“

„Gib her!“

Der blasse Bub erhob sich von der Kiste. „Jeder von uns hat zehn Perlen“, sagte er, „und wir beten jetzt den schmerzhaften Rosenkranz. Jeder ein Gesetz, aber für sich.“ Und er verteilte. „Du betest das vierte”, sagte er, als er zu dem SS-Mann kam, „und ich will das fünfte beten. Verstehst du?“

„Ja, aber wie heißt denn noch das vierte Gesetz?“

„Der für uns das schwere Kreuz getragen hat.“

Die fünf Soldaten begannen zu beten. Die Passion des Welterlösers vom Blutschwitzen bis zur Kreuzigung vollzog sich in fünf Menschenherzen. Und als das zehnte Ave gebetet war, sagte der Gefreite: „Wenn wir noch einmal glücklich nach Hause kommen, Kameraden, dann wollen wir in jedem Jahr an diesem Tag den Rosenkranz beten. Den Schmerzhaften. Und jeder sein Gesetz.“

„Ja, wenn wir heimkommen...“, kamen zaghaft die Antworten.

„Ich glaube an Gott, den allmächtigen Vater...“ begann der Junge von neuem. Und betete dann noch die drei Ave der göttlichen Tugenden und das Ehre sei dem Vater. Laut, zuversichtlich klang seine Stimme.

Und dann versanken die fünf wieder in Schweigen. Ein jeder betete still weiter. Von draußen kamen die Stimmen immer näher. Und schon war es, als wären Schritte hörbar und als stöbere man über ihnen in den Trümmern des Bahnhofs. Zehn Augen starrten auf den dunklen Eingang, der von keiner Tür geschlossen war. Und jeder von den fünfen wartete auf den Augenblick, da ein Russe in ihm auftauchte.

Schnell tauschten sie ihre Adressen aus. Die Heimatadressen, damit der eine oder andere den Verwandten Nachricht geben könne, wenn „etwas passieren“ sollte. „Und damit wir einander erinnern können an diesen Tag und an das Gelübde, das wir machten", sagte der Kleine voller Zuversicht. Und während er dies sagte, begann von neuem das Knattern der Gewehre. Es wurde immer stärker und kam näher. Und ganz plözlich stand im Dunkel des Kellereingangs ein Soldat. Aber es war kein Russe, sondern ein Leutnant ihrer Armee. ,,Ehre sei dem Vater und dem Sohne und dem heiligen Geiste", sagte der Sanitätssoldat und ging mit den vier anderen dem Offizier entgegen.

Der Krieg ging weiter und die fünf verloren sich aus den Augen. Als aber nach dem Krieg der Jahrestag der großen Not im Kellerloch sich näherte, erhielt der blasse Bub, der heute als Priester in der Diaspora wirkt, drei Briefe, die daran erinnerten, daß das Gesetz des Rosenkranzes gebetet werden müsse. Auf den vierten Brief wartete der junge Priester vergebens. Der SS-Soldat schrieb nicht, so daß die vier Leidensgenossen annahmen, er wäre gefallen oder befinde sich in russischer Gefangenschaft. Doch einige Tage später erhielt der Priester noch einen Brief. Der ehemalige SS-Mann teilte mit, er wäre nach kurzer Gefangenschaft wohlbehalten nach Hause gekommen, aber es hätte ihn dort soviel Leid erwartet, daß ihn die Verzweiflung gepackt habe. Er wolle ehrlich sein: Gebetet habe er nicht mehr seit der Stunde, da sie sich das letzte Mal gesehen hätten. Aber heute habe er in den Erinnerungen des Krieges gekramt und sei auf die Perlen des Rosenkranzes gestoßen.

Da habe er sich seines Versprechens erinnert. Und auch seines Gesetzes »Der für uns das schwere Kreuz getragen hat«. Er habe es gebetet und wolle jetzt versuchen, auch sein schweres Kreuz in christlicher Geduld zu tragen.

Josef Hachmann
im ,,Altöttinger Liebfrauenboten"

Sei gegrüßt,
du allerreinste, du gnadenvolle, du unbefleckte Mutter und Jungfrau! — Sei uns gegrüßt!

Die Madonna zwischen den Fronten

Kein Erlebnis hat mich so erschüttert wie jene Nacht vom 30. April zum 1. Mai. Auf dem Marktplatz einer rheinischen Stadt standen dichtgedrängt, Kopf an Kopf, gegen zehntausend Jungmänner. Dumpfes Murmeln wogte durch das Meer der dunklen, nur von wenigen Laternen beleuchteten Gestalten. Ich stand abseits.

Ich sah, wie erst ein schwankendes Lichtlein in die Höhe huschte, wie sich dann Licht auf Licht aus dem einen schwankenden gebar und wie dann ein strahlendes Meer von flackernden Kerzen Blumenbüsche und Girlanden erstehen ließ und sah zuletzt, gerade als das Glockenspiel von St. Anna die Mitternachtsstunde schlug, wie aus dem vielen Licht Maria, die Maienkönigin, erwuchs. Eintausend, zweitausend, zehntausend Jungmänner, — Schweigen.

Dieses Schweigen hatte etwas Gewaltiges — dieses Atemanhalten dieser munteren, quecksilbrigen rheinischen Jugend was Großes! Und dann: Zehntausend Jungmänner singen! — Maria, Maienkönigin, dich will der Mai begrüßen.

Ich gestehe, — doppelt von Ferne sah ich diesem Geburtstag des Maien zu, der in seiner ergreifenden Art mich so packte.

Nicht nur, daß ich all den Jungmännern fremd war und landfremd dazu — ich war auch ihr fremd geworden, ihr, der Jungfrau Maria und ihrem Kinde! Allen Heiligen und Gott! Und der heiligen Kirche — ich fand nicht zu ihr. So war ich traurig, daß ich abseits stand von dieser frommen Feier, glaubte ich doch, mich nicht beugen zu können, weil ich — ach so vieles besser wissen wollte.

Gerade war ich im Begriffe, davonzueilen, um nicht weich zu werden, da faßte mich jemand an der Schulter. Ich sah herum, es war ein französischer Offizier. Einen Augenblick fuhr es mir durch den Sinn davonzulaufen, hatte ich doch erst einige Wochen vorher böse Erfahrung mit der Besatzungsbehörde gemacht. doch der Blick des Mannes war so eigenartig, daß ich verwundert stehenblieb.

„Verzeihen Sie", sagte der Mann unsicher, ja beinahe erschrocken. „sagen Sie mir, ob ich träume: Waren Sie Infanterist in diesem Krieg?" Ich wußte nicht, ob ich lachen sollte, so dumm schien mir diese Frage. Schließlich sagte ich: „Ja!"

„Sind Sie — haben Sie — mein Gott, wie soll ich fragen, haben sie an der Priseux-Ferme, am Brunnen, die Madonna mit Blumen geschmückt? Sie wissen — 18! Im Mai, wie jetzt!"

Er hatte mich an den Armen gefaßt und mich so lebhaft geschüttelt, wie seine Sprache war.

In meinen Gedanken aber schwirrte es durcheinander. Priseux-Ferme! Wie oft hatten wir sie gestürmt! — Der Brunnen, ja der Brunnen. — Ich hatte mich verlaufen, wie es sich später herausstellte. Es gab zwei Brunnen, der eine zwischen den beiden Linien, dicht an der genannten Ferme, beinahe an der gegnerischen Front — der andere weiter rechts in einer Schlucht. Hatte man es mir falsch gesagt, oder was weiß ich — ich war zum linken Brunnen gelaufen.

Mit vier Kochgeschirren und etlichen Feldflaschen kam ich angeklappert. Niemand außer mir war zu sehen. Ich wähnte natürlich unsere Posten vor uns. Der Brunnen lag unter ein paar

Linden an einem Gebüsch. Neben dem Brunnen stand eine alte verwitterte Marienstatue. Ich schöpfte mir nun meine Gefäße voll, trank etwas — und dann — es war ja so heiß damals — zog ich mich aus und badete darin. Das kalte Wasser war ein wunderbar belebender Genuß.

Nachdem ich mich angezogen hatte, pflückte ich ein paar blühende Zweige und Blumen und schmückte damit die Marienfigur. Dabei fiel mir die Maienzeit ein. Andere Jahre weilte ich daheim und konnte zur Maiandacht gehen. Diesmal? — Ich kniete hin und betete. Darauf nahm ich meine Geschirre und rückte ab. Bald war ich wieder im schützenden Laufgraben. Mehrere Lagen deutscher, schwerer Granaten heulten über mich hinweg und schlugen in und um die Gebäude der Ferme mit berstendem Getöse ein. Die Erde zitterte. Ich suchte mein Heil in schleunigster Flucht.

Schweißdampfend und wütend langte ich endlich bei den Kameraden an, denen ich schimpfend erzählte, daß die eigene Artillerie nichts weiter kann, als zu „kurz" schießen.

Jetzt stellte sich heraus, daß ich an den falschen, außerhalb unserer Front gelegenen Brunnen gelaufen war.

Dieses Erlebnis war mir bei der Frage des Franzosen sofort aufgetaucht. Als ich mich vom ersten Schreck erholt hatte, zerbrach ich mir den Kopf, woher dieser Mann mein Erlebnis wissen konnte. Er enthob mich der Frage, indem er weitersprach: „Ja, ja, Sie sind es, Sie sind es! — Ist es so?"

Ich konnte nur stumm mit dem Kopf nicken, so erregt war ich. Er zog mich mit sich fort.

In seiner Wohnung saßen wir uns gegenüber. Nach einer langen Pause erzählte er:

„In dem Gebüsch, von dem Sie Zweige brachen, haben wir gesessen. Zwei Korporäle und fünfzehn Mann. Der Posten sah Sie ankommen. Er wollte schießen. Ich hinderte ihn daran und gebot den anderen lautlose Stille, weil ich annahm, daß Sie nicht allein zum Brunnen gelaufen sein würden. Wir hielten es für eine unerhörte Kühnheit, dicht vor unseren Stellungen das Trinkwasser zu holen. Alle siebzehn Mann standen wir hinter den Büschen verdeckt und belauschten Sie. Siebzehn Mann hatten Ihnen das Leben zu verdanken.

Was war das für ein sonderbarer Anblick, einen Gegner, einen Feind, blank und bloß sich mit Wasser beschütten zu sehen. Zu baden, obwohl der Tod hinter den Büschen hervorlauerte! Denn wir waren fest entschlossen, Sie nicht laufen zu lassen, wie es sich versteht. — Bei dem geringsten Fluchtversuch nach dem Anruf schießen! — Das war selbstverständlich! —

Der Posten vom Schnelladegewehr richtete andauernd seinen Lauf nach Ihnen. Es war ein junger Rekrut, dem es noch eine Heldentat gewesen wäre, Ihre nackte Haut zu zerfetzen. Etliche aber waren, die um Sie zitterten. Uns paar Alten war es wie im Theater, wo das Publikum um seinen Helden bis zum letzten Aktschluß bebt.

Sie zogen sich an. — Gleich wird er gehen. — Und gleich wird er angerufen werden, wird davonlaufen wollen — nein, mehrere Schüsse werden die Stille durchpeitschen — er aber wird zusammensinken.

Ich blickte meine Leute an. Der am Schnelladegewehr verfolgte Sie mit den Augen wie ein Raubtier. Alle aber hatten die Brauen fest zusammengezogen, da sie jeden Augenblick das Drama erwarten konnten. —

Es war eine Spannung sondergleichen.

Ich überlegte, ob ich hinauslaufen sollte und Sie festhalten, damit keiner schieße.

Mir klopfte das Herz, als hätte ich nie einen Krieg und seine Konsequenzen gesehen.

Sie aber pflückten Blumen.

Brachen vor unseren Köpfen ein paar Zweige ab.

Wir warteten was Sie tun würden.

Die Madonna!

In ihren Arm legten Sie die Blüten!

Zu ihren Füßen knieten Sie hin!

Der Mann am Schnelladegewehr stieß sein Gewehr beiseite und starrte. Unsere Augen weiteten sich, verloren sich in dem Bild des friedlich betenden Boche.

Erst als Sie beinahe an den schützenden Mauern der Ferme waren, erwachten wir aus unserer Betäubung. Der Posten handierte am Magazin seines Gewehrs — ein anderer Mann blickte mich fragend an. Ich winkte ab. —

Kaum waren Sie indessen verschwunden, so stürzten wir aus den deckenden Büschen und traten zum Marienbild, das einige von uns bisher noch gar nicht gesehen hatten. Wir hielten ihre Blumen in der Hand, und hier — sehen Sie, in meiner Brieftasche dieses vertrocknete Blümchen im Papier — haben Sie gepflückt! — Ich trage es immer bei mir, denn es hat uns das Leben gerettet, wie auch vorher Ihnen!

Ja — vielleicht erinnern Sie sich, — Sie können nicht weit gewesen sein, als es heranheulte. Erst vier, dann noch einmal vier Schüsse schweren Kalibers. Drei davon gingen mitten hinein in das Gebüsch, in dem wir noch vor wenigen Sekunden gestanden hatten. Dort wären wir ja auch geblieben, wenn wir nicht alle herausgestürmt wären, um Ihre Blumen und die Madonna zu sehen. — Wir blieben sämtlich unverletzt. Nur unsere Sachen und Gewehre, die dort geblieben waren, lagen zerschlagen, waren herumgespritzt oder in die Erde hineingebohrt.

Können Sie sich denken, daß wir noch lange von Ihnen sprachen, daß Sie noch lange unser heimlicher Held gewesen waren?

Heute aber — ich hatte ihr Gesicht kaum und auch anders im Gedächtnis, und doch erkannte ich Sie! Sei es Zufall, sei es Schicksal oder Fügung, es gibt Dinge, die wir nicht enträtseln können.“

Es ist nicht mehr viel zu sagen. Der Franzose und ich schieden als Freunde. Am nächsten Tag aber und an allen folgenden Tagen standen wir zwei beieinander in der Nähe des Marienaltars und feierten die Maiandacht, wie am 1. Mai die zehntausend Jungmänner. Ich aber nicht mehr fern, sondern mitten unter ihnen. Mitten unter dem Mantel Mariens, die ihren Schutz all denen leiht, die sie darum bitten.

Jörg Breuer

in „Die Wacht“ 1931/32, Düsseldorf

Gebet zur hl. Jungfrau vom Berge Karmel

Gebenedeite Jungfrau, du bist voll der Gnaden, die Königin der Heiligen. Gerne verehre ich dich unter dem Titel «Unsere Liebe Frau vom Berge Karmel». Er erinnert mich an die Zeit des Propheten Elias. Damals wurdest du über dem Karmel vorgebildet durch die kleine Wolke, die immer größer wurde und einen wohltuenden Regen brachte. Es war ein Sinnbild der Gnaden, die du uns gebracht, die uns Menschen heiligen. Seit den Zeiten der Apostel wirst du verehrt unter diesem geheimnisvollen Titel.

Eine Freude ist es mir, wenn ich daran denke, daß wir uns deinen ältesten Verehrern anschließen und mit ihnen dich grüßen dürfen: Du Zierde des Karmel, du Ruhm des Libanon, du reinste Lilie, du geheimnisvolle Rose im blühenden Garten der Kirche.

Doch denke an mich Armen, du Junfrau der Jungfrauen, und zeige, daß du meine Mutter bist! Gieße über mich immer wirkungsvoller das Licht des Glaubens aus, der dich selig machte! Entzünde in mir die himmlische Liebe, mit der du deinen Sohn Jesus Christus geliebt hast!

Ich bin voll geistiger und leiblicher Not. Seelische und körperliche Leiden kommen von allen Seiten in großer Zahl über mich. Darum berge ich mich wie ein Kind unter deinen-mütterlichen Schutz.

Mutter Gottes, du vermagst soviel. Erflehe mir von Jesus, dem Hochgebenedeiten, die himmlischen Tugenden der Demut, Reinheit und Sanftmut! Sie waren der schönste Schmuck deiner makellosen Seele. Gib, daß ich stark bleibe in den Versuchungen und Bitternissen, die so häufig über mich kommen!

Und wenn einst nach Gottes Willen meine irdische Pilgerfahrt zu Ende geht, dann gib, daß meine Seele durch die Verdienste Jesu Christi und deine Fürsprache eingehen darf in die himmlische Herrlichkeit. Amen.

Die Zitrone

Welche Ereignisse bleiben einem im Gedächtnis? Doch nur jene, die einem wichtig erscheinen, und jene, die ein Staunen und Wundern auslösten.

Über ein solches Ereignis will ich hier berichten. Wer diesen Bericht liest, möge dann selbst entscheiden, ob das, was mir passierte, nicht doch Anlaß genug ist, sich zu wundern.

Ich will gleich vorne weg sagen, daß dieser Bericht von *Maria, der Mutters Gottes,* handelt, und daß ich evangelisch bin.

Es war an einem der ersten Tage im Juli des Jahres 1941 in Rußland. Den genauen Tag weiß ich nicht mehr. Zu diesem Zeitpunkt bewegten sich die deutschen Divisionen noch rasch vorwärts. Ich war im Dienstrang noch einfacher Schütze und Melder beim Stab des II. Bataillons des Regiments 520 der 296. Inf.-Division.

Zu dieser Zeit war ich etwas über 30 Jahre alt und...fluchte wie die anderen Landser auf den Krieg und auf die Blödheit Hitlers.

An dem genannten Tag im Juli 1941 überbrachte mir der Spieß — Staatsanwalt Schneider, von uns Landser liebevoll „der Schneider Hannes" genannt — den Befehl, die 13. IG-Kompanie zu holen. Es war noch ziemlich früh am Morgen. Als Bestimmungsziel, wo sich diese Einheit aufhalten könnte, machte er nur eine nach rückwärts zeigende Bewegung, die ein etliche Quadratkilometer umfassendes Gebiet ebenso andeutete wie sein Bedauern, mir den Standort nicht genau beschreiben zu können. Er gab mir lediglich den guten Rat: „Lassen Sie sich nicht von den Russen schnappen."

Mit diesen Worten, die mich nicht gerade aufmunterten, trabte ich los, westliche Richtung, etwas nach Norden ausholend. Warum ich die nordwestliche Richtung wählte, weiß ich nicht. Vielleicht deswegen, weil der Spieß zuerst nach dieser Richtung zeigte. Übrigens glaube ich sagen zu dürfen, daß sich in solchen Zeiten, wo die Gefahr überall lauert, beim Menschen ein sechster Sinn entwickelt, der einem das Richtige tun läßt, ohne es überlegt zu haben.

Am Abend zuvor war für mich Post eingetroffen: Ein Päckchen von meiner Frau. Es enthielt zwei Basler Lebkuchen und zu meinem Erstaunen auch zwei Zitronen. Die zwei Zitronen waren für mich das Schönste. Eine davon war schon fast völlig faul, die andere aber noch schön prall, gelb und voller Saft.

Woher meine Frau diese Kostbarkeiten hatte, weiß ich nicht. über das Woher machte ich mir auch gar keine Gedanken; ich freute mich nur riesig über ihr Vorhandensein, dies umso mehr, als ich schon seit einigen Tagen ziemliches Halsweh verspürte. Ich konnte nicht mehr richtig schlucken, und da paßten die Zitronen gerade gut.

An sich teile ich die Sachen, die ich ab und zu von zu Hause bekam, gerne mit dem einen oder anderen Kameraden. Aber diesmal machte ich erklärlicherweise eine Ausnahme; denn schließlich benötigte ich die Zitronen dringend für mich wegen meines Halswehs. Ich packte Lebkuchen und Zitronen, also die gute und die faule, wieder ein und steckte sie in meinen Brotbeutel mit dem Gedanken, diese Kostbarkeiten in einer Pause allein zu essen.

Als ich nun den Befehl erhielt, die 13. IG-Kompanie zu holen — wie üblich beim Militär, sollte alles schnell gehen — nahm ich mir vor, unterwegs eine Rast einzulegen und meine Lebkuchen und Zitronen geruhsam zu verspeisen.

Der Mensch denkt und GOTT lenkt. So heißt ein altes Sprichwort. In diesem Fall war es genau so. Ich wollte rasten und meine Lebkuchen und Zitronen essen. Dazu ist es aber nie gekommen.

Als ich so allein unterwegs war, wurde es mir etwas bang ums Herz und um den Magen. Schließlich war es Feindesland. Es ist im östlichen Polen, dem heutigen Rußland, ja nicht so wie in Deutschland, wo man von einem Hügel aus zwei bis sechs Dörfer näher oder weiter sehen kann. In diesem Landstrich sind unendliche Weiten.

Ich sah links von mir ein Getreidefeld, von dem ich kein Ende erblicken konnte. Rechts von der Straße — in Deutschland würde man zu einer solchen Straße ,,Weg 6. Ordnung" sagen — erstreckte sich eine Wiese, deren Gras zum großen Teil von den Kriegsfahrzeugen der Deutschen und Russen niedergewalzt war. Weiter hinten rechts sah der Anfang eines Waldes hervor.

Vor den Wäldern mußte man sich im Krieg in acht nehmen; denn man wußte ja nie, ob hinter den vordersten deutschen Linien nicht noch kampfstarke russische Einheiten waren. Der Vormarsch ging bekanntlich so schnell vor sich, daß russische Kompanien hinter vorwärts marschierenden und kämpfenden deutschen Einheiten gegen nachrückende deutsche Verbände kämpften. Auch starke Partisanenverbände waren vorhanden, die kleinere deutsche Gruppen, wie Patrouillen und Aufklärungskommandos, in Kämpfe verwickelten.

Ich sicherte dauernd wie ein Wolf nach rechts, nach links, nach hinten und vorne. Wogte das Getreide im Felde links von mir auf, blieb ich aufgeregt wartend stehen; denn ich wußte ja nicht, war das Wogen des Getreides vom Wind oder von versteckten Feinden verursacht.

An meinem Vorsatz, mir eine geruhsame Viertelstunde zu gönnen, dabei meine Lebkuchen und die gute Zitrone zu verspeisen, dachte ich gar nicht mehr. Und wenn ich daran gedacht hätte, dann hätte ich es auch nicht getan, weil mir die Lage zu unsicher schien.

So näherte ich mich dem Wald. Ich drückte mich immer näher an das Getreidefeld heran, einmal dieses, dann wieder den Wald beobachtend. Der Wald war noch etwa 150 Meter von mir entfernt, das Herzklopfen wurde stärker, die Sinne noch wacher. Glücklicherweise hatte die Waldseite, die ich passieren mußte, nur ein Ausmaß von etwa 100 Metern. Es war eine Waldinsel.

Da, plötzlich sah ich in dem Wäldchen, wie sich ein Busch am Waldsaum bewegte. Mit einem Satz war ich im Kornfeld links von mir, robbte nach rechts und blieb liegen und...bevor ich noch meinen Karabiner entsichert hatte, hörte ich schon einen Schuß. Ich rührte mich nicht und sicherte in den Wald hinein, soweit mir dies möglich war. Dort sah ich nichts. Ich lief nach etwa 5 Minuten gebückt in einem Bogen durch das Kornfeld, um den Wald hinter mich zu bringen. Man glaube mir, daß ich so schnell gelaufen bin, wie ich nur konnte.

Als ich der Meinung war, daß der Wald längst hinter mir sein mußte, drückte ich mich langsam nach rechts zur Straße. Ich lief im Trab weiter, um rasch eine gefahrlose und übersichtliche Überquerungsmöglichkeit zu finden.

Inzwischen war vielleicht eine gute Stunde seit dem Weggang von meiner Einheit vergangen. In dieser Zeit habe ich bestimmt mehr als 7 km zurückgelegt, denn ich lief ja meistens im Hundstrab, den ich nur für kurze Zeit unterbrach, um Kräfte zu sammeln.

Endlich war das Getreidefeld zu Ende und ich sah — schätzungsweise einen halben Kilometer entfernt — weiß gekalkte Häuser und eine Kirche blinken. Ich war von Herzen froh und dachte nicht daran, daß der Ort noch von Russen besetzt sein könnte. Ich war innerlich überzeugt, daß ich hier eine deutsche Einheit finden würde, die ich nach meinem Bestimmungsziel fragen könnte.

Schnell lief ich weiter und sah vor dem Ort, sorglos spazieren gehend einen uniformierten Mann.

Der Uniformierte sah nun auch mich und kam mir langsam

entgegen. Ich erkannte die deutsche Flak-Offiziersuniform. An dem Äskulapzeichen war er als Arzt zu erkennen. Fünf Schritte vor ihm blieb ich stehen, baute mein Männchen — wie man beim Militär sagte —, machte meine Ehrenbezeigung und meldete: „Schütze Früh als Melder unterwegs".

Ich weiß nicht mehr, war es ein Oberarzt oder ein Stabsarzt. Jedenfalls fragte er mich, wohin ich unterwegs sei. Da wurde ich mißtrauisch, nahm mein Gewehr, das ich abwechselnd auch in der linken Hand trug, wieder in die rechte Hand und besann mich auf eine entsprechende Antwort. Der Offizier bemerkte mein Mißtrauen mit sichtlicher Freude. Er sprach deshalb von etwas anderem, worauf ich ohne Mißtrauen antworten konnte. Er sprach im fränkischen Tonfall, ich auch. Daher grüßte er mich als Landsmann. Der Kontakt war daraufhin rasch hergestellt. Er war nicht soldatisch stramm, sondern gab sich eben als Landsmann.

Durch die zwanglose Art, die der Truppenarzt an den Tag legte, gab ich auch das starre Benehmen eines niedrigen Dienstgrades einem Offizier gegenüber auf.

Dabei fiel mir mein weher Hals ein. Ich fragte ihn, ob er mir etwas dafür geben könnte. Er schaute in meinen Hals und sagte: „Eine ganz schöne Angina, mein lieber Fritz". Ich heiße nicht so, aber er gebrauchte eben den bei den Engländern und Franzosen sehr oft gebräuchlichen Spitznamen für den deutschen Landser.

Und nun kam das, was mir unvergeßlich bleiben wird. Der Truppenarzt: „Leider hab' ich nichts. Du kannst ins Lazarett kommen zur Behandlung. Dann ist der Krieg für dich ein paar Wochen erledigt. Du bist erwachsen und dann ist es nicht weiter schlimm. Da hinten aber in dem dreckigen Kaff, da ist eine Frau — die Frau eines polnischen Professors, der von den Russen beim Einzug verschleppt wurde — mit einem vierjährigen Kind, das die Angina im höchsten Grad hat. Ich kann nichts dagegen tun; das Kind stirbt. Deshalb bin ich allein spazieren gegangen; ich kanns fast nicht mehr mit ansehen. Wenn ich nur eine Zitrone hätt'! Die Frau und ihre Schwester beten zu Maria seit einigen Tagen um eine Zitrone, weil ich gesagt habe, wenn ich eine Zitrone hätt', dann wäre dies die Rettung für's Kind.

Und nun beten sie, beten, als ob hier in diesem Drecknest eine Zitrone wachsen würde. Vielleicht gibt ihnen das Beten einen Trost. Die Maria, die da helfen soll, möcht' ich kennen lernen."

Wie der Arzt dies von der Zitrone sagt, wird's mir etwas leid ums Herz. Ich hätte sie doch so gerne selbst gegessen. Ich war bereits entschlossen, die Zitrone herzugeben, zögerte aber dennoch etwas. Ich dachte gerade an mein fünfjähriges Mädelchen, an meine Frau und wie sie, die auch Katholikin ist, ebenfalls zur Muttergottes beten würde.

In meinen Gedanken versunken, sah ich den Arzt an. Er fragte mich: „Na Fritz, geistesabwesend?"

Ich antwortete ihm nur: „Ich habe zwei Zitronen hier, eine ist allerdings faul, die andere aber ist pico bello." Wenn ein Landser den Ausdruck pico bello liest, dann wird er verstehen, was das heißt. Während ich dies sagte, tat ich die beiden Zitronen heraus.

Der Arzt war sprachlos. Als er sich wieder gefangen hatte, schüttelte er nur den Kopf. Und dannn brach es aus ihm heraus: *„Ja, gibt's denn das! Herrgott, kannst Du mir verzeih'n?"* Zu mir gewendet: „Und du willst mir die Zitrone geben?"

Ich gab sie ihm. Ich ging mit ihm ins Haus, wo uns zwei in Tränen aufgelöste Frauen empfingen. Der Arzt hob triumphierend die Zitrone empor, die Frauen lächelten unter Tränen. Sie taten so, als wäre dies eine Selbstverständlichkeit, nachdem sie zur Muttergottes gebetet hatten. Der Arzt sprach mit den Frauen. Sie sprachen beide sehr gut Deutsch. Der Arzt bat für mich um ein Bett. Er wußte sogar, wo die 13. IG-Kompanie ungefähr lag. Er versprach mir, sofort einen Melder hinzuschicken und die Einheit dorthin bringen zu lassen, wohin ich sie hätte holen sollen.

Nachdem ich den Weg beschrieben hatte, den die 13. IG-Kompanie fahren mußte und vor dem Wäldchen gewarnt hatte, woraus ich beschossen worden war, ließ ich mich von der einen Frau in ein Zimmer mit einem Bett führen. Ich war hundemüde und fiebrig. Kurz entschlossen nahm ich die faule Zitrone, drückte die Augen zu und aß diese auf. Sie hat wirklich nicht gut geschmeckt.

Sofort schlief ich ein. Als ich nach einigen Stunden erwachte, fühlte ich mich wie neugeboren. Kaum war ich aufgestanden, kamen schon die beiden Frauen, lachten glücklich und dankten mir mit bewegten Worten. Der Arzt war ebenfalls wieder oder noch anwesend. Auch er lachte glücklich und meinte: „Fritz, das Kind wird gesund. Und du, laß' mal sehen!"

Nachdem ich ihm gesagt hatte, daß ich die faule Zitrone gegessen hatte, sah er meinen Hals an. Er schüttelte wieder seinen Kopf und meinte: „Fast weg. Wenn ich es nicht gesehen hätte, würde ich sagen, du hast gar keine Angina gehabt.

Er teilte mir noch mit, daß von seiner Einheit sofort ein Krad-Melder losgebraust sei, um meinen Auftrag zu erledigen. Und das war gut, denn der Krad-Melder kam schließlich schneller vom Fleck als ich zu Fuß.

Die Frauen versahen mich noch mit dem Kreuzeszeichen und ich ging nach Dankesworten vom Arzt zurück zu meiner Einheit. Weder der Arzt noch ich fragten einander nach dem Namen. Dies war auch gar nicht üblich im Krieg.

Nach der Rückkehr zu meiner Einheit meldete ich den Fall meinem Spieß, ohne ihm die Sache von der Zitrone zu erzählen; denn dies hing ja mit meinem Auftrag nicht zusammen. Der Spieß sagte nichts weiter als: „Ist schon gut. Geht's wieder?" Er schaute mich dabei nur sonderbar an, als ob er wüßte, daß ich unglaublich rasch von einer beginnenden Angina genesen war und daß Maria, die Muttergottes, das Gebet von zwei Frauen um eine Zitrone erhört hatte.

Gottfried Früh in „Benediktus-Bote"

*

Sei gegrüßt,
du allerreinste, du gnadenvolle, du unbefleckte Mutter und Jungfrau! — Sei uns gegrüßt!

Ein Kommunist als Werkzeug Mariens

Seit einigen Wochen wohnte ich in Bamberg, um dort eine wissenschaftliche Arbeit zu Ende zu bringen. Durch die Vermittlung eines Kaplans kam ich dort in das Haus eines bekannten fränkischen Adeligen.

Der Freiherr ist ein verwitterter Weltläufer und alter Weltkriegsoffizier, der auf dem Ulanensattel von Lagarde bis Kiew geritten ist. Ich freute mich sehr, daß er an meinen Forschungen einigen Anteil zeigte und mich öfter in seinen Arbeitsraum einlud, um sich mit mir über Fragen der Politik, der Kunst und der Religion zu unterhalten.

In einer Ecke des lichten Studiersaales ist ein zierlich geschnitzter Hausaltar, der immer, wenn ich zu Besuch komme, mit frischen Blumen geschmückt ist, mit Maienglöckchen, Tulpen, Rosen oder weißen Lilien, manchmal auch mit einem Feldblumenstrauß.

Ich halte diese freundliche Sitte für Erinnerung des Geschlechtes an vergangene Zeiten der Marienminne, da die Verehrung der Gottesmutter zur Weihe und Würde des Adels gehörte, damals, als sie, die Himmlische, noch, wie es im Wallfahrtslied heißt, Herzogin Frankens und der Fürstbischof nur ihr getreuer Stadthalter war.

Als Herrin und Fürstin ist sie auf dem Hausaltar dargestellt, das Zepter in Händen, auf der Mondsichel schwebend, den Sohn haltend wie einen Kronerben.

Viele tausend Madonnenbilder finden wir am Main entlang, wobei jedes seinen eigenen Reiz und eine eigene Anmut hat. Trotzdem bin ich erstaunt, daß der Freiherr, dessen welthafte Erfahrung und überlegene Geistigkeit ich schätze, einmal zu abendlicher Dämmerstunde, beim Geläut der Aveglocke das Gespräch unterbricht, eine Weile, wie in stummes Gebet oder Betrachtung versunken, dasitzt, dann aufsteht, um die Kerze in der silbernen Ampel vor dem Bild der Gottesmutter anzuzünden. Seine Haltung und sein Gesicht drücken dabei Ernst und stille Andacht aus, als ob er in seinem Tun etwas Heiligeres vollzöge als die Gewohnheit einer schönen Sitte.

Dabei erscheint mir seine Haltung weder töricht noch sentimental; es spricht eine gewisse Ritterlichkeit aus seiner Gebärde. Vielleicht kann ich eine Verwunderung in meiner Miene nicht verbergen. Der Freiherr entschuldigt sich wegen der Unterbrechung des Gespräches. „Verzeihen Sie“, sagt er leichthin, mit einem halben Lächeln, „Sie sind mein Gast, aber nicht der einzige. Die hohe Frau ist immer in meinem Hause und ich muß ihr Gedächtnis ehren.“ Ich nicke höflich und antwortete zunächst nichts auf seine Rede, betrachte nur von fern das Bild in der Nische. Lächelnd schwebt die Gestalt der himmlischen Herrin auf der Mondsichel wie ein Abendstern und erfüllt das Gemach mit Wärme. Eine milde Strahlung strömt auf mich ein. Dann wende ich mich weg und blicke prüfend und ein wenig neugierig auf das ruhige Gesicht meines Gastgebers. Verlegenheit drängt mich, das scheue Schweigen zu unterbrechen; es ist eine plumpe Art in meinen Worten: „Ein liebliches Bild...", sage ich langsam und tastend. Der Freiherr horchte auf; eine leise Röte fliegt über sein Gesicht: „Meine Ehrfurcht gilt nicht dem toten Ding, so schön und meisterhaft es sein mag, es gilt dem lebendigen Geheimnis. Sie halten mich für einen Schwärmer? Nun, ich will ihnen eine Geschichte erzählen; vielleicht verstehen Sie mich dann besser; ich will versuchen, meine altmodische Überzeugung vor einem modernen Menschen zu rechtfertigen. *Macht* und *Liebe* der Mutter aller Mütter sind *unsterblich:* Ich weiß es...

Im Sommer 1918 hatten unsere Kaiserulanen die östliche Ukraine besetzt und drangen bis zur Halbinsel Krim am schwarzen Meer vor. Sie schlugen sich mit versprengten Bolschewistenhorden herum und säuberten die Gegend von roten Freischaren. Es war ein abenteuerliches Reiten durch Steppen und träge Flüsse. Unendlich wogte das Meer von Weizen und Mais; das hungernde Deutschland hoffte auf die goldene Ernte, aber die Roten zündeten Getreideflächen an, und der Rauch wälzte sich von Dorf zu Dorf, reizte unsere Augen und lag wie ein Nebel über der Erde. Einmal — in einem halbverbrannten hölzernem Dorf — gerieten meine Mannschaft und ich in einen Hinterhalt und wurden nach heftigem Gefecht überwältigt und gefangen genommen. Wir waren an die 12 Mann und auf Erkundung gewesen, unserer Truppe weit voraus.

Wir hatten gehört, daß die Bolschewiken auf dem Rückzug ihre Rachsucht und Grausamkeit an den Gefangenen ausließen, fürchteten das Schlimmste und lauerten auf Gelegenheit zur Befreiung. Man schleppte uns in die nächste Kreisstadt und verhörte uns dort. Der Anführer der Roten war ein Prager Tscheche, Überläufer, der einen sehr gescheiten und kecken Eindruck machte. Er sprach fehlerfreies Deutsch und nahm uns scharf unter die Lupe. Besonders auf mich, den adeligen Offizier hatte er es abgesehen. Mit ironischer Hartnäckigkeit forschte er mich aus, versuchte mich vor meinen Leuten lächerlich zu machen indem er mich übertrieben achtungsvoll bei meinem Rang und Titel nannte und sich dann wieder herablassend gebärdete. Ich zeigte mich hochmütig starr. Das glühende und lasterhafte Gesicht machte mich innerlich unruhig. Er hatte sich meiner Brieftasche bemächtigt, musterte Papiere und Scheine und legte sie beiseite auf den Tisch. Plötzlich zog er eine Medaille hervor, ein altes, schön geprägtes Silberstück mit dem Bild der Muttergottes, der Schutzherrin Frankens. Es stammt aus der einstigen fürstbischöflichen Münze; meine Mutter hatte es mir als eine Art Talisman mitgegeben; schon mein Vater, Großvater und Urgroßvater hatten es getragen in mancher Not und Gefahr. Es war also ein Glückstaler, an dem etwas wie ein Segen der toten Ahnen hing, ihrer Gebete, ihrer Sehnsucht, ihrer guten Wünsche.

Nun hielt ihn der Kerl mit spitzen Fingern gegen das Licht, betrachtete das Stück, lächelte ein wenig — man konnte dieses Lächeln kaum deuten; war es Spott oder Nachsicht oder Rührung. Er kräuselte die Stirn und las laut die lateinische Umschrift der Prägung, die als ein Vermächtnis meiner frommen Ahnen zum Wahlspruch unseres Hauses geworden war. Es klingt wie eine Antwort der Himmelskönigin auf die liebende Verehrung ihrer Kinder:

‚Stellis non segnior ardor it meus...' — ‚Meiner Liebe Glut leuchtet nicht minder als die Sterne'.

Nun war die Medaille in den Händen eines Bolschewiken. Warum hatte ich die Münze nicht auf der Brust getragen an seidener Schnur wie meine Väter, wenn sie auszogen? Die Mutter hatte sie mir um den Hals getan, als sie mich zum Abschied küßte; doch ich hatte mich der frommen Einfalt geschämt, des gläubigen „Aberglaubens" und die Medaille später kopfschüttelnd in meine Brusttasche getan. Was den Ahnen recht und gültig war, dem Enkel war es zweifelhaft geworden. Ich achtete die Münze als kostbares Familienerbstück, aber ich glaubte nicht an ihre Segens- und Wunderkraft. Ich hätte kaum daran geglaubt, wenn sie mir auf dem Herzen gelegen hätte und eine Kugel daran abgeprallt wäre. Hätte dies nicht Zufall sein können, Laune des Schicksals? Mochten Bauern und Holzhacker darin eine Fügung erblicken!

Ich war kein gottloser Mensch, kein Spötter, eher ein Sucher; schließlich stammte ich aus einem alten gläubigen Geschlecht; aber ich schämte mich der kindlichen Gefühle und Wünsche. Als ob wir vor Gott nicht alle Kinder wären! Ich war gesund, jung und stolz: Mein Herz brannte, als ich das Kleinod hervorgezerrt und von den kalten fremden Augen betastet sah. Ich trat heftig ein paar Schritte vor, und riß die Medaille aus der Hand des Tschechen. Der lachte bös auf: ,,Ei, der Herr Rittmeister-Freiherr scheinen einem Fetisch zu vertrauen! Er ist falsch, er hat kein Glück gebracht. Übrigens ein hübscher Spruch: Stellis non segnior ardor it meus. Nun — wenn ich Ihnen für das Ding einige Vergünstigungen böte, wäre es feil?

Ich antwortete nicht auf die unverschämte Zumutung. Der andere zuckte die Achseln. ,Mißverstehen sie mich bitte nicht! Ich hätte mich gerne mit Ihnen über solche Sachen unterhalten, Herr Rittmeister. Ich habe nämlich in Prag studiert und mich mit Gott und seinen Heiligen herumgeschlagen. Zuletzt bin ich Marxist und Materialist geworden. Religion ist Opium für das Volk. Doch zuzeiten spielt unser Herz dem Verstand einen Streich. Sogar bei Männern ist es so — nicht wahr?'

Der Tscheche war näher getreten; ein frecher Zug lag um seinen Mund...Ich stand steif und verächtlich.

,,Abtreten!'', kommandierte der Tscheche plötzlich scharf und gehässig. Wir wurden in einen kahlen Schulraum gebracht, wo wir uns auf einem Strohlager ausstrecken konnten. Ich schlief, von Angstträumen und schlechten Bildern gequält sehr schlecht, wälzte mich auf der Schütte hin und her; das Ungeziefer peinigte mich.

Plötzlich — gegen Mitternacht — wurde ich geweckt und hinausbefohlen auf den Gang. Der Tscheche wartete draußen auf mich. Er roch nach Schnaps, doch schien er keineswegs betrunken. Er winkte mir, zu folgen. Wir gingen über den Hof der Schule: Über uns standen die Sommersterne weich und warm.

Da blieb mein Begleiter stehen und deutete empor. Seine Stimme klang heiser und schwankte:

,Stellis non segnior ardor it meus!'

Er musterte mich unsicher von der Seite. Eine Witterung von Geist und Ernst flackerte über sein verwüstetes Gesicht. Er merkte wohl die innere Abwehr und fuhr fort: ,Ich habe sie kommen lassen, Herr Rittmeister, um Ihnen und vielleicht mir ein wenig zu helfen; denn das Menschliche darf nicht sterben in dieser unmenschlichen Zeit.' Er machte eine Pause und versuchte in meinem Gesicht zu lesen. Mir waren der Vorgang und die Reden des Mannes rätselhaft; ich dachte an eine Tücke. Sollte ich von meinen Leuten weggelockt und irgendwo um die Ecke gebracht werden? Die gewählten Worte des Bolschewiken machten mich mißtrauisch.

‚Ich weiß, was Sie denken', fuhr er fort, indem er sich einen Ruck gab und düster in eine Ferne blickte, die mit Backsteinmauern verstellt war. ‚Sie halten mich für einen zynischen Hund. Nicht zu Unrecht. Und doch! — Wie soll ich's sagen, ohne falsch oder feige zu erscheinen? Einst — vor dem Krieg war ich in Prag auf der hohen Schule, sollte nach dem Willen meiner Eltern Pfarrer werden. Heute bin ich des sogenannten Gottes Feind und Verächter! Ah, es gibt keinen Gott — nur Notwendigkeit. Als ich Abschied nahm von zu Hause, hing mir die Mutter eine geweihte Münze mit dem Bildnis der *Maria* um; sie sollte mir Glück bringen. Heute, da ich Ihre Medaille in Händen hielt, überkam es mich; ich mußte eine dumme Rührung mit Spott und Gelächter bekämpfen. Das Andenken an meine Mutter — sie ist nun tot — besitze ich noch: Hier!'

Damit zog er einen alten Silbertaler aus der Tasche, der durchlöchert war, und hielt ihn mir entgegen. Er zeigte das Bild der Muttergottes im Strahlenkranz als Landesherrin Böhmens; auf der Gegenseite der Münze war der Kopf der Kaiserin Maria Theresia geprägt.

‚Nun —', meinte der Tscheche achselzuckend, — warum behält man dies Zeug? Aus Rührseligkeit, weil das Herz dem Hirn sich widersetzt? Mein Leben hat sich verschwendet im Kampf um Ideale, die Wähne sind. Davon will ich hier nicht berichten; daß ich bei den Roten stehe, ist Zeugnis genug. Aber es ist seltsam! Maria ist mir immer lieb geblieben; gegen sie hege ich keinen Groll. Vielleicht, weil Sie die Mutter aller Mütter ist. - Weil sie das Ewig-mütterliche verkörpert, weil sie Traum ist und Poesie. Betäubung brauchen wir, das nackte Dasein zu ertragen! Die Liebe unserer Mütter soll heilig sein!' Bei den letzten Worten verzerrte sich das Gesicht des Mannes zu einem schmerzlichen Ausdruck.

‚Es gelüstet mich, um Ihrer und meiner Mutter willen, einmal Vorsehung zu spielen und den Zauberfetisch wirken zu lassen. — Auf dem Weitermarsch wird sich Gelegenheit finden, ich rate Ihnen‘ — der Tscheche neigte sich näher und dämpfte seine Stimme — ‚zur Flucht.‘

Dann änderte er die Stimme und die Haltung, duckte sich und spähte umher, ob keiner ihn belausche. ‚Vielleicht bin ich irre, an mir selber irre. Morgen werden wir vor den Deutschen zurückweichen. Auf dem Wege wird Alarm sein — Durcheinander. Sie werden die Gelegenheit benützen, Herr Rittmeister — sonst...

Bolschewiken erschießen mit Lust. — Sie verstehen mich. — Also!‘

Ich schaute den Mann groß an. ‚Und meine Leute?‘ Er winkte ungeduldig. ‚Schon gut! Meine besten Wünsche und gute Nacht!‘ Ich gab ihm zögernd die Hand.

Am anderen Tag wurden wir von den Roten mitgetrieben. Der Anführer ließ sich nicht mehr blicken. In einer Feldscheune durften wir zu Mittag rasten. Auf einmal hörten wir von Ferne Gefechtslärm. Unsere Wächter, die sich öfter mit der Drohung des Erschießens gefielen, wurden abgerufen. Wir waren auf der Lauer und benutzten die Gelegenheit zu entkommen. Auf einem Lastwagen fanden sich russische Uniformen und Gewehre. Wir schlugen uns am Flußufer nach Süden und trafen bald auf deutsche Truppen.

Der Tscheche hatte seine Worte gehalten und uns die Freiheit gegeben. Mag er gewesen sein, wer er will, Mörder, Verbrecher, Fanatiker, Abenteurer: im Grund seines Wesens lebte doch die Sehnsucht nach Menschlichkeit. Da er seiner Mutter gedachte, waren ihm Güte und Großmut nicht ganz fremd...

Ich legte jedenfalls von nun an den Talismann um den Hals wie meine Ahnen und schämte mich nicht mehr. Es vergingen Jahre, der Krieg war längst vorbei. Ich ließ den Keim der Dankbarkeit in mir wachsen. Meine Mutter, die allabendlich beim Aveläuten die Ampel vor dem Hausaltar anzündete, starb. Da setzte ich die schöne Sitte fort. Aus romantischer Verehrung und Gewohnheit wurde allmählich eine echte Gläubigkeit. Hoffnung und Hingabe öffneten mein Gemüt. Mochte kindlich scheinen was ich tat, — ich vergebe meiner soldatischen Haltung nichts, wenn ich der Mutter aller Mütter, dem Ewigmütterlichen, dem Immerdar-wirkenden vertraue. Was wissen wir von der Macht des Göttlichen, die unseren Verstand und unsere Kräfte beschämt! ‚Wenn ihr nicht werdet wie die Kinder!'..."

Der Freiherr hatte mit verhaltenem Feuer,doch keineswegs wie ein Eiferer gesprochen. Aus seinen Augen leuchtete eine stille Freude.

Ich lasse seine Worte ausklingen, die das Bild der zeitlosen Königin, unserer himmlischen Mutter, umgeben, und trage sie fortan in mir:

„Stellis non segnior ardor it meus!"

„Meiner Liebe Glut leuchtet nicht minder als die Sterne!"

Nach einer Erzählung von Friedrich Deml

*

Gebet zu Maria, der wunderbaren Mutter

Sei gegrüßt, Mutter und Jungfrau, der Gottheit unsterblicher Tempel, du Schatz und Glanz der Welt, du Zierde der Jungfrauen, du Stütze unseres Glaubens! Du, die du Gott geboren und unter deinem reinen Herzen getragen hast, den kein Ort zu fassen vermag; du, durch welche die Heiligste Dreifaltigkeit gepriesen und angebetet wird, durch die in der ganzen Welt das Kreuz verehrt wird!

Wer vermag dich würdig zu loben, da du über alles Lob erhaben bist! O jungfräuliche Fruchtbarkeit, o unerklärliches Wunder! Unsere ganze Weisheit, unsere ganze Freude besteht darin, daß wir durch das Lob der allzeit reinen Jungfrau Maria den dreieinigen Gott lieben und ehren, denn Sein ist die Herrlichkeit von Ewigkeit zu Ewigkeit. Amen.

Im Tempel wiedergefunden

In unserer dem Wunderglauben einigermaßen abholden Zeit mag folgende wahre Begebenheit es schwer haben, Verständnis zu finden. Nichtsdestoweniger ist sie wahr. Es war am Rosenkranzfest 1945, also vor über zwanzig Jahren. In der kleinen Kirche von Husum wurde ich Zeuge eines erschütternden Wiedersehens zwischen einem heimkehrenden Soldaten und seinen Eltern. Am nächsten Tag lernte ich seine Familie näher kennen, und der Vater erzählte mir, noch ganz unter dem Eindruck der wunderbaren Fügung, die Vorgeschichte des Wiedersehens:

„Klaus, unser Ältester, wurde noch kurz vor Kriegsende Soldat, kam zum Einsatz an die Ostfront, wurde schwer verwundet und nach vielem Hin- und Hertransport in Greiz in Thüringen ins Lazarett eingeliefert. Wir erfuhren davon erst, nachdem Greiz von den Amerikanern und dann von den Russen besetzt und eine Verbindung unmöglich geworden war. Wir selbst kamen mit dem großen Flüchtlingszug über Mecklenburg nach Schleswig-Holstein und fanden hier in Husum eine Unterkunft. Unser Sohn aber blieb verschollen. War er inzwischen gesund? War er vielleicht nach Rußland gekommen? Wir wandten uns an das Rote Kreuz, wir schickten die grüne Suchkarte ab — ohne Erfolg. So verging der Sommer in banger Sorge. Wir nahmen unsere Zuflucht zum Gebet. Meine Frau betete vor allem zum Heiligen Geist, daß er die Schritte unseres Sohnes lenken möge, ich betete täglich auf dem Heimweg nach dem Dienst zehn Ave Maria mit der Rosenkranzbetrachtung „Den du, o Jungfrau, im Tempel wiedergefunden hast". Auch opferten wir regelmäßig die sonntägliche Abendmesse in dieser Meinung auf. In dieser kniete ich gestern, als mir ein Soldat auffiel, der zur Kommunionbank schritt. Er erinnerte mich an unseren Jungen. Als er zurückkam, sah ich, er war es wirklich. Sie haben das Wiedersehen miterlebt. Ich sprang auf und führte Klaus zu seiner Mutter in unsere Bank — und schämte mich nicht, daß ich weinte.

Später hat Klaus dann uns alles erzählt. Er war aus dem Lazarett enlassen worden, wußte aber nicht, wohin er sich wenden sollte, um etwas über den Verbleib seiner geflüchteten Eltern zu erfahren. Alle seine Bemühungen waren ohne Erfolg, bis ihm am Geburtstag seiner Mutter, vor dem Marienbild einer Kirche, plötzlich der Gedanke kam, an eine Familie zu schreiben, mit der wir weitläufig bekannt waren. Diese Familie hatte von unserem Aufenthalt in Husum erfahren. Als Klaus nach mühseliger Fahrt am Sonntagabend am Husumer Pfarrhaus anklopfte, um dort die Wohnung seiner Eltern zu erfahren, erfuhr er, daß sie nebenan in der Kirche seien.

So ist unser Beten wunderbar erhört worden. Wir haben unseren Sohn buchstäblich „im Tempel wiedergefunden", und das am Abend des Rosenkranzfestes während der Abendmesse, die wir sooft für ihn aufgeopfert hatten.

Bote von Fatima 12/65
Dr. Hans Raßmann

Mariens Geheimdienst

Wenn man zurückdenkt an die letzten Kriegs- und Nachkriegsjahre mit all ihrem Schrecken, ihren Nöten und Ängsten, dann muß man wohl voll Innigkeit nach oben schauen und Gott dem Herrn und der lieben Gottesmutter Dank sagen für die unzähligen Beweise ihrer Liebe und Treue, die sie uns Tag für Tag entgegenbrachten.

In Zeiten größter Not, wo unsere Abhängigkeit von den himmlischen Mächten fühlbarer wird als sonst, da wird man gar hellhörig und aufgeschlossen für die Zeichen, die dem gläubig vertrauenden Menschen gegeben werden und es wird einem so richtig klar, daß nichts von ungefähr in unser Leben fällt, sondern alles seinen tiefen Sinn hat. Ja man möchte sagen, daß man es förmlich spürt, wie man mit hineingezogen wird in den Kreislauf des übernatürlichen Lebens, wenn wir unser Bitten empor senden zum Schöpfer allen Seins und von dort als Gnadenregen wieder zurückempfangen. Daß Maria, die Mittlerin aller Gnaden, dabei die gewaltigste Rolle spielt, ist eine Tatsache, die jeder begreift, der sich einmal in der Not an sie gewendet hat. Es ist eine Art Geheimdienst, den die Königin der Engel in den Händen hält und dessen Fäden sich über die ganze Erde breiten, überall hin, wo Menschen betend die Hände falten. Und nirgendwo gibt es einen Raum, wo ihre Boten keinen Zutritt hätten und keine Macht, die diese hindern könnten, die Befehle ihrer Herrin zu vollführen.

Ich glaube, es könnte jeder, der diese Zeit erlebt hat, ein Buch schreiben über all die vielen wunderbaren Erhörungen, die ihm, so er sich darum bemüht hat, zuteil geworden sind. Von einer solchen will ich heute erzählen:

Als wir 1944 schon längere Zeit nichts mehr von meinem Mann und meinem Bruder gehört hatten, die beide in Rumänien, nicht weit von einander entfernt im Kriegseinsatz standen, nahm ich Zuflucht zu einer Marien-Novene, einer neuntägigen Andacht also, die die Hilfe der Gottesmutter erflehen sollte.

Kurz darauf, an einem Samstag, bekamen die Eltern endlich wieder einmal einen Brief aus der Hand meines Bruders, der sie über sein Schicksal beruhigte. Er kam später auch heil vom Krieg zurück, obwohl jene Kompanie, der er zugeteilt war, vom Feinde aufgerieben wurde.

An diesem gleichen Samstag erhielt ich einen Telefonanruf von einem Oberstleutnant D. aus dem Wiener EVM, der mich schonend verständigte, daß mein Mann aller Wahrscheinlichkeit nach in rumänische bzw. russische Gefangenschaft geraten sei. Ich war zutiefst bestürzt. Wohl hatte ich geahnt, daß mein Mann niemals flüchten, sondern als Leiter seiner Dienststelle bis zuletzt die Befehle seiner Vorgesetzten abwarten würde. Ich konnte mir aber auch denken, was für diesen edlen und vornehm denkenden Menschen eine Gefangenschaft bedeutete. Nur der leise Hoffnungsschimmer, daß er wenigsten noch am Leben sei, gab mir einigen Trost.

Sogleich betete ich wieder eine neue Novene zur lieben Gottesmutter, um Näheres zu erfahren. Und wieder kam ein Samstag und wieder geschah etwas Sonderbares: Der Postbote überbrachte mir vier Briefe von ganz verschiedener Größe. Hastig öffnete ich einen nach dem anderen. Ein Brief war von der Gattin eines Dienststellen-Kameraden meines Mannes, die bei mir anfragte, ob ich etwas über unsere Männer wüßte, sie sei nämlich schon längere Zeit ohne jede Nachricht. Der zweite Brief stammte von der Gattin eines anderen Dienststellen-Kameraden meines Mannes, die mir mitteilte, daß sie Nachricht erhalten habe, daß unsere Männer am 25. August 1944 in russische Gefangenschaft geraten seien. Der dritte Brief war von mir selbst. Es war einer, und zwar der einzige von den ungezählten Briefen, die ich an meinen Mann gerichtet hatte und der nun mit dem Vermerk „unzustellbar" an mich zurückgelangte. Der vierte Brief aber war von einer Bekannten aus der Tschechoslowakei, bei der ich mit meinem Mann kurze Zeit gewohnt hatte, als er dort am Truppenübungsplatz stationiert war. Diese damals noch junge Frau teilte mir mit herzlichen Worten mit, daß sie durch einen Traum sicher wisse, daß mein guter Mann aus dem Kriege zurückkehren werde.

Ich verstand sofort: Geheimdienst Mariens! Antwort auf meine Novene! Niemand konnte mir von diesem Augenblick an mehr ausreden, daß mein Mann zurückkommen werde. Wohl vergingen lange, bange Jahre. Trotz aller Bemühungen von nirgendsher auch nur irgend eine Spur einer Nachricht. Einmal bekam ich eine Postkarte durch die Päpstliche Suchaktion des Vatikans, die sogar einen handschriftlichen Gruß meines Mannes enthielt, doch lag das Datum weit zurück. Dreieinviertel Jahre gingen so dahin, meine Zuversicht aber war nicht zu beugen. Aller Bejammerung meiner guten Mitmenschen hielt ich stand und es überraschte mich gar nicht sonderlich, als ich endlich in den Besitz der Feldpostnummer meines Mannes kam, die mir andeutete, daß er zu den vorgesehenen Heimkehrern gehöre. Meine Freude war unbeschreiblich groß. Ich konnte den Tag kaum mehr erwarten, wo sich unser Schicksal erfüllen sollte.

Es kam der 14. November 1947. Ich war damals im Ärztesekretariat eines Krankenhauses angestellt und saß eben an der

Schreibmaschine, als eine geistliche Schwester mit einer Hausangestellten hereingestürzt kam und mir zurief, ich solle schnell hinunter in die Aufnahmekanzlei kommen, eine Karte sei für mich da. Mein Mann sei unterwegs nach Wien. Ich dachte erst, die Schwester mache einen Scherz: doch dann fiel mir ein, daß ich ja der „Ravag" einen Spesenbetrag eingeschickt hatte, damit ich von der Ankunft meines Mannes verständigt würde. Ich sprang auf und fiel der Schwester um den Hals.

„Ist das wirklich wahr?", fragte ich immer noch zweifelnd.

„Ja, es ist wirklich so! Kommen Sie nur schnell mit herunter!" Die Schwester und ihre Begleiterin gingen mir viel zu langsam. Mit einem Satz war ich unten in der Aufnahmekanzlei. Richtig! Die Karte war von der „Ravag", und ich wurde verständigt, daß heute um vierzehn Uhr mein Mann am Ostbahnhof einträfe. Mir schwanden fast die Sinne. Alles was mir in den Weg kam, umjubelte mich. Schnell lief ich wieder hinauf um mich umzuziehen und eilte dann zu meinen Eltern, bei denen ich vorübergehend wohnte und von wo ich nicht weit zum Bahnhof hatte.

Punkt vierzehn Uhr war ich dort. Eine große Menge Wartender hatte sich eingefunden. Viele waren darunter, die Tag für Tag dort standen, obwohl sie keinerlei Nachricht von ihren Lieben hatten. Es war ergreifend anzusehen, wie alle ihre sehnsuchtsvollen Blicke an das Bahnhoftor hefteten, wo die Heimkehrer herauskommen sollten. Die Musik hatte inzwischen eingesetzt, aber meine Geduld wurde noch lange auf die Probe gestellt.

Endlich rührte sich etwas beim Tor. Die Menschenmenge kam in Bewegung. Einer verstellte dem anderen die Aussicht. Die Wachleute drängten immer wieder die Ungestümen zurück. Da endlich kam die erste Gruppe des Weges: Ein Soldat, der von seinen Angehörigen geführt werden mußte! Mir gab es einen Stich durchs Herz. Um Gottes willen, wie wird dann mein Mann aussehen? Wird er vielleicht auch so krank sein? Immer mehr Soldaten füllten die Gasse, die die Wache frei gemacht hatte. Meine Ungeduld wuchs. Da ein Zuruf, dort eine Umarmung, überall Tränen der Freude, der Rührung — aber leider auch der Enttäuschung.

Auf einmal tauchte ein Kopf aus der Menge auf. Ich hielt den Atem an. Das war doch... ja, das war er! Überglücklich stürzte ich auf ihn los und schon lagen wir uns in den Armen, Kopf an Kopf Herz an Herz — Augenblicke der Seligkeit, wie sie nur der Himmel zu schenken vermag! Und gut und gesund sah er aus, Gott sei Dank! Jetzt nur schnell heim zu den Eltern!

Wie fürsorglich die liebe Gottesmutter alles geordnet hatte! Heute war ja der 14. November. Einer der wenigen Tage im Jahr, wo wir von den lange gesparten Lebensmitteln Kuchen gebacken hatten, weil am nächsten Tag der Namenstag von Mutter und Schwester war. War das ein Jubel im Kreise der Lieben! Auch die eigenen Eltern fand mein Mann, obwohl auch sie bereits hochbetagt waren, am Leben. Eltern und Geschwister durften noch einige Jahre die Freude unseres Beisammenseins miterleben. Seither sind neunzehn Jahre vergangen. Der Tod unserer lieben Eltern und so manche Krankheit, die wir durch Gottes Güte überstanden haben, machten unser Leben oft recht schwer. Aber unser tiefer Glaube half uns alle Hindernisse überwinden und täglich danke ich dem Herrn für die unfaßbare Gnade, die er durch die Fürbitte unserer gütigen Gottesmutter uns zuteil werden ließ.

*

Gebet der hl. Brigitta zu Maria

O meine Herrin, Königin des Himmels, so sehr frohlockt mein Herz darüber, daß der höchste Gott dich als Mutter erwählt hat und dir die höchste Würde schenken wollte.

O Mutter Christi, du hast Freude beschert einer jammervollen Welt. Komm uns zu Hilfe, Jungfrau, Weg zur himmlischen Heimat, Königin mit der Tugendkrone geschmückt. Gottgesegnete Jungfrau, sei uns Schutz wider den bösen Feind. Jungfrau, durch deines Sohnes Kreuz und Leid sei uns Fürsprecherin beim himmlischen Vater. Königin der Engel, führe uns gnädig ein in des himmlischen Reiches Herrlichkeit. Amen.

Das Muttergottesbild von Lombardsijde

Aus dem Kriegstagebuch eines deutschen Marineinfanterieoffiziers

Lombardsijde, urkundlich vor 1116 noch eine Meeresbucht mit Fischerhafen, heute verlandet inmitten einer fruchtbaren, wenn auch blutgetränkten Landschaft gelegen, nicht weit vom Yserfluß und dem Atlantischen Ozean bleibt in steter Erinnerung bei Millionen Soldaten der beteiligten Völker des Ersten Weltkrieges. Vier Jahre tobten um Lombardsijde zahllose Gefechte, die sich dann und wann zu blutigen, heißen Kampfhandlungen auswuchsen. Hier hat in dieser harten Zeit mancher tapfere Soldat sein Leben ausgehaucht und die überlebenden Mitkämpfer wissen von vielen unvergeßlichen Schrecken zu erzählen. Ebenso läßt sich von diesem heißumstrittenen Fleckchen Erde manches zu Herzen gehende Erlebnis berichten. Wohl kein Erlebnis ist so merkwürdig und beachtenswert wie das der Geschichte des Muttergottesbildes von Lombardsijde.

In raschem Siegeslauf hatten die deutschen Truppen den größten Teil Belgiens erobert. Überall wichen die Gegner mutlos zurück, nachdem Antwerpen, die von Fachleuten für uneinnehmbar gehaltene Festung, am 9. 10. 1914 unter Beteiligung von Landtruppen der deutschen Marine gefallen war. Doch bald trat den Deutschen ein unüberwindbares Hindernis entgegen. Am 25. 10. 1914 zerstörten die Alliierten die Schleusenanlagen. Das ganze Ysergebiet stand unter Wasser. Das Meer war ins Land getreten. Wo einst friedliche, fleißige Bauersleute die Äcker pflegten, frohes, seliges Familenglück heimisch war, gurgelte und spülte die kalte Meeresflut. Da und dort lugten stumme Zeugen einstiger Kultur: Schornsteine und Pappeln, aus dem Wasser hervor. Unwegsam war die Landschaft. Tapfer und mutig stellten sich nun die französischen Truppen zur Wehr. Die Kämpfe wurden erbittert und heftig.

Es war am 11. 11. 1914. Pechschwarze Wolken hingen am Himmel. In Stömen regnete es und es schien als wären die Himmelsschleusen geöffnet, um auf der Erde alles Leben auszulöschen. Die Nacht war bereits angebrochen. An allen Ecken und Enden stand Lombardsijde in hellen Flammen. Ebenso war in der Ferne Lichterschein von Feuersbrünsten sichtbar. Ein grausiger, schauerlicher Anblick! Der Gegner warf einen furchtbaren Granathagel auf die in schlammigen, übereilt ausgeworfenen Schützengräben, kauernden Seesoldaten. Etliche Male suchte der Gegner im Schutze der Dunkelheit die Deutschen zurückzuwerfen. Zäh hielt die Marineinfanterie die heißerkämpfte Stellung.

„Unbedingt muß die Linie Friedhof und Kirche gehalten werden! Koste es, was es wolle!“. So lautete der Befehl des Bataillonskommandeurs. Die Truppe schlug sich tapfer und leistete erbitterten Widerstand. Der Kampf schien abzuflauen. Schüsse wurden beiderseits kaum gewechselt. Alarmbereit lag ein Teil der Soldaten in der leidlich erhaltenen Kirche. Eine Schar Soldaten lag auf den Knien und betete um eine glückliche Heimkehr. In wenigen Monaten hatte mancher brave Soldat in fremder Erde ein frühes Grab gefunden. Das unbarmherzige Kriegsgeschehen regte zum Nachdenken an. Selbst die frechen Glaubensspötter waren verstummt. Ja, sie beteten mit.

Eine kleine Beterschar hatte sich um ein unscheinbares, aber kunstvoll gearbeitetes Muttergottesbild geschart. Das äußere Aussehen verriet ein hohes Alter. Die Lombardsijder Ortschronik berichtet folgende Begebnisse von dem Bild der seligen Gottesmutter:

„Im frühen Mittelalter fanden es fromme Fischer am Gestade des Meeres. Ehrerbietig hoben sie es auf und brachten es barhäuptig in die Dorfkirche. Von Jahr zu Jahr gewann Lombardsijde einige Bedeutung. Es wurde zum Wallfahrtsort hartgeprüfter Menschen im Lande des flandrischen Löwen. Waren die armen Fischer auf hoher See in Sturmesnot, dann gingen die Frauen und Kinder in die Kirche, um durch die Fürsprache der seligen Gottesmutter eine glückliche Heimkehr zu erflehen. In sonstigen Drangsalen fand manches Menschenkind hier Trost und Hilfe.“

Der Seesoldat Johannes Schmid, aus der Eifel gebürtig, betete laut vor:

„O heilige Muttergottes von Klausen, bitte für uns!
Erflehe uns Kämpfern eine glückliche Heimkehr!
Schütze alle unsere Lieben in der Heimat!
Schone und schirme unser schönes Vaterland!“

Das innige und aufrichtige Gebet machte auf alle Kameraden einen tiefen Eindruck.

Kurt Möller, seines Zeichens Student der Rechte, kauerte, an die Wand gelehnt, in tiefe Gedanken versunken. In seinem Innern entstand ein Kampf zweier Weltanschauungen. Er war Protestant, ein kluger und vornehmer Mensch. Eigentlich war er nicht religiös erzogen worden. Die Erlebnisse der letzten Monate bewegten ihn sehr. Es muß einen Gott geben und folglich auch ein Fortleben nach dem Tode! Das war jetzt sein fester Glaube. Vor wenigen Monaten hatte er noch auf der Universität begeistert die Vorlesungen glaubensloser Professoren über

Haeckel oder andere Apostel des Unglaubens gehört. Alle diese Lehren waren auf einmal für ihn Trug- und Lügengebilde. Dazu machte der brave Schmid auf ihn einen herzgewinnenden Eindruck. Sein kameradschaftliches, immerzu hilfsbereites Wesen, seine Unerschrockenheit und die strikte Pflichterfüllung gefielen ihm.

Plötzlich blies der Hornist zum Angriff. Mutig stürmten die Soldaten aus der Kirche, dem Feinde entgegen. Eine tückische Kugel traf Möller am Oberarm — er wurde gänzlich kampfunfähig. Schnurstracks ging er in die Kirche zurück und ließ sich von einem Sanitäter verbinden. Inbrünstig betrachtete er das Muttergottesbild vor dem sich die in Alarmbereitschaft stehenden Kameraden für schwere Stunden Kraft und Trost geholt hatten. Eine innere, fromme Glut durchströmte ihn. Ermunternd und freundlich neigte die liebe Gottesmutter ihm ihr gekröntes Haupt zu. So empfand er es und begann, zum ersten Male in seinem Leben, zu beten. Sein Inneres wurde beruhigt und er empfand frohes, seliges Glück. Nie hatte er in seinem Leben ein solch herzbewegendes Glück erlebt und verspürt.

Die Verwundeten wurden nach Ostende in die Lazarette gebracht. Unter ihnen befand sich auch Kurt Möller. Um das Muttergottesbild vor der Zerstörung und dem Untergang zu retten, hatte er es sorgfältig und liebevoll in seinem dachsfellbezogenen Tornister verstaut. In Ostende übergab er das liebgewonnene Kleinod dem Feldgeistlichen, einem Pater, und bat diesen, ihn in der katholischen Religion zu unterweisen.

Später sah ich das Lombardsijder Muttergottesbild wohlverwahrt in der Kathedrale der Bäder- und Fischerstadt Ostende.

Mitte Oktober 1918 stand ich mit meinen Leuten abmarschbereit auf dem freien, von Soldaten wimmelnden Platz vor der Kathedrale. Aus diesem Menschenknäuel löste sich Kurt Möller, mein Kriegskamerad. ,,Wohin gehst Du?", fragte ich ihn. ,,Ich nehme Abschied", so antwortete er, ,,von der Muttergottes von Lombardsijde, die mir den wahren Herzensfrieden gegeben hat und durch deren mächtige Fürbitte ich so glücklich geworden bin!" — Stumm reichte er mir die Hand. Um uns dröhnte dumpf, ernst und schaurig der Donner der Kanonen, auf seinem Gesicht aber lag Friede.

Theodor Lonien

Gebet Papst Pius XII. zu Maria

Ergriffen vom Glanz deiner himmlischen Schönheit und getrieben von den Nöten der Gegenwart, suchen wir Zuflucht in deinen Armen, unbefleckte Mutter Christi und auch unsere Mutter Maria!

Voll Vertrauen hoffen wir, in deinem liebenden Herzen die Erhörung unseres innigen Flehens zu finden und den sicheren Ort inmitten der Stürme, die uns von überallher umtoben.

Zwar entmutigt durch Schuld und niedergedrückt von unendlichem Leid, bewundern und preisen wir den unvergleichlichen Reichtum der hohen Vorzüge, mit denen dich Gott vor allen anderen Geschöpfen überreich ausgestattet hat, vom ersten Augenblick deiner Empfängnis an bis zu dem Tage, an dem er dich in den Himmel aufnahm und dich krönte als Königin des Weltalls.

O du lauterer Quell des Glaubens, betaue unseren Geist mit den ewigen Wahrheiten!

O du, die das Böse und den Tod überwunden, flöße uns einen tiefen Abscheu vor jeder Sünde ein, die die Seele so verabscheuungswürdig für Gott und zur Sklavin der Hölle macht!

Neige dich über unsere schmerzenden Wunden, ändere den Sinn jener, die Böses tun. Trockne die Tränen der Bedrängten und Unterdrückten, stärke die Armen und Demütigen, lösche aus den Haß, mildere die harten Sitten, bewahre unsere Jugend in der Reinheit, beschirme die heilige Kirche. Bewirke, daß alle Menschen die Schönheit der christlichen Tugend erfassen.

In deinem Namen, der im Himmel in vollem Einklang erklingt, mögen die Menschen hier auf Erden innewerden, daß sie Brüder sind und die Völker Glieder einer einzigen Familie, über der die Sonne deines allumfassenden und wirklichen Friedens leuchten möge.

Nimm auf, o treueste Mutter unser demütiges Gebet und erflehe uns vor allem, daß wir dereinst, vereint in der Seligkeit mit dir, vor deinem Thron jenen Lobgesang wiederholen können: Ganz schön bist du Maria, du bist der Ruhm, die Freude und Ehre unseres Volkes. Amen.

Ejo, der Feind

50Grad im Schatten! Ein wahrer Brutofen! Doch setzt der Missionar den Unterricht fort. Bald spricht er laut, bald bis zum Flüstern leise. Er geht auf und ab, gestikuliert, hält an und fährt dann wieder fort.

Vergebens! Die kleinen Augen der Kinder fallen zu — die Kinder können nichts dafür —, und von Zeit zu Zeit sinkt ein Wuschelkopf auf die Bank und bleibt da liegen, von Hitze und Müdigkeit überwältigt.

Nun, heute wird der Katechismus bestimmt nicht mehr ins Gedächtnis dringen. Die Gehirnkästen streiken. Was soll man nur anfangen, um die Aufmerksamkeit dieser Urwaldkinder zu gewinnen. Ja, eine Geschichte. Aber da nun mal Religionsunterricht ist, soll es doch eine wahre Geschichte sein. Sind die nicht auch immer die besten?

Und der Pater fängt an, die Schöpfungsgeschichte zu erzählen. Wie Gott Adam und Eva und durch sie alle Menschen zum Heile ruft. Eine Bedingung ist daran geknüpft.

Dieses große Glück im Paradies recht zu schildern, hat der Pater schließlich so farbenprächtige Bilder gefunden, daß seine jungen Zuhörer allmählich warm werden und anfangen interessiert zuzuhören. Oh, wie herrlich es im Paradies war! Nur die Schlange! Bei diesem Wort fährt Jebu, der bisher selig geschlafen hatte, auf. „Ejo", die Schlange; kein Tier ist so furchtbar wie dieses; biegsam wie eine Schlingpflanze kann sie sich heimtückisch verstecken, um gerade im richtigen Augenblick zuzustoßen und ihre Beute mitten ins weiche Fleisch zu beißen und ihr das tödliche Gift einzuspritzen.

Ejo, das ist der Feind. Darum hat Jebu bei diesen Worten des Paters gezittert. Er hat seinen kleinen Lockenkopf gehoben, der bisher so sanft auf seinem Ärmchen geruht hatte. Er hat ganz ängstlich um sich geschaut und dann unwillkürlich furchtsam seine Augen zum Dach der kleinen Kappele gehen lassen.

„Ejo, Pater, Ejo..." Jetzt hat er das Wort ausgesprochen, aber seine Stimme ist erschreckt, und seine Augen schauen gebannt vor Entsetzen. Da oben an der Bambusstange, die das einfache Dach der Kapelle trägt, gleitet langsam eine riesige Schlange. Jetzt bewegt sie sich gerade über dem Kopf des kleinen Negerbuben. „Ejo...Ejo...!" Jetzt stoßen zwanzig Kehlen gleichzeitig einen Schrei aus, ergriffen von einer Panik.

In einem Augenblick ist die Kapelle leer. Nun schlafen sie nicht mehr, die Kerlchen, die eben noch die schreckliche Hitze bedrückte. Eine unter der Bank versteckte und dann plötzlich losgelassene Feder hätte sie nicht plötzlicher herausschnellen lassen. Nur Jebu ist an seinem Platz verblieben. Wohl möchte er fliehen wie die anderen auch; denn eine lodernde Angst hat ihn ergriffen und ihn in einen schrecklichen Zustand versetzt. Eine Macht, die stärker ist als sein Wille, hält ihn unter der Herrschaft der Schlange, die langsam und heimtückisch sich jetzt zu ihm herabläßt.

Der Pater ist ebenfalls geblieben. Angstschweiß perlt auf seiner Stirn. Was soll er tun, um den kleinen Buben zu retten? Keine Waffe ist in der Kapelle. In der Zeit, in der der Missionar fortliefe, sein Jagdgewehr zu holen, hätte Ejo sein Mordwerk vollendet. Unwillkürlich hat der Priester sich hilfesuchend zum Marienbild umgewandt. Sein Blick bleibt hängen an ihren Füßen..., diese Füße, die auf einer Schlange stehen.

Da kommt dem alten Pater ein seltsamer Gedanke: Langsam bewegt er sich auf das Harmonium zu, greift einen Akkord und beginnt das Lied „Ave Maria“.

Bei den ersten Tönen hat die Schlange aufgehört, sich weiter herabzulassen. Ihr Blick wendet sich jetzt zu jenem Instrument, dem die Töne entsteigen. Sie hört zu, sichtlich entzückt, und Jebu ist von diesem Blick befreit, der ihn auf die Stelle festgenagelt hatte.

„Rette dich“, ruft der Pater, „und hol den Bruder Isidor!“

Während einer langen halben Stunde hat der Missionar Ejo, der Schlange, vorspielen müssen. Alle Marienlieder hat er gespielt. Das Schlangentier, immer entzückter, hat sich langsam herabgelassen und ist bis zur Marienstatue vorgekrochen. Hier, zu Füßen Mariens, hat sie sich zusammengerollt, ganz unterwürfig und friedlich. Dort hat sie dann Bruder Isidor überraschen und erschlagen können.

Und ihr könnt glauben, als man nachher die unterbrochene Religionsstunde wieder aufnahm, ist es dem Pater nicht mehr schwer gefallen, die Aufmerksamkeit seiner Schüler zu gewinnen. Ich glaube sogar, daß niemals das Lehrstück von der Erbsünde so verstanden worden ist, wie an jenem Abend von Jebu und seinen Freunden.

Aus „Vorlesebuch zum Kath. Katechismus“ Bd. I
Verlag Pfeiffer, München.

*

Gebet des hl. Don Bosco

Maria, du mächtige Jungfrau, du bist die hohe, ruhmvolle Schützerin der Kirche, die wunderbare Hilfe der Christen. Du bist furchtbar wie ein zum Kampf gerüstetes Kriegsheer. Du allein hast alle Irrtümer überwunden auf der ganzen Erde.

Schütze uns in unseren Bedrängnissen, Kämpfen und Nöten vor dem Feinde, und in der Stunde unseres Todes nimm unsere Seele auf in den Himmel. Amen.

Rosenkranz mit rückwirkender Kraft

Kardinal Hayes von New York berichtete in einer Predigt: Vor einigen Jahren kehrte Mr. Thomson zur katholischen Kirche zurück. Seine Bekehrung war aufrichtig. Ein großes Leid bedrückte ihn jedoch seit seiner Rückkehr zum Glauben: er hat sich zur Zeit seiner Abkehr vom Glauben geweigert, seine Kinder taufen zu lassen. Eine Tochter war ohne Taufe gestorben.

Diese Schuld lag nun wie ein Alpdruck beständig auf seiner Seele. Eines Tages fragte er mich in seiner äußersten Betrübnis: „Was könnte ich für meine Tochter tun?“ Ich erwiderte ihm: „Beten Sie für Ihr Kind!“

„Aber wie kann ihr denn mein Gebet nützen, wenn es ohne Taufe gestorben ist?“, fragte er weiter. „Beten Sie trotzdem, und empfehlen Sie Ihr Kind in die Hände Gottes!“

„Wenn es aber kein Rettungsmittel mehr gibt — was kann selbst Gott dann noch tun?“

„Wissen Sie nicht, daß es für Gott keine Vergangenheit und keine Zukunft gibt!“, tröstete ich ihn. „Kann also meine Tochter doch noch gerettet werden, wenn ich jetzt nachträglich für sie bete?“

Ich erkläre den Fall so", erwiderte ich, „daß Gott, dem alle Dinge gegenwärtig sind und Ihr nachträgliches Gebet vorausgesehen hat, durch dieses Gebet Ihr Kind auf irgend eine Weise gerettet hat. Dazu fehlen Gott keineswegs Mittel und Wege, wenn sie auch uns Menschen verborgen sind."

Getröstet ging Mr. Thomson und bestürmte von nun an den Himmel mit Gebeten für sein Kind. Bis zum Tode wollte er in dieser Meinung täglich den Rosenkranz beten.

Ich hatte diesen Vorfall schon vergessen, als nach langer Zeit der gute Mann wieder zu mir kam und außer sich vor Freude sagte: „Eminenz, mein Gebet ist wirklich erhört worden! Gott hat mein Kind gerettet, es ist im Himmel!"

Ich glaubte, der Arme habe den Verstand verloren; doch er begann zu erzählen: „Gestern besuchte mich Betsy, unser früheres Dienstmädchen, das wir viele Jahre, bis kurz vor dem Tode meiner Tochter hatten.

Als sie im Laufe des Gespräches erfuhr, daß ich katholisch geworden bin, war sie voll Freude und rief aus: ‚Wie gut ist Gott! So viele Jahre betete ich um Ihre Bekehrung, und nun durfte ich sie erleben!' " Wir sprachen noch über manche Dinge, unter anderem natürlich auch über den großen Kummer wegen meiner verstorbenen Tochter.

„Welche Tochter?", fragte sie. „Myrthle, die Sie so gern hatten?"

„Wer sagt, daß Myrthle ohne Taufe gestorben sei?"

„Aber es ist nur zu wahr; ich habe ja die Taufe bis zum letzten Augenblick verhindert!"

„Ja, ja", sagte die gute Irländerin, „und glauben Sie, daß alle Ihre Verbote etwas genützt haben? Ich habe mich nicht darum gekümmert und es taufen lassen bevor es starb! Es war am Abend des Festes Maria Himmelfahrt gewesen. Ich ließ sie auf den Namen ‚Maria' taufen."

Vor Freude ganz außer Fassung rief ich: „Wie ist das möglich?"

„So möglich, gewiß und wahr, als ich hier stehe", beteuerte Betsy. „Und wenn Sie es nicht glauben, dann gehen Sie ins Pfarrhaus; dort kann man Ihnen den Taufschein der kleinen Maria geben."

Mein Freund, Mr. Thomson, zog die Urkunde aus der Tasche und zeigte mir voll tiefer Rührung den Taufschein, den ihm der Pfarrer auf seine Bitte ausgestellt hatte.

Mr. Thomsons Gebet hatte also doch „rückwirkende Kraft gehabt".

Aus „Maria"-Verlag Bargezzi, Bern

*

Gebet des hl. Franziskus zu Maria

Sei gegrüßt, Maria, heilige Frau, du erhabene Königin und Gottesmutter, reine Jungfrau, vom himmlischen Vater erkoren, sei gegrüßt!

Dich hat der Vater gesegnet zugleich mit seinem geliebten Sohne und mit dem Heiligen Geiste, dem Tröster.

Gesegnet bist du, und gesegnet seien die schönen Tugenden, die in die Herzen der Gläubigen strömen auf dein Gebet hin durch die Salbung des Heiligen Geistes.

Heilige Jungfrau Maria, unvergleichliche Tochter und Magd des allerhöchsten Königs und Vaters, reinste Mutter unseres Herrn Jesus Christus, Braut des Heiligen Geistes, bitte für uns mit allen Heiligen bei deinem göttlichen Sohn, unserem lieben Herrn und Meister.

Amen.

Täglich drei „Ave"

Ostern, 8. April 1928! Eine warme Frühlingssonne hatte die letzten Spuren des Winters auf den Feldern verschwinden lassen. Auf dem St. Franziskus-Strom bricht und kracht das Eis und die Schollen treiben unaufhörlich stromwärts.

Es ist 16 Uhr. In einigen Minuten soll der Schnellzug Quebec-Montreal in den Bahnhof von Drumondville einlaufen. Im Gepäckwagen ist der Chef des Güterdienstes, der „Schnellbote", wie er genannt wird, mit seiner Arbeit fertig und plaudert mit zwei anderen Angestellten, die aus Montreal stammen, über den schweren Eisgang. Lassen wir ihn das Weitere selbst erzählen:

„Wir plauderten ruhig zusammen. Meinen Revolver und die große Uhr, die mir etwas hinderlich waren, hatte ich auf den Tisch gelegt. Plötzlich gab es einen entsetzlichen Lärm. Im Augenblick begriff ich, was passiert war: Die Brücke war von Eis- und Wassermassen fortgespült und der Zug in den Strom gestürzt. Wir waren auf dem Boden des Flusses. „Daß Du einmal sterben mußt, weißt Du, und jetzt ist Deine Stunde gekommen", ging es mir durch den Kopf. Ich betete den Reueakt: O mein Gott und Herr, alle Sünden meines Lebens sind mir leid, — und versuchte schwimmend über Wasser zu kommen. Dann dachte ich einen Augenblick an meine Frau und Kinder...; weil du unendlich gut und aller Liebe würdig bist...Da drängte sich ein anderer Gedanke in mein Gebet. Schon als kleines Kind hatte ich bis auf den heutigen Tag täglich drei Ave gebetet zur Muttergottes, auf daß ich nicht ohne Empfang der Sakramente sterben möge. Sie wird mich nicht ertrinken lassen, unmöglich! Während diese Gedanken wie ein Blitz mir durch den Kopf gingen, bemerkte ich über mir ein Schimmer Licht. Ich schwimme in der Richtung.

Es gelingt mir über Wasser zu kommen. Endlich kann ich wieder atmen. Aber noch bin ich eingeschlossen im Gepäckwagen. Gott sei Dank sind durch den Sturz alle Türen, auch die kleine Türe an der Rückseite, aufgegangen. Die Vorderseite des Wagens lag auf dem Boden des Flusses, und der hintere Teil ragte über das Wasser hinaus. Es gelang mir, mich hier hinaufzuschwingen. Aber noch war ich nicht gerettet. Ganz allein saß ich mitten im Fluß auf der Spitze eines Wagens, der jeden Augenblick drohte unterzugehen und von allen Seiten von großen Eisschollen umgeben war. Ohne lange zu überlegen, sprang ich auf eine Scholle und trieb im Fluß. Aber wie von einer unsichtbaren Hand geführt, trieb die Eisscholle dem Brückenkopf zu, wo schon eine Menge Leute zusammen gekommen waren. Jemand reichte mir die Hand und half mir hinaufklettern. In dem Augenblick, da ich umschaute, um zu sehen, woher ich gekommen war, verschwand der hintere Teil des Wagens unter dem Wasser. Nachdem ich in einem Hotel verpflegt worden war, konnte ich den Extrazug nach Montreal benutzen. Ich war gerettet!"

Zuhause wartete seine Frau auf ihn. Von dem Unglück hatte sie noch nichts vernommen, aber eine unerklärliche Unruhe hatte sich ihrer bemächtigt. Als sie die Haustüre öffnete, stieß sie erregt hervor: „Du kommst so spät! Ist etwas passiert? Mein Gott, du bist ja ganz grau geworden!"

Kurz teilte er seiner Frau, die ganz entsetzt zuhörte, das Unglück mit und seine wunderbare Rettung. Dann telefonierte er seiner Gesellschaft, um seine Rettung mitzuteilen. Als Antwort hörte er: „Unmöglich! Man zählt Sie zu den Toten. Wir haben Ihrem Bruder und Ihrem Pfarrer bereits Mitteilung gemacht. Der Zugführer, der das Unglück überschaut hatte, hat festgestellt, daß niemand aus dem Gepäckwagen konnte gerettet sein und sein Bericht lautete darnach, daß alle ertrunken seien."

Zwei Wochen später konnte der Schnellbote seine Arbeit wieder aufnehmen. Seine Mitarbeiter waren alle tot.

Noch 12 Jahre lebte er und erzählte allen, die es hören wollten: „Der Reueakt, der Gedanke, daß ich schwimmen und dadurch mich vielleicht retten könnte und daß ich vor dem Unglück ahnungslos, das eine und das andere, was mich beim Schwimmen gehindert hätte, abgelegt hatte, die Eisscholle, die mich dem Ufer zubrachte, das alles zusammen, es war ein Wunder! Wenn man täglich zur Muttergottes betet und ihrer gedenkt, vergißt sie auch nicht an uns zu denken, wenn es notwendig ist."

Aus „Maria" Verlag Bargezzi, Bern

*

Gebet um Hingabe in den Willen Gottes

Himmlische Mutter Maria, lehre uns die Sicherheit und Überzeugung, daß nur allein der Wille Gottes für all unser Denken und Handeln maßgebend ist. Erbitte uns die Demut, daß wir uns auch den unerforschlichen Ratschlüssen Gottes beugen und den göttlichen Willen restlos erfüllen, ohne Trotz und Murren und ohne Bedingungen. Erbitte uns jene Liebe, mit der du dein Fiat gesprochen und dich dem Willen Gottes restlos gebeugt hast. Amen.

Von der Madonna della Guardia und zwei Lausbuben

Giannis und Francos Eltern wohnten in einem der ärmsten und schmutzigsten Hafenvierteln von Genua.

Der Vater ist Hafenarbeiter und seine Liebe gehört dem Alkohol. Die Mutter ist eine kranke Frau, die tagsüber zum Waschen geht und so das Geld zum Lebensunterhalt für sich und ihre Kinder verdient; der Vater bringt ja nur selten ein paar Lire mit heim.

Meistens läßt er sein Geld in einer der stinkenden Hafenkneipen. Gianni und Franco selbst strolchen tagsüber durch die Straßen Genuas und erleichtern hie und da einmal den Stand einer Obstverkäuferin.

Sonst aber sind sie zwei gute Kerle und rechte Lausbuben. Auch Gianni und Franco freuen sich auf das Kommende der großen Prozessionen der „Madonna della Guardia", die sie selbst mit ihren ganzen Bubenherzen lieb haben und der sie doch auch so gerne wenigstens einige kleine Kerzen vor ihrem Fenster anbrennen möchten. Woher sollten sie aber das Geld nehmen? Der Vater bringt ja keine Lire mit heim, die wenigen Lire der Mutter reichen kaum zum Essen! Noch dazu war die Mutter schon seit einer Woche krank und hat nichts mehr verdient. Mit hängendem Kopf und grübelnder Stirn schlendern die zwei durch die Straßen des Hafenviertels, ohne einen Rat zu finden. „Die

Mutter muß doch gesund werden!", denkt in einem fort Gianni, und der jüngere Franco murmelte nur manchmal unverständliche Brocken von Schande gegenüber der Mutter Gottes und ähnliche Dinge...

Plötzlich kommt dem Gianni ein Gedanke: „Menschenskind, Franco, wir gehen einfach arbeiten! Die Madonna kommt erst übermorgen! Bis dahin können wir uns noch einige Lire verdienen und davon Kerzen kaufen!"

Am nächsten Morgen kommen zwei Menschen nicht mehr aus dem Staunen heraus: Die Mutter der beiden Lausbuben traut ihren Ohren nicht, als Gianni und Franco schon vor sieben Uhr aus den Betten sausen und eine halbe Stunde später bereits zur Tür hinaus verschwunden sind. „Was sie wohl heute wieder für Streiche aushecken mögen?" — Der andere aber ist ein Kohlenhändler welcher in der Stadt seinen Lagerplatz hat. Wie da die beiden zu ihm kommen, ist er ganz überrascht, daß solche Lausbuben bei ihm arbeiten wollen. Noch mehr aber wundert er sich, als er den beiden ein wenig später bei der Arbeit zuschaut. So fleißige Arbeiter hatte er schon lange nicht mehr gehabt, und am liebsten hätte er sie gar nicht mehr losgelassen, als Gianni und Franco am Abend nach ihrem Lohn fragen.

100 Lire hat ihnen der Kohlenhändler gegeben, und damit machen sie sich stolz auf den Heimweg. Freilich war es ein karger Lohn — 100 Lire sind ungefähr 50 Pfennige! — , aber die Freude über das erste selbstverdiente Geld strahlt trotzdem von ihren Gesichtern. Außerdem würden sie sich wenigstens drei bis vier kleine Kerzen davon kaufen können, und für eine so arme Familie, wie sie daheim sind, wird es schon genügen. So bemerkten sie auch kaum den armen Bettler, der ihnen seine offene Hand entgegenstreckte. Und doch: Franco kann auf dem Heimweg den armen Bettler nicht vergessen, bis er schließlich mit seinem Bruder darüber spricht: „Sollen wir nicht lieber unsere Lire dem armen Mann dort an der Straße schenken?

Würde es der Madonna nicht eine viel größere Freude machen, wenn wir unsere Lire dem Bettler schenken, der vielleicht schon lange arbeitslos ist und hungrige Kinder daheim hat?" — Gianni würde ja lieber an seinem Fenster daheim Kerzen stehen sehen, aber wie der Franco immer wieder damit anfängt, kann er auch nicht mehr anders: „Vielleicht freut sich die Madonna doch mehr…“ —

Im Dauerlauf rennen sie zurück, drücken dem verdutzt schauenden Bettler ihre mühsam erarbeiteten Lire in die Hand, sausen wieder die Straße hinunter, und pfeifend kommen sie an ihr Haus. Da aber bleibt ihnen fast der Atem stehen, und Franco muß sich Tränen aus dem Gesicht wischen.

Gianni aber reibt sich die Augen aus, zupft sich am Ohr und kann es kaum glauben, daß das Wirklichkeit ist und er nicht träumt: An ihren Fenstern stehen große Kerzen, und das Haus ist hell erleuchtet. —

Noch manchen Freudenschluchzer müssen die beiden erst hinunterschlucken, bis sie sich wieder ganz gefaßt haben. Dann aber stürmen sie ins Haus und fallen ihren Eltern voll Freude um den Hals. — — —

Kurz vor 12 Uhr hatte ihr Vater eine Besorgung in der Stadt machen müssen und dabei seine beiden Buben auf dem Kohlenplatz endeckt, er mußte nicht lange raten, bis er ihren Arbeitseifer erkannt hatte.

Zuerst schämte er sich vor seinen Buben, ging aber am Nachmittag zu seinem Chef, ließ sich einen Vorschuß geben und kaufte hiervon 20 Kerzen. Und als er noch seiner Frau daheim versprochen hatte, nie mehr zu trinken und ihr von den tüchtigen „Lausbuben“ erzählt hatte, da konnte sich auch die Mutter nicht mehr halten und stand von ihrem Krankenbett auf, um das Haus festlich zu putzen. Gianni und Franco sind seit diesem Tag oft am Morgen in der Frühmesse der kleinen Hafenkapelle zu finden.

Fulvio Grimaldi

*

Maria kennt nur ein Ziel: alle Menschen zum Heil, zu Christus, zu führen. Ihre mütterliche Losung lautet: *„Was er euch sagt, das tut!“*

Peppone ergibt sich

Erzählung um die „Weinende Madonna von Syrakus" nach Tatsachen von Consilia Maria Lakotta

„Wir können das einfach nicht mehr dulden, das schlägt ja jedem aufgeklärten Menschen ins Gesicht!", rief der Kommunistenführer Vincenzo Mincella wütend. „Das einzige Wunder an dieser Geschichte von der Weinenden Madonna von Syrakus ist dies, daß die Partei noch nicht hellhörig genug war, ihre Chance wahrzunehmen. Jetzt müssen wir zuschlagen, den ganzen Schwindel aufdecken und die Menschen von ihrem jahrhundertealten Wahn befreien, als ob es eine himmlische Macht gäbe, die sich herabließe, in Krankheit und Erdenelend einzugreifen. Ich hoffe, daß niemand unter uns versagt, wenn es zum Kampf gegen den Aberglauben unserer Zeit geht."

Herausfordernd blickte er Alessandro Strossi an, der rasch seine Augen gesenkt hatte. Er wußte wohl, daß der nach beiden Seiten hinkte und schon einmal beinahe schlapp gemacht hätte, als der Papst den Bann über jeden brach, welcher sich offen zur kommunistischen Partei erklärt. „Auch du, Alessandro, wirst zu dem Agitations-Komitee gehören, das ich persönlich einsetzen und und leiten werde. Es gibt kein Zurück."

Jetzt hatte der Redner alle Augen bei sich und die meisten Gesichter seiner Genossen zeigten Neugier und Spannung. Strossi allein konnte ein Grinsen nicht unterdrücken. Mincella fuhr ihn an: „Sag's offen, wenn du was dagegen einzuwenden hast!“ Der Angeredete sagte ruhig: „Bis jetzt kennen wir erst deine Absicht, ein Name besagt nicht viel. Welche Befugnis willst du dem Komitee geben, wogegen es einsetzen?“ Vincenzo straffte die Schulter. „Ganz einfach!“, sagte er großartig, „selbstverständlich gegen alle jene, die diese Sache aufgezogen und ins Rollen gebracht haben. Wir müssen sie ermitteln, ehe es zu spät ist. Am Ende dürfen wir nicht jämmerlich dastehen, wie Guareschis Peppone, wenn es sein muß, wollen wir es mit etlichen hundert Schwarzröcken vom Schlage eines Don Camillo aufnehmen. Und diesmal werden wir siegen!“ Er machte eine ausholende Geste. „Erstens machen wir sofort die Öffentlichkeit auf die Bildung des Agitations-Komitees aufmerksam, zweitens führen wir schlagartige Verhöre und Hausbesuche bei allen durch, die angeblich durch die Madonna geheilt wurden, und bei deren Zeugen; Ärzte und Geistliche nicht ausgenommen. Irgend jemand werden wir schon in Widersprüche verwickeln und zum Reden bringen. Ist erst ein einziger Fall von Betrug aufgedeckt, dann ist alles erledigt. — Aber wir werden ohne Leidenschaft präzise und gewissenhaft prüfen müssen, damit man uns nicht vorwerfen kann, wir wären unsachlich, verstanden?“

Die Genossen nickten. Wieder sah Vincenzo Mincella seinen heimlichen Widersacher Strossi herausfordernd an. „Du hast doch einige Semester Medizin studiert, Alessandro. Ich hoffe, du wirst skeptisch genug sein, dich auch durch Aussagen der Ärzte nicht verblüffen zu lassen.“

Strossi wurde rot. Vor dem Kriege hatte er studiert, war dann total verarmt und schließlich aus Rebellion gegen sein Elend zu den Kommunisten gestoßen. „Bene! Ich werde mitmachen.“

Mincella rieb sich die Hände. „Ich verlese jetzt die Namen derer, die dem Agitations-Komitee angehören werden. Sie kommen noch heute zum Einsatz.“ Er leierte die Namen herunter, die Genossen schienen einverstanden. Leider verdarb Strossi die

Stimmung mit dem fatalen Satz: „Und wenn wir nun einen einzigen Fall entdecken, der weder durch Hysterie noch Suggestion zu erklären ist?" Mincella war verblüfft.

„So einen Fall gibt es nicht!", rief er und hob die Versammlung auf.

Unter der Tür stieß ihn jemand in die Rippen. „Und wenn nun einer von uns überläuft?" — „Den schmeißen wir sofort raus!", sagte er abschließend.

Als sie auszogen, pfiff Vincenzo Mincella ein altes Kampflied; als sie spät heimkehrten, war er still. Lange saß er nun Abend für Abend beim Lampenlicht und schrieb seinen Tagesbericht. Manchmal schrieb er nicht und stierte nur vor sich hin.

Ungeduldig wartete er auf einen Fall der „Entlarvung", fieberhaft und gründlich arbeitete er mit den Genossen, war ständig unterwegs, in Wohnungen armer und reicher Leute, junger Menschen und Greise, in Vorzimmern von Ärzten, Assessoren und Bischöfen. Sie scheuten keine Mühen, keine Kosten. Die Abrechnung ergab, daß sich bereits nach drei Monaten des Wunders rund zweihundertfünfzig Heilungen ereignet hatten, die nicht wissenschaftlich zu erklären waren. Heilungen von Lungen- und Krebskranken, von Blinden und Lahmen, Stummen und Verkrümmten. Und für jeden Fall standen Zeugen ein, unbestechliche, unbequeme, geschulte und ungelernte Leute. Es war zum Verzweifeln. Vincenzo schonte weder sich, noch seine Leute, hetzte früh und spät herum. An jenem Tage, da die Kardinäle Siziliens einmütig erklärten, daß sie das Wunderbare des marianischen Geschehens anerkannten und beschlossen hatten, eine Kirche zu Ehren der Madonna von den Tränen zu erbauen, zog Mincella nicht aus, ließ auch niemanden zu sich herein. Und wer ihn kannte, der wußte, daß er die Türen seines Innern noch verbissener verschlossen hielt.

Plötzlich erschraken alle Kommunisten des Landes. Vincenzo Mincellas Bild stand groß in der Presse, darunter die Sensationsnachricht, daß er seinen Austritt aus der Partei erkläre und zur Kirche zurückkehre. Begründung: das Agitations-Komitee mußte aufgelöst werden, weil sich nicht ein einziger Fall von Betrug nachweisen ließ. Es hatte nur an der Entlarvung der eigenen Ziele gearbeitet, der Kirche um jeden Preis zu schaden.

Niemand wußte, daß Freund Strossi eines Abends nach ergebnisloser Arbeit still zu Vincenzo Mincella gekommen war und gesagt hatte: ,,Weißt du, Vincenzo, was mir von all dem das erschütterndste Wunder ist?" Der hatte den Kopf geschüttelt und ihn nur fragend angesehen. ,,Daß es Kerle gibt, mit einem so hellen Verstand, wie du ihn hast, und an denen dennoch über 250 offenbare Wunder Gottes vergeblich zu sein scheinen." Und leiser hatte er hinzugefügt: ,,Fast könnte man verstehen, warum Gott die Tränen der Madonna zum Zeichen wählte."

Und Vincenzo hatte ihm die bleiche Hand gegeben und war gegangen...

Aus: ,,Rosenkranz", Limburg

*

Warum weinst du, Madonna?

Du weinst sicherlich über ein jedes Herz und über die schuldige, unbußfertige Welt, um ihren Trotz zu beugen, ihre Härte zu erweichen, um ihr angesichts deiner Tränen Buße zu entlocken.

O meine Mutter und meine Hoffnung, wie eine Heimsuchung ziehen mich deine Augen zu deinem Schmerz und zu deiner Liebe hin und bringen mich deinem unbefleckten Herzen näher. Daher bitte ich dich: Gib mir die Gnade, zuerst mich selber und dann die Sünder zu bekehren, um aus der verwilderten Welt wieder eine christliche Welt zu machen, eine Welt im Geiste deines Sohnes und deines mütterlichen Herzens. Amen.

Maria, Königin des Meeres

Unsere Spelunke lag am Hafen, mitten in Sankt Pauli, gleich an der Reeperbahn. Wir waren von Finnland heruntergekommen und wollten weiter nach Südfrankreich. Wir, das waren mein Kamerad Jim und ich. Jim war Engländer, ich hatte ihn drüben in Polen kennengelernt. Ich hatte damals kein Brot, aber Butter, und bei Jim war's gerade umgekehrt. Und so waren wir eben bekannt geworden. Jetzt machten wir also in Hamburg Zwischenstation, mit wenig Geld.

Und da trafen wir auf Karst. Der Junge mit den lachenden Augen und dem wettergebräunten Gesicht sagte uns sofort zu. Und wir gingen mit ihm. Wir erzählten uns von unseren Fahrten und Erlebnissen. Karst bewirtete uns wie seine eigenen Söhne. Ich werde ihn und das kleine Haus mit dem schiefen Giebel an der Alster nie vergessen. Besonders gefiel mir ein kleines Zimmer im ersten Stock.

An der Decke hing eine wunderbar geschnitzte Hansakogge, während die Wände mit unzähligen seemännischen Erinnerungen geschmückt waren. Aber das Glanzstück war unzweifelhaft eine kleine, kaum zwanzig Zentimeter hohe Madonna. Schweigend stand sie inmitten der Seesterne und Mützenbänder, und scharf hob sich ihre kleine weiße Gestalt von der schwarzen Matrosenmütze im Hintergrund ab. Auch Jim war sie sofort aufgefallen. Und er fragte Karst nach ihrer Herkunft.

Doch dieser schwieg plötzlich. Das frohe Lachen war aus seinen Zügen gewichen. „Vielleicht ein andermal Jungs!", stieß er hervor und ließ uns allein.

Oft nun fielen unsere Blicke auf die kleine elfenbeinerne Madonna, die schweigend auf einem Kugelfisch thronte. Aber mit keinem Wort mehr erwähnten wir sie.

Dann kam der letzte Abend. Wir saßen gemütlich beisammen. Plötzlich begann Karst unvermittelt mit leiser Stimme: „Ja, Jungs, werdet euch wohl gewundert haben, damals wegen der Madonna. Sollt es erfahren! Werdet euch dann nimmer wundern!" Sein Blick fiel auf die Kogge, während er weitersprach:

„War damals unten in La Plata. Hatten Wolle nach Valparaiso geladen. Zum Teufel, wenn die ‚Swallow' nicht das beste Schiff war, das da drüben je gesehen wurde! Na, könnt es euch selbst vorstellen, wie's einem ums Herz ist, wenn man mit solchem Kahn die Wellen auf und ab reitet. Und so'nen Käpten wie Will Alson konnte man auch vergebens rechts und links am Äquator suchen. Dazu Leif Holten, der trotz der Prügel, die er für seine Schiffsjungenstreiche von uns bezog, doch ein prächtiger Kerl war. Ja, und dann... der Steuermann, der mit seiner unerschütterlichen Ruhe, weiß Gott wie oft, unser bißchen Leben noch rettete. Das war Ben. Ben Walker mit seinen feuerroten Haaren aus Tipperary auf der grünen Insel, Ben, der Ben..., wie oft hatten wir uns über ihn lustig gemacht, wenn er abends sein Kreuzzeichen machte und vor der kleinen Madonna über dem Bilde seiner Mutter das Ave Maria sprach, und wenn er uns immer so sonderbar ansah, während ein Fluch unseren Lippen entfuhr, lang und rasselnd wie eine Ankerkette. Und dann hatte er in seiner Koje allerhand Bilder... es waren Heilige, die still von der Wand blickten und niemals lächelten. Beim Neptun, wir Seeleute wissen, was wir auf unseren Herrgott zu halten haben; aber Ben tat unserer Ansicht nach zu viel des Guten. Wir neckten ihn oft, auch ich. Ich war der einzige auf den Planken, der sich über Gott erhaben fühlte. Kam von einem Schmöcker, den mir damals ein Boy in Frisko mitgegeben hatte. Handelte von der Freiheit des Proletariats und was Religion für ein Blödsinn sei. Hat mir damals furchtbar imponiert, dieses Buch. Doch zum Teufel, heut' weiß ich's anders.

Zurück zur „Swallow", wir hatten die Magalhaesstraße passiert und Feuerland im Rücken, als sich der strahlend blaue Himmel verdunkelte. Ich will's kurz machen: Solchem Taifun war unser braves Schiff nicht gewachsen.

Am zweiten Tag sackte es uns unter den Füßen weg. Neben mir krachte der Besanmast nieder und dann packte mich schon eine Woge, und in hohem Bogen wurde ich in die brüllende See hinausgeschleudert. Ich hörte noch das Bersten der Flanken. Auch glaubte ich einen Hilferuf zu vernehmen. Dann ward es Nacht um mich. Als ich wieder erwachte, lag ich aber zu meinem Erstaunen nicht auf dem Meeresgrund, sondern saß rittlings auf dem Fockmast, der ununterbrochen durch die See schlingerte. Und vor mir saß Ben, dessen Gesicht voller Blut klebte, und der mich bis jetzt anscheinend gehalten hatte. Er versuchte zu lächeln: „Bist der einzige, den ich auffischen konnte, Karst!"

Dann schwieg er wieder, doch seine Lippen bewegten sich unaufhörlich... es waren sicher Gebete, die er sprach. So schaukelten wir bis zur Morgendämmerung auf den Wellen, die sich langsam wieder glätteten. Der Durst schloß mir die Lippen und auch Ben hatte sie jetzt fest aufeinandergebissen. Plötzlich gab er mir die Hand. „Karst", murmelte er leise und der blonde Junge fuhr mit dem Rockärmel über sein Gesicht, „hier, nimm die Madonna, sie hilft dir bestimmt, aber ich, ich halte nimmer aus." Dabei reichte er mir ein kleines Päckchen aus der Tasche. Ich griff zu... da fiel Bens schwerer Körper backbordüber in die fast ruhig liegende See. Ich wollte schreien: „Ben, Ben!" Ich konnte nicht. Mit steifen Fingern umklammerte ich die in öliges Papier eingewickelte Figur. Wohl eine Stunde bin ich bewegungslos dagesessen. Dann wickelte ich die Hälfte auf und blickte in das Gesicht der Madonna. Sollte es damit doch etwas sein? Sollte der Boy in Frisko mit seinem Buch doch nicht recht haben? „Sie hilft dir!"

Ich glaube, ich habe zum erstenmal in meinem Leben zu beten versucht. Ich hüllte die Figur wieder ein und kurz darauf übermannte mich die Müdigkeit; vorher hatte ich mich jedoch mit Stoffetzen festgebunden, damit es mir nicht wie Ben ergehen sollte. Die Strahlen der Sonne erweckten mich aus meiner Bewußlosigkeit. Jungs, könnt euch die Freude denken, als eine Rauchfahne auftauchte. Ich schrie, warf die Arme in die Höhe, doch das Schiff verschwand, ohne mich gesehen zu haben. Da begann ich fast zu verzweifeln.

Und wieder holte ich die kleine Madonna aus ihrer Hülle, stellte sie vor mir auf, band sie fest und starrte sie lange an. Jungs, und da habe ich beten gelernt! „Wenn du hilfst, wenn du mich nur einmal die Heimat wieder sehen läßt, dann will ich an dich glauben, ja dann sollst du einen Ehrenplatz bei mir erhalten..."

So betete ich den ganzen Tag, während ich mich kaum noch bewegen konnte. Den Boy in Frisko hatte ich schon längst zum Teufel gewünscht. Ich wollte, als es langsam dämmerte, die kleine Gestalt wieder einhüllen, hatte aber nicht mehr die Kraft dazu. Ich hörte noch das leise Singen der Wellen, dann ward alles finster. Wie lange ich so lag, weiß ich nicht. Als ich erwachte, dachte ich zuerst im Himmel zu sein; denn ich lag in einem blütenweißen Bett, ein hübsches Mädel in Schwesterntracht saß daneben und sang leise.

Auf dem Nachttisch stand meine kleine Madonna und blickte mich so unsäglich gütig an, daß es mir schwer fiel einzusehen, daß ich nicht im Himmel sei, sondern auf Erden, auf einem schönen Schiff und — gerettet.

Ich wollte fragen, doch ich fiel wieder in tiefen Schlaf. Eine freundliche Stimme weckte mich. Neben mir stand ein kleiner Herr: „Mensch, hatten Sie Glück, daß Sie die Bordwache sah. Bei diesem finsteren Nebel. Wenn hier Ihre Madonna nicht gewesen wäre, na, dann adieu." Ich langte zu der kleinen Gestalt hinauf. Der Arzt gab sie mir und ich sah sie lange, lange an.

Kleine Madonna, du hast mich gerettet. Lieber Ben, du hattest recht, und wie hat sich mein Spott über dich ergossen...! Der Arzt sah mich ernst an. ,,Auf zwanzig Meter sind wir an Ihnen vorbeigefahren; wenn Ihre Madonna nicht...!" Er ging hinaus und ich wußte immer noch nicht, wie mich die Gottesmutter gerettet hatte; ihr jedenfalls verdanke ich mein Leben, das andere war gleichgültig. Doch euch wird es interessieren und ich will's euch dann zeigen. Aber erst muß ich mit meinem Garn zu Ende kommen.

In Valparaiso konnte ich von Bord gehen. Unter den Passagieren war für mich gesammelt worden und so war ich nicht ganz mittellos.

Ein Vierteljahr später saß ich in einer kleinen Stube in Tipperary einem alten Mütterchen gegenüber, um die Madonna abzuliefern. Ich muß dabei wohl fast geheult haben, denn Bens Mutter schenkte sie mir zum Andenken. Zu Hause hat sie nun diesen Platz bekommen."

Unwillkürlich drehten wir uns der Ecke zu. Da drehte Karst die Lampe aus. Und dennoch blieb in dem Raum ein gedämpftes blaues Licht. Es ging von der kleinen weißen Madonna aus, die uns geheimnisvoll anlächelte. Strahlend stand sie in der Ecke und Jim flüsterte leise: ,,Maria, Königin des Meeres!" Karst sagte ergriffen: ,,Jungs, habe das Weiße auch erst für Elfenbein gehalten, doch ist's ein Leuchtüberzug, aber...", sagte er leise, ,,ich glaube, sie hätte mich auch ohne diesen gerettet." Und mit festen Blicken, die Vertrauen verrieten, schweiften seine Augen über die kleine Madonna. In dieser Nacht habe ich lange über die weiße Madonna nachgedacht und ich glaube, sie hat auch mir etwas geholfen. Und als wir uns am nächsten Morgen von Karst verabschiedeten, mußten wir ihm das alte Lied vorsingen: ,,Maria, Königin des Meeres...!

Karl Th. Reubel
in ,,Die Wacht"

Unter deinen Schutz fliehen wir

Am 25. Mai 1935 feierte die japanische Stadt Sendai den 300. Todestag eines ihrer berühmtesten Männer, des Daimyo Date Masamune. Er ist es gewesen, der die ersten christlichen Glaubensboten in der Gegend von Sendai und das nördliche Japan berief. Es waren die Franziskaner unter der Führung des seligen Ludwig Sotelo, die im Reiche des Daimyo eine ungemein fruchtbare Betätigung entfalteten. Was ich heute erzählen möchte, ist ein kleines Erlebnis anläßlich der Jubiläumsfeier, die die Sendai-Leute von Obihiro zu Ehren des großen Daimyo abhielten.

Man wußte, daß ich mir in der Geschichte Daimyos einige Kenntnisse erworben hatte, und bat mich um einen Vortrag über Date Masamune. Gerne willigte ich ein. Nach dem Vortrag bat mich ein mir bis dahin unbekannter Herr, ihn einmal in seinem Hause zu besuchen. Er wolle mir eine Reliquie aus der altchristlichen Zeit Sendais zeigen.

Schon am nächsten Abend machte ich dem Herrn meine Aufwartung. Nach der üblichen Begrüßung und einigen belanglosen Redewendungen holte er aus einem Schrank ein kleines Kästchen, in dem sich, ganz in Watte eingehüllt, eine kleine

Muttergottesstatue aus Elfenbein befand. Sie hatte im Laufe der Zeit ihren Glanz verloren und war fast ganz schwarz geworden. Überrascht ob dieser seltenen Entdeckung, fragte ich den Herrn, was er über die Herkunft dieser Statue wisse. Lächelnd gab er folgende Auskunft:

,,Wie sie gestern in ihrem Vortrag ausführten, war Date Masamune ein großer Freund und Schützer des Christentums. Erst unter seinem Nachfolger brach auch in den nördlichen Gebieten Japans die Verfolgung in ihrer ganzen Grausamkeit aus. Die Christen, die nicht ergriffen wurden, flohen in die Einsamkeit der Berge; ja selbst auf die Insel Yezo, das heutige Hokkaido, wanderten sie aus. Noch heute ist uns eine solche alte Siedlung bekannt: es ist Date Mombetsu in der Nähe von Muroran. Die Bewohner dieses Ortes wissen heute nichts mehr vom Christentum; aber man hat dort vor einigen Jahren eine ganze Reihe alter Erinnerungen an die christliche Zeit gefunden. Ich selber stamme aus diesem Ort und habe von meinem Großvater diese Statue erhalten, als ich nach der Absolvierung des Gymnasiums nach Tokio auf die Universität ging.''

Hier nahm der Herr die Statue aus dem Kästchen heraus und reichte sie mir. Ich nahm sie in die Hand und betrachtete sie genau. Sie war unzweifelhaft alter Herkunft, und aus den Gesichtszügen zu schließen, hatte sie vielleicht ein japanischer Bildschnitzer hergestellt. Am Sockel waren in unbeholfener lateinischer Schrift die folgenden Worte eingegraben: Sub tuum praesidium confugimus, Sancte Dei Genitrix (Unter deinen Schutz fliehen wir, o heilige Gottesmutter!).

,,Als mir mein Großvater diese Statue gab, sagte er mir: ,Bewahre sie gut auf. Du bist der Erbfolger unserer Sippe und als solcher der Hüter dieses Schatzes, der sich von altersher in unserer Familie befindet. Bist du ein treuer Hüter, dann ist das Glück mit dir, trennst du dich aber von diesem Heiligtum, wird dich das Unglück auf Schritt und Tritt begleiten!' Mit feierlichem Ernst sagte dies mein Großvater, und ich fürchte mich, sein Vermächtnis zu vergessen, wenn ich auch selbst in dieser Statue nichts weiter als ein historisches Andenken sehe.''

,,Haben Sie von Ihrem Großvater keinerlei Nachricht über die Herkunft dieser Statue?''

„Doch, er hat mir einiges erzählt. An einem stillen Winterabend als meine Geschwister schon schliefen, nahm er mich mit in sein Zimmer, zündete eine Kerze an und hieß mich mit leiser Stimme niederknien. Dann öffnete er eine stets verschlossene Truhe und suchte ein kleines Kästchen hervor, das tief unter Kleidern begraben lag. Schweigend setzte er sich dann neben mir nieder und stellte behutsam das Kästchen vor sich auf den Tisch. Erstaunt ob dieses sonderbaren Gebarens schaute ich den Großvater an und sah, wie seine Augen mit verklärtem Schimmer an dem Kästchen hingen. Seine Lippen bewegten sich fast unmerklich. Ich glaube, er betete. Ich wagte ihn nicht zu stören. Schließlich nahm er meine Hand, zog mich eng an sich und sagte im Flüsterton zu mir:

‚Du bist jetzt alt genug, daß du das Geheimnis meiner Sippe wissen darfst. Dein Vater ist gestorben, ehe ich ihm alles offenbaren konnte. Ich selber fühle, wie mein Leben langsam aus diesem Körper schleicht, und so wird es Zeit, einen neuen Bewahrer dieses Schatzes zu bestimmen. Zeige dich deiner Ahnen würdig, hüte, was ihnen heilig war!'

Darauf öffnete er behutsam das Kästchen, nahm diese kleine Statue heraus, faltete die Hände und neigte wie zur Verehrung sein Haupt. Ich sah die Statue an jenem Abend zum ersten Male und wußte bis dahin nichts von ihrem Dasein in unserem Haus.

Nach einer Weile tiefen Schweigens fragte mich der Großvater: ‚Weißt du, was dies ist?'

‚Vielleicht eine besonders ehrwürdige Hotoke (buddhistische Gottheit), antwortete ich.

‚Nein, nein. Dies ist Birgen Santa Maria (die heilige Jungfrau Maria). Seit fünf Generationen ist dies das Heiligtum unserer Familie. Viel kann ich darüber nicht erzählen; denn dieser Schatz wurde niemandem gezeigt, und von seinem Dasein wußte nur einer von der Familie. Doch soviel weiß ich, daß Birgen Santa Maria ein guter Schutzgeist unserer Familie ist. Wenn dies kleine Heiligtum treu bewahrt wird, wird das Glück nie von uns weichen. Ich selber verdanke Birgen Santa Maria mein Leben. Als ich elf Jahre alt war, befiel mich eine schwere Krankheit. Mein Vater und meine Mutter waren bereits gestorben, und der Großvater erzog mich und meine beiden Schwestern, die älter als ich waren. Eines Abends nun, als meine Krankheit den Höhepunkt erreicht hatte und niemand mehr an meine Rettung glaubte, schickte mein Großvater die Nachbarsfrau, die mich pflegte, und die beiden Schwestern aus dem Zimmer, hob mich aus dem Bett, kleidete mich in mein Festgewand und trug mich vor seine Truhe, die du hier siehst. Er öffnete sie aber nicht, wie ich es getan, sondern schob sie beiseite, und an der Wand wurde eine kleine Öffnung und hinter einem Brokatvorhang diese Statue der Birgen Maria sichtbar. Niemals werde ich vergessen, mit welcher Ehrfurcht der Großvater vor ihr niederkniete, mich fest mit seinen Armen umklammernd. Die Augen starr auf die Statue gerichtet, lispelte er unter Zittern folgendes Gelöbnis:

‚Birgen Santa Maria! Du weißt, daß wir dir aus schwerer Zeit heraus ein sicheres Heim geboten haben. Siehe meine Not und rette dieses Kind, denn an ihm hängt die Zukunft der Familie. Wenn es sein muß, daß der Tod hier einkehre, so opfere ich mein Leben an des Kindes Statt!‘

Dann schwieg der Großvater, immer noch die Augen starr auf die Statue gerichtet. Ich selber fühlte plötzlich große Schläfrigkeit und sagte deshalb:

‚Großvater, ich möchte schlafen.‘

Da ging ein Zittern durch seinen Körper, ein Lächeln huschte über seine tiefgefurchten Wangen, und mit lauter Stimme sagte er: ‚Dank, Dank! Mein Gebet ist erhört!‘

Er setzte das Brett wieder in die Öffnung und schob die Truhe davor. Dann kleidete er mich behutsam aus und legte mich ins Bett.

‚Schlafe, schlafe!‘, sagte er mit viel Liebe, indem er mein Haupt streichelte, und verließ dann das Zimmer.

Ich muß lange geschlafen haben, denn als ich erwachte, stand die Sonne schon hoch am Himmel. Neben meinem Lager knieten die beiden Schwestern und weinten. Da ich wußte, daß man gestern um mein Leben gebangt hatte, meinte ich, sie weinten um mich und sagte deshalb:

‚Ich werde ja gesund, der Großvater hat für mich gebetet..‘ Aber da weinten sie noch mehr, und die ältere Schwester sagte:

‚Der Großvater ist heute nacht gestorben.‘

Obwohl ich noch ein Kind war, empfand ich auf einmal die furchtbare Größe des Gelöbnisses, das der Großvater für mein Leben getan, und ich war sicher, daß Birgen Santa Maria sein Gebet erhört hatte. Eine große Angst vor der unheimlichen Macht jenes Wesens, von dem ich eigentlich nichts wußte, erfaßte mich, und ich wagte niemals, an diesen Ort hinzugehen, wo die Statue verborgen war. Erst später, als das Haus erneuert werden mußte und die Gefahr bestand, daß das Heiligtum entdeckt würde, nahm ich es zitternd heraus und verbarg es seitdem in meiner Truhe.

So sagte der Großvater zu mir. Und fest meine Hand fassend, fuhr er fast drohend fort: ‚Du aber hüte dich, solange ich lebe, diese Statue jemals zu berühren oder sie später, wenn ich gestorben bin, unerwünschten Augen preiszugeben!‘ Damit schloß der Großvater das Kästchen und legte es in die Truhe unter seine Kleider zurück.“ —

Hier endete der Herr seine Erzählung, und es schien mir, als ob sein Gesicht einen ängstlichen Ausdruck bekäme.

Ich fragte deshalb: „Haben sie außer mir schon einmal jemandem diese Stautue gezeigt?“

„Nein, ich glaube zwar nicht, aber ich fürchte mich vor der Rache der Ahnen.“

„Und warum haben Sie gerade mir das Heiligtum Ihrer Ahnen verraten?“

Da stand der Herr auf und ging ein paarmal erregt im Zimmer auf und ab. Schließlich blieb er vor mir stehen und sagte: „Wissen Sie, ich wollte endlich einmal Klarheit haben über diese Birgen Santa Maria. Wer ist eigentlich Birgen Santa Maria? Gestern abend in Ihrem Vortrag kam der Name dreimal vor, und jedesmal haben Sie dabei eine ganz leichte Verneigung des Hauptes gemacht. Sie müssen es wissen, Sie müssen an Birgen Santa Maria glauben. Darum habe ich ihnen das Geheimnis meiner Ahnen geoffenbart.“

Ein Zweifaches erkannte ich mit aller Deutlichkeit: erstens, daß ich hier einen Nachkommen der Altchristen vor mir hatte, und zweitens, daß die Gnade bereits an dieser Seele arbeitete. Ich sagte ihm dies und erzählte ihm ausführlich von der Mutter unseres Herrn. Erstaunt hörte er mir zu, ohne mich zu unterbrechen.

,,Danken Sie der Birgen Santa Maria, denn sie hat immer die beschützt, bei denen ihr Bild in Liebe bewahrt wird! Und ich wünschte nur, daß auch Sie das weiter beten, was am Fuße dieser Statue geschrieben steht: ,,Unter deinen Schutz fliehen wir, o heilige Gottesmutter.'' Und noch ein Gebet lehre ich Sie jetzt, das Sie bitte recht oft, wenn möglich täglich, beten wollen.''

Ich sprach ihm das Ave Maria vor, und er schrieb es sich auf. Dann verneigte er sich vor mir und sagte mit tiefer Rührung: ,,Ich danke Ihnen, denn Sie haben meinem Herzen Ruhe gebracht. Und ich bitte Sie, beten Sie zum ersten Mal mit mir zusammen vor dieser Statue, die gewiß schon viele Seufzer in tiefster Not gehört. hat''

Ich kann gar nicht schildern, wie bewegt ich war, als ich neben einem Nachkommen der verfolgten Christen betete: ,,Ave Maria, gratia plena... Gegrüßt seist du, Maria, du bist voll der Gnade.''

Aus ,,Geschichten das Jahr hindurch — Frühling''
Verlag Herder, Freiburg im Breisgau

*

Maria, meine liebste Mutter,
gib mir dein Herz so schön,
so rein, so unbefleckt,
so voll von Liebe und Demut,
damit ich wie du Jesus empfange
und damit ich eile, IHN anderen zu geben.

(Mutter Teresa von Kalkutta)

Gottesgericht auf Ceylon

Heute muß ich ein längst fälliges Versprechen einlösen. Seit Monaten liegt in meiner Mappe ein Brief. Er stammt von einer lieben Missionsschwester in Ceylon, die ihn mit letzter Kraft einer ihr befreundeten Schwester in Bayern schrieb. Diese Schwester ist vor vielleicht 50 Jahren als begeisterte junge Ordensfrau in die Mission gegangen. Ceylon war das Ziel. Ceylon war auch das Land, in dem sie für Christi Reich ihr junges Leben verbraucht oder verzehrt hat. Der Acker der Seelen ist in Indien steinig und hart und das Leben der Schwestern gar nicht leicht. Aber denkt Liebe an Opfer? Liebe und Begeisterung können Wunder wirken, und diesen treuen Arbeitern im Weinberge des Herrn wird es dann doch geschenkt, daß köstliche Frucht auf steinigem Boden reift.

Die Gesundheit der tapferen Schwester hat dem Tropenklima standgehalten. Nicht ein einziges Mal war es ihr vergönnt, ihr liebes Bayernland wiederzusehen. Hin und wieder kam ein Brief von ihr an die gleichaltrige Freundin, die Schwester Apollonia in Bayern. Jeder Brief trägt den Stempel froher, opferbereiter Liebe zu Christus und Maria, der geliebten Gottesmutter.

Der zuletzt eingegangene Brief — er war mit zitternder Hand geschrieben — war wohl überhaupt ihr letzter. Eine schmerzliche Krankheit hatte sie plötzlich erfaßt und zu ihrem Tod geführt. In dem Brief bittet sie die Schwester in Bayern, doch ja dafür zu sorgen, daß der Inhalt des Briefes veröffentlicht werden möge. Es sei ihr letzter Wunsch. Denn erschüttert sei es zu erleben, wie Gott eintritt für die Ehre Mariens, wenn die Menschen es wagen, diese Ehre in teuflischer Weise anzutasten.

Ich lasse den Abschnitt des Briefes folgen, wie er ist. In seiner Schlichtheit und Eindringlichkeit spricht er mehr zum Herzen als eine geformte Erzählung. Sie schreibt:

,,Das heilige Weihnachtsfest bleibt der Bevölkerung der Insel Ceylon unvergeßlich. Am 23. Dezember zogen schwere, schwarze Gewitterwolken den Horizont herauf. Nach kurzer Zeit fing es an zu regnen, und zwar mit solcher Gewalt, wie wir es in unserem langen Missionsleben noch nie erlebt haben. Es regnete und regnete und hörte nicht auf. Der zweite Tag brachte schon viele Eingeborene in Gefahr, denn viele Häuser sind ja aus Lehm gebaut. Trotzdem ist kein einziges Haus zu schaden gekommen. Auf der Hauptstraße von Jaffna - Colombo liegt ein Städtchen. Nicht weit davon hatte einer der reichsten Atheisten unter dem ,,Elefanten-Felsen'' ein üppiges Haus. Der Inhaber dieses Hauses war der Herausgeber eines Buches gegen Maria, im besonderen ,,gegen die Reinheit der Gottesmutter''. Es kam in der Sprache der Eingeborenen heraus und brachte großen Schaden über die mit soviel Mühe errichtete Mission in Ceylon. Der Erzbischof von Kolombo ordnete Sühneandachten in der Provinz an, um diesen Frevel in etwa wieder gut zu machen. Die erste Auflage war schon vergriffen. Die zweite, ,,verschlechterte'' Auflage wollte man am hl. Weihnachtsfest herausgeben. Der Premierminister hatte die Erlaubnis dazu gegeben. Am 25. Dezember versammelten sich etwa 40 Personen trotz strömenden Regens in dem prächtigen Haus unter dem Elefanten-Felsen. Man war in festlichen Kleidern und in Erwartung eines großen Gastmahls, zu dem der Verleger eingeladen hatte, um den Erfolg des Buches zu feiern. Der Verleger des Buches und sein Sohn waren in die nahe Stadt gefahren, um in der Druckerei noch letzte Anweisungen zu geben, denn der Versand sollte nach einem schon vorgefaßten Plan rasch erfolgen.

Als sie aber nach einiger Zeit zurückkamen, was fanden sie vor? Es war ein ungeheurer Erdrutsch erfolgt. Das Haus war zusammengestürzt und hatte die 40 eingeladenen und gleichgesinnten Festgäste unter sich begraben. Der riesige Elefanten-Felsen, der über dem Haus gestanden war, hatte sich zu allem noch über das eingestürzte Haus gelegt! Das Haus war vollkommen zugedeckt, kein Stein, kein Balken war mehr zu sehen. Die kleinen Lehmhäuser der Eingeborenen hingegen waren alle unbeschädigt geblieben.

Beim Anblick dieses Gottesgerichtes wurde der Herausgeber des Buches wahnsinnig. Seit diesem Tage läuft der Irre umher und schreit in einem fort den Titel des Buches. Der Schreiber des Buches bekam plötzlich den Aussatz. Es stellte sich heraus, daß die ganze Auflage des Buches unter den Trümmern verschüttet liegt.

Man bot indischen Arbeitern einen Stundenlohn von ca. 10 DM an. Aber keiner fand sich, der auch nur eine Hand angelegt hätte, um die Ausgrabung durchzuführen.

Ist das nicht eine erschütternde Begebenheit, welche uns zeigen will: Ja, Gott läßt seiner hl. Mutter nicht spotten. Man wollte die Nachricht davon verheimlichen. Es sollte nicht über Ceylons Grenzen hinausdringen, aber Gott sorgte dafür, daß alles an die Sonne kam!"

Soll man diesem Brief noch etwas hinzufügen? Die eingeborenen Inder spürten das Gottesgericht und hätten um keinen Preis auch nur einen Stein des Hauses angerührt aus Furcht vor diesem starken Gott, der die Ehre seiner Mutter so offensichtlich gerächt hat. Sollten wir uns nicht stärker als bisher für die Ehre der Gottesmutter einsetzen?

Anna Hils in „Rosenkranz", Lahn-Verlag, Limburg

Fatuma

Fatuma war ein kleines Negermädchen. Es war wie ihre Eltern und die meisten Einwohner des Dorfes noch islamitisch-heidnisch. Doch ging sie mit ein paar anderen Kindern in die Schule der Missionsstation Luagala. Fatuma, auch Fatima, ist ein beliebter Mädchenname bei den Islamiten; denn die Tochter Mohammeds hieß so. Obwohl nun Fatuma erst 5 Jahre alt war, lauschte sie gerne den Erzählungen des Missionars beim Religionsunterricht.

Eines Tages traf ich sie vor dem Missionskirchlein. ,,Was willst du hier, Fatuma?'', fragte ich sie. ,,Baba, ich möchte so gerne die Mama wa Mungo, die Mutter Gottes sehen'', gab sie zur Antwort. ,,Ja, geh nur hinein in die Kirche!''

,,Ich darf nicht hineingehen, Baba, meine Eltern haben es mir streng verboten. Aber ich möchte doch so gerne die große Mama sehen!''

„Nun wenn du nicht hineingehen darfst, so trage ich dich eben hinein.“ Die Statue auf dem Altar war eine Nachahmung des schwarzen Gnadenbildes von Altötting. Während sie mit großen Augen das Gnadenbild der Himmelsmutter betrachtete, erzählte ich ihr, wie die „Mama wa Mungo“ alle Menschen sehr gern hat und sie in den Himmel führen will. „Auch dich Fatuma,“ so schloß ich; „du sollst sie immer recht lieb haben.“

Einige Tage später hörte ich, daß Fatuma krank sei. Ich suchte sie in ihrer ärmlichen Lehmhütte auf. Da ich ihren Zustand für sehr bedenklich hielt; — sie litt an einer gefährlichen Tropenkrankheit, die schnell Herz und Nieren zerstört — so gab ich den Eltern den Rat, die Kranke in das große Missionshospital in Ndanda zu bringen. Schwester Thekla, die bewährte Missionsärztin, nahm sich ihrer mit aller Sorgfalt an und gewann sie bald recht lieb. Fatuma bat, sie möchte ihr von der Mama wa Mungo erzählen. Die Schwester tat es und unterrichtete sie auch in den Hauptwahrheiten des Glaubens. Die aufmerksame Hörerin bat schließlich um die Taufe. Diese wurde ihr auch gespendet, da ihre Krankheit als unheilbar erkannt wurde. Die islamitischen Eltern, die von der Taufe nichts wissen durften, nahmen das todkranke Kind wieder nach Hause. Wie ich davon hörte, besuchte ich es. Es zeigte große Freude. Unter dem Vorwande, Trinkwasser zu holen, schickte sie ihre Mutter für einige Augenblicke aus der Hütte und erzählte mir dann strahlenden Auges: „Baba, ich bin getauft; ich heiße Maria, wie die Mutter Gottes. Ich freue mich, bald zu ihr in den Himmel zu kommen.“

Am nächsten Tag, es war der 15. August, das Fest der Himmelfahrt Mariens, ging gegen 15 Uhr die Totentrommel. „Die kleine Fatuma ist gestorben“, hieß es.

Ich ging darauf zu ihrer trauernden Mutter und sprach ihr mein Beileid aus. „Baba“, sagte diese, „das Sterben meiner Fatuma war so sonderbar.“ Ich hatte sie auf meinem Schoße liegen, da schaute sie in eine Ecke des Daches und sagte: „Mutter schau, was ist das für ein heller Stern?“

„Das ist doch kein Stern, es ist ja heller Tag; du siehst nur eine Lücke im Strohdach.“

„Doch Mama, es ist ein Stern! Und er wird immer größer

und heller! Das ist ja Mama Thekla! O nein, das ist ja die..." Dabei wurde ihr Antlitz ganz froh und leuchtend. Dann rief sie noch: „Mama, ich komme", ließ den Kopf sinken und war tot. Baba, ich kann mir das alles nicht erklären", schloß die Mutter ihren Bericht.

Ich selber bin davon überzeugt, daß die Mutter Gottes ihren kleinen Liebling, der vor der Taufe den Namen ihres größten Wallfahrtsortes und dann ihren eigenen Namen trug, in das himmlische Paradies heimgeholt hat. Oft habe ich die Verstorbene in Notlagen angerufen und es ist mir Hilfe zuteil geworden. Ihrer Fürbitte schreibe ich es auch zu, daß am folgenden Weihnachtsfeste gegen 800 Kinder zum Gottesdienst in die Kirche kamen, während vorher islamitische Eltern nur ganz selten eines ihrer Kinder dorthin gehen ließen.

P. Winfried Schneiderhahn OSB, Ndanda (Ostafrika)

*

Ich preise und verehre dich, o Maria! Du hast in deinem Schoß getragen die Sonne der Gerechtigkeit, das Heil des Menschengeschlechtes, das fleischgewordene Wort.

Der Schöpfer hat sich zu seinem Geschöpf herabgelassen, er wollte eine Jungfrau zu seiner Mutter; der Gottessohn ist Mensch geworden im Schoße Mariens.

Die Engel haben dieses erhabene Geheimnis bewundert; die ganze Hölle hat davor gezittert, und die Jungfrau-Mutter hat wie eine glänzende Morgenröte jene erleuchtet, die in der Finsternis des Todes waren.

O Maria, immer rein, immer fleckenlos, die Himmel tun kund deine Ehre, und das Weltall verkündet deine reinste Empfängnis.

Bogomatir

Es war noch stockfinstere Nacht, als der Wecker seine schrillen Töne in die Geräusche des Spitals mischte. Hania fuhr auf. Sie brauchte Zeit, um sich in die harte Wirklichkeit zurückzufinden. Hatte sie nicht von einem Skiausflug in die Tatraberge geträumt! Glitzernder Schnee und pfeifenden Wind um die Ohren! Sie ging in die Knie, um zum Sprung anzusetzen... Es war nicht der Wind, es war der verständnislose Wecker! Trunken von Schlaf rieb sie sich die Augen. Ja, es war drei Uhr morgens! Die Kameradinnen erwarteten ihre Ablösung. Sie sind nur fünf Pflegerinnen im Spital.

Mit einem Ruck saß sie auf. Durch die dünne Wand ergoß sich ein Durcheinander von Stimmen. Eine steigende Flut von Stöhnen und Jammern schlug an ihr Ohr, von herzzereißenden Schreien übertönt; dann ebte sie ab und wurde zu einem gleichmäßigen Gesumme, um bald wieder neue Höhepunkte zu erreichen. Sie kannte all das nur zu gut! Unter den Lauten vermochte sie die drängensten Hilferufe zu erkennen. Im Saal der Amputierten wiederholte eine weiche Stimme erst seit gestern: „Mama!" Sobald man ins Fieberdelirium versank, hielt keine falsche Scham das Herz von Äußerungen des Gemütes zurück. Der immer wiedererklingende Kehrreim, welcher Herkunft der Knabe auch war, bestand in einem Anruf an die ferne, die treue, die unvergeßliche Mutter.

„Jeder Kranke wird wieder zum Kind“, dachte Hania, als sie ihr Gesicht in ein mit trübem Wasser gefülltes Becken tauchte. Es war eine der großen Mängel dieses Notspitals: die kostbare Flüssigkeit fehlte, weil die Leitung durch Bomben zerstört war. Aber wenn schließlich nur sie fehlte!

Am Vorabend hatte der Chefarzt, Dr. Chmiel, brutal erklärt, daß die Spitalapotheke völlig leer sei. „Helft euch, wie ihr könnt“, sagte er den Pflegeschwestern. „Um den Kranken wieder Mut zu geben, genügt manchmal eine Dosis H_2O.“ Tief erschrocken fragte Hania ihn unter vier Augen. „Und meine Tetanus-Kranken? Ich habe nur noch wenige Ampullen!“ Der Arzt wandte seine von der Nachtarbeit geröteten Augen ab: „Das Reservelager ist aufgebraucht und es besteht keine Aussicht, das Medikament von den bolschewistischen Henkern zu erhalten.“

Nach dem Fall von Warschau hatte sich die Rote Armee endlich entschlossen, einzugreifen. Sie bemächtigte sich der Stadt X. am Ufer der Weichsel. Seit drei Tagen brach der Zustrom russischer Verwundeter und Kranker nicht ab, und das Notspital war schon zum Bersten von Partisanen angefüllt. Das Personal wußte nicht mehr, wo ein, wo aus. Trotz dem strengen, sie im Gewissen verpflichtenden Gesetz, die ihr anvertrauten Patienten alle mit gleicher Sorgfalt zu behandeln, betrachtete Hania die neuen Eindringlinge mit wenig wohlwollenden Augen. Und jetzt verursachte ihr das Fehlen der notwendigsten Heilmittel die heftigsten Gewissenskonflikte. In ihrer Verwirrung suchte sie nach einem Ausweg:

„Doktor“, sagte sie, meine Ampullen sind gezählt. Wem soll ich sie geben bei gleich dringenden Fällen?“

Diesmal blickte ihr der Arzt ins Gesicht: „Sie sind Krankenschwester? Wissen Sie, was das bedeutet? Entziehen Sie sich Ihrer Verantwortung nicht!“

Empört wollte sie ihrer Entrüstung Ausdruck geben. Begriff er denn nicht, daß sie unter solchen Verhältnissen Todesurteile unterzeichnen mußte? Wenn sie sich für den einen entschied, war der andere zum grausamsten Todeskampf verurteilt...

Chmiel strich mit seiner feinen Chirurgenhand zart über den Schleier der Krankenschwester:

,,Kind, ich weiß wohl, daß man während der Ausbildung auf derartige Entscheidungen nicht vorbereitet wird. Wir erleben sonderbare Fälle, die in keinem Lehrbuch der Berufsethik vorgesehen sind. Ich habe nicht das Recht, Ihnen allgemein lautende Vorschriften zu geben. Versuchen Sie, mit den sich stellenden Fragen fertig zu werden und vertrauen Sie auf die göttliche Vorsehung!"

Das alles schwirrte in einem unentwirrbaren Durcheinander durch ihren Kopf. Sie zog den Kamm durch die gelockten Haare (,,Wenn ich nur keine Läuse habe!"), legte sich den Schleier aufs Haupt und wollte das Zimmerchen verlassen... ,,Mein Gott", betete sie und sank neben dem Feldbett in die Knie, ,,mein Gott, laß es nicht zu, daß ich einen Menschen ums Leben bringe, wer es auch sei! Mein Gott, du hast mich als Frau erschaffen, und Frauenbestimmung ist es, das Leben zu schenken und nicht den Tod!"

Man hatte die beiden am Starrkrampf Erkrankten trotz mangelnder Räume in einem besonderen Zimmerchen untergebracht. Ihre Anfälle erschreckten und entmutigten die anderen Kranken. Sie lagen in einem engen Raum, Seite an Seite. Ein siebzehnjähriger polnischer Partisane und ein russischer Soldat um die vierzig herum. Hania zitterte. Obwohl sie schon schreckliches mitansehen mußte, konnte sie sich an die schauerlichen Krisen und an die zu einem Bogen erstarrten Körper nicht gewöhnen. Und genau das stand ihr wieder bevor. Im voraus kannte sie den Ablauf der Phasen dieser scheußlichen Krankheit bis zum grausamen Todeskampf. Die vom Starrkrampf Befallenen verlieren das Bewußtsein nicht einen Augenblick. Selbst wenn sie nicht imstande sind, einen Laut von sich zu geben, heften sie ihre hellsichtigen Augen auf uns... Hania zählte wieder die Ampullen. Sie reichen für einen, nicht aber für beide. Wem sollte sie den Vorzug geben?

Sie blickte auf die Uhr und ließ sich entmutigt auf einen Schemel nieder. Mit allen Fibern ihres Herzens hatte sie die Wahl getroffen. Yanek der Junge mit den blauen Augen, den man in erbarmungswürdigem Zustand gebracht hatte! Seine Wunden waren nicht lebensgefährlich, und man glaubte ihn schon gerettet, als sich vor einigen Tagen plötzlich der Starrkrampf zeigte. Wie er sich ans Leben klammerte, wie verzweifelt er sich gegen die anfallenden Krisen wehrte! Gestern Abend schien die Gefahr dank der Behandlung vermindert zu sein. Ich werde davonkommen, bestimmt", meinte er triumphierend. „Noch einige Spritzen, und wir werden bald zusammen Walzer tanzen!"

Hania griff nach der Tasche, die sie umgehängt hatte, ein paar Spritzen... Ja, aber der andere!

Ein plump gewachsener Riese, dessen Haare unvermeidlich an ein Stoppelfeld erinnerten. Er sprach nur russisch, und sein Wortschatz war armselig und zeugte von wenig Bildung. Er sprach übrigens selten und beklagte sich nie. Sofort nach seinem Eintreffen im Spital hielt er Hania eine Medaille der wundertätigen Muttergottes hin: „Wer ist diese Frau? Ich habe das gefunden. Wer ist sie?", fragte er. Hania war empört.

So weit hatte der Atheismus das russiche Volk gebracht! „Diese Frau", erklärte sie und betonte jedes Wort, „diese Frau ist die heilige Jungfrau."

Da der Kranke sie verständnislos anblickte, fügte sie bei: „Kennen sie denn die Gottesmutter nicht? Die Bogomatir?" Der Mann wiederholte: „Bogomatir!" Damit schien der Zwischenfall erledigt zu sein. Hania betrachtete aus den Augenwinkeln seinen Ausdruck; sie fand ihn ausgesprochen blöde. „Der Unglückliche versteht nicht, was das bedeutet", dachte sie mitleidig. Aber sie konnte ihm keine Katechismusstunden geben — Pjotr Iwanowitsch verlangte auch keine!

Und nun hatte sie zwischen diesem ungeschlachteten Kerl, und Yanek zu wählen..., wenn sie nicht beide sterben lassen wollte! Wieder zählte Hania die Ampullen. Sie reichten für einen, nicht für beide. Wenn sie jedem die Hälfte zuteilte, wäre der Gerechtigkeit Genüge getan, und beide müßten sterben. Wenn sie alle einem gab, überließ sie den anderen einem grausamen Tod; ein Menschenleben würde sie auf dem Gewissen haben! Und mit Schrecken stellte sie fest, daß sie schon gewählt hatte, während ihr Gewissen in einer unsäglichen Angst nach einer Lösung suchte. Sie kniete nieder: „Liebe Gottesmutter von Yasna Gora, erbarme dich meiner!" Darauf verließ sie ihr Zimmerchen. Draußen krähte ein Hahn.

Der Gang war düster und roch nach Chloroform. Aus den Türöffnungen drang ein schwerer, bitterer Dunst von Schweiß, Blut und schmutziger Wäsche auf sie ein. Hania mußte lächeln, als sie an die Grundsätze der Hygiene und Vorbeugung dachte, die ihnen Dr. X. in den geheimen Kursen eingehämmert hatte. Wenn alles wahr wäre, käme kein einziger bei dieser Mangelwirtschaft mit dem Leben davon. Indessen heilten Wunden gegen alles Erwarten, und die Natur entfaltete unvermutete Kräfte, wo die Kunst sich als machtlos erwies.

Trotzdem waren die Opfer des elenden Krieges zahlreich genug! In den frühen Morgenstunden war das Widerstandsvermögen der Kranken am geringsten.

Das Röcheln der Sterbenden und die Selbstgespräche der Fiebernden wurde oft unterbrochen von schrillen Schreien und dumpfem Schluchzen. Hania fröstelte.

Der Gang war leer, endlos lang und feierlich, kaum beleuchtet von einer sparsamen Lampe. Aus Saal III kam Theres mit einem Topf. ,,Wie geht es'', fragte Hania. ,,Staszek ist eben gestorben'', antwortete Therese. Hania nahm eine Bluse von der Wand und zog sie an. Die beiden Starrkrampfkranken befanden sich am Ende des Saales, von den anderen getrennt durch eine dünne Wand. Ein sehr junges Mädchen schlummerte auf einem Stuhl zwischen den zwei Betten; es hielt eine Spritze in der Hand. ,,Geh schlafen, Yolanda'', sagte Hania; ,,ich bleibe nun hier.''

,,Bringst Du Ampullen?'', fragte Yolanda. ,,Es gibt keine einzige mehr''. — ,,Geh schlafen'', wiederholte Hania etwas ungeduldig. ,,Ich weiß, was ich zu tun habe''. Yolanda warf ihr einen fragenden Blick zu und drehte sich gegen das Bett links: ,,Mut Yanek! Jetzt ist Hania wieder da, alles ist wieder in Ordnung!''

,,Was macht der andere?''. — ,,Er schläft.''

Sobald sie allein war, nahm Hania die Schachtel mit den Ampullen aus ihrer Tasche. Yanek folgte ihren Bewegungen. ,,Es ist an der Zeit'', sagte er; ,,der Arzt hat eine Spritze alle zwei Stunden verordnet.'' — ,,Der Arzt, der Arzt'', erwiderte Hania und versuchte zu lächeln; ,,ich muß seine Befehle ausführen, nicht du. Man darf die Zwischenzeiten ausdehnen''. —

,,Sagen sie mir die Wahrheit, Schwester Hania! Sie haben keine Spritzen mehr?" Auf diese direkte Frage war sie nicht gefaßt. Sie errötete wie eine Mohnblume. Sie tat, als suche sie etwas in ihrem Notizbuch. ,,Schwatze kein dummes Zeug", fuhr sie den Jungen an, um ihre Erregung zu vertuschen. ,,Ich habe alles, was ich brauche." Yanek gab nicht nach: ,,Schwester, wenn es an Spritzen fehlt, müssen Sie es mir sagen. Ich will es wissen. Ich will meinen Tod nicht verfehlen. O, ich bin ihm schon oft gegenüber gestanden. Ich habe das Opfer meines Lebens gebracht. Mama auch. Sagen Sie mir die Wahrheit!" Und mit bittender Stimme fuhr er fort: ,,Ich weiß, daß ich bis zum Ende beim Bewußtsein bleiben werde. Ich möchte nicht erleben müssen, daß Sie mich belogen haben. Ich muß die Wahrheit wissen, Schwester Hania!"

Völlig verwirrt senkte sie den Kopf. Ihr Gedächtnis versagte; sie fand die vorbereiteten Erklärungen nicht. Es war nicht zu verantworten, jetzt leere Worte her zu plappern. Trotz aller Vorschriften wagte sie es nicht, den Jungen, der so flehentliche Blicke auf sie richtete, zu belügen. Nein, sie hatte nicht das Recht, ihn über die Gefahr im Ungewissen zu lassen. Schließlich..., eine närrische Hoffnung fuhr wie ein Blitz durch ihren Kopf; schließlich war noch nichts entschieden...

Sie sah nach, ob der andere auch wirklich schlief. ,,Die Wahrheit?", sagte sie mit dumpfer Stimme. ,,Ich habe gerade genug für einen von euch, aber nicht für beide." Yanek sank in die Kissen zurück, als ob er einen Schlag mitten auf die Brust erhalten hätte. ,,Und nun", fragte er mit kläglichem Ton, ,,und nun? Wen wählen Sie?" Kaum war ihr das schreckliche Geständnis entschlüpft, zuckte Hania zusammen. Was hatte sie getan? Wie konnte sie den Fehler wieder gut machen? Sie murmelte einige Entschuldigungen und suchte nach einem Ausweg.

Der Junge ließ nicht nach. Mit verzerrten Zügen und angstvollen Augen wiederholte er: ,,Müssen Sie darüber entscheiden? Sie...?"

Sie bedeckte das Gesicht mit den Händen und schluchzte. Müdigkeit, Schlafmangel, Verwirrung: es war zu viel! Sie raffte sich aber auf und setzte den Kocher unter Strom, um die Spritze vorzubereiten.

,,Beruhige Dich", sagte sie, ,,ich gebe dir eine Spritze. Wir werden sehen, wie es weitergeht." — ,,Und er!", fragte Yanek. Hania zögerte einen Augenblick. ,,Er? — Er wird die seine auch erhalten. Beruhige dich!"

Jetzt galt nur eines: um jeden Preis die Krise zu verhüten, die Yaneks Hände und Hals zum Erstarren brachte. Die Spritze wirkte augenblicklich. Oder handelte es sich nur um eine vorübergehende Entspannung? Mit der Spritze in der Hand, wandte sie sich dem andern Bett zu. Der Russe öffnete die Augen, blickte sie ruhig an und sagte: ,,Njet!" Sie ließ beinahe die kostbare Ampulle, die sie zu öffnen im Begriff war, fallen. Der Mann sah sie aus völlig klarsichtigen Augen an. ,,Njet!", wiederholte er heftig. Sie verstand russisch, sprach es aber nur mit Mühe. Was wollte er mit diesem unerwarteten ,,Njet"? Pjotr Iwanowitsch war der gehorsamste aller Kranken. Mit der Spritze in der Hand näherte sie sich dem Bett. Er entriß sie ihr. ,,Njet!", rief er zum dritten Mal. ,,Was fällt dir denn ein? Schto s toboi", schrie Hania in ihrer Verblüffung.

,,Nitschewo", erwiderte er und hielt die Spritze fest in seiner mächtigen Hand. Nitschewo! Was nützt mir das! — Ich habe verstanden. ,,Er" — mit einer Bewegung des Kopfes wies er auf Yanek. — ,,Er ist jung. Ich bin alt. Er hat seine Mutter noch. Ich habe keinen Vater und keine Mutter mehr; Kruglaia sirota — ich bin ganz Waise. Er hängt am Leben, ich nicht. Ich will keine Spritze! Was nützt sie mir? Sie haben nicht genug für beide. Die Wahl fällt ihnen schwer. Ich wähle für Sie!"

Noch nie hatte er so lange gesprochen! Hania hörte ihm zu, ohne recht zu verstehen. ,,Nein, nein, Pjotr Iwanowitsch, ich gebe dir eine Spritze!" Als Antwort zog er das Leinen über den Kopf und drehte sich zur Wand hin. Er hatte gesagt, was zu sagen war; und nicht ohne Anstrengung. Seine Aufgabe war also getan und die Angelegenheit in Ordnung. Hania versuchte vergeblich, sein Schweigen zu brechen. So oft sie sich ihm mit der Spritze näherte, wies er sie mit der Hand ab und sagte ,,Njet!"

Yanek war erschüttert und wollte seinem Beispiel folgen. ,,Wenn du dich weigerst, weigere ich mich auch!", erklärte er. Da öffnete der Russe die Augen und warf ihm entgegen: ,,Vot durak! — Kann man so dumm sein?" Und nach einer Weile

Überlegens fügte er bei: ,,Du hast eine Mutter, die auf dich wartet, nicht wahr? Ja! Auf mich wartet niemand! Also!"

Die Stunden rannen dahin wie Blut aus einer offenen Wunde. Eine jede konnte Leben oder Tod bedeuten. Hania kehrte jeweils pünktlich mit der Spritze ins Zimmer der Starrkrampfkranken zurück. Pjotr Iwanowitsch weigerte sich beharrlich; sein Zustand verschlimmerte sich zusehends. Die Krisen häuften sich, und gegen fünfzehn Uhr wandte sich Dr. Chmiel, den man gerufen hatte, an Hania: ,,Er ist verloren", und blickte sie lange an. ,,Beunruhigen Sie sich nicht. Nicht Sie haben die Wahl getroffen!" Sie fand keine Antwort, sie schluchzte.

Als die Krisen noch häufiger und heftiger wurden, schien Pjotr Iwanowitsch mehr und mehr zu erwachen. Manchmal lächelte er sogar mit schelmischem Ausdruck und murmelte wenig verständliches Zeug. Nach jeder Krise wandte er sich an Yanek und sagte: ,,Nitschewo!"

Am Abend ließ sich Hania nicht ablösen, Sie wollte dabei sein bis zum Ende. Gegen 23 Uhr, nach der vorgeschriebenen Runde, setzte sie sich auf einen Schemel zwischen die Betten von Yaneks und Pjotr Iwanowitsch. Yanek schlief, von Müdigkeit überwältigt. ,,Gerettet! Doch um welchen Preis!", dachte Hania.

Der Russe kämpfte sichtbar gegen das Starrwerden, das ihn wie ein Panzer zu umschlingen begann. Er folgte jeder Bewegung der Krankenschwester mit klarsichtigen Augen. Einmal versuchte er, ihr zuzulächeln, doch seinen verzerrten Zügen gelang nur eine Grimasse.

Hania war einen Augenblick aus Erschöpfung eingenickt. Ein leises Geräusch schreckte sie auf. Pjotr Iwanowitsch saß auf seinem Bett und starrte mit weit geöffneten Augen in einen Winkel des Zimmers. Von einer närrischen Hoffnung belebt, erhob sich Hania rasch. War es möglich, daß die ihn seit Stunden wie einen Bogen spannende Starre vor dem Tode sich löste? Da bemerkte sie, daß der Russe sie nicht sah, oder vielmehr, daß sie wegtreten solle. Seine Augen glänzten mehr und mehr und blieben stets auf die gleiche Stelle gerichtet. Sie trat an das Bett... Da begann Pjotr Iwanowitsch sanft mit singender Stimme zu sprechen:

„O, wie herrlich ist sie! Wie lichtvoll! O, wie gütig! Schau, sie lächelt mir zu. Schau doch hin! Sie ruft mich! Wer bist du Frau? Ja, ja, ich komme..." Einen Augenblick schwieg er, als ob er lauschte. Darauf schrie er mit der ganzen Kraft seiner Lungen:

„Bogomatir!"

Und in diesem Schrei hauchte er seine Seele aus.

Aus „Die Ikone" v. Maria Winowska,
Paulus Verlag, Freiburg, Schweiz

*

Sei gegrüßt, Reis des nie verdorrenden Stammes;
sei gegrüßt, reich bist du an lauterer Frucht.
Sei gegrüßt, du ernährst den, der uns Nahrung gewährt;
sei gegrüßt, du geleitest zum Leben den, der unser Leben leitet.

Sei gegrüßt, solchen Reichtum des Erbarmens ziehst du auf deiner Flur;
sei gegrüßt, wie von einem Altar hebst du den Segen der Versöhnung.
Sei gegrüßt, daß du dem Leibe Stärkung in Fülle gewährst;
sei gegrüßt, daß du den Seelen die bergende Hülle bereitest.

Sei gegrüßt, des Lobgesanges Weihe
sei gegrüßt, du Aussöhnung für das unendliche All.
Sei gegrüßt, du bist Gottes Wohlgefallen bei den Sterblichen;
sei gegrüßt, der Sterblichen Fürbitte bei Gott bist du.

Sei gegrüßt, du jungfräuliche Mutter!

Aus: Hymnos Akathistos (Ostkirchliche Liturgie seit 700 - 800)

Das sibirische Wunder

Im Jahre 1951 verhaftete man 10 ukrainische Nonnen, brachte sie ins Gefängnis, ließ sie Hunger und Durst leiden und bereitete ihnen körperliche und seelische Qualen. Die Peiniger erreichten ihr Ziel jedoch nicht. Die Ordensfrauen blieben ihrem katholischen Glauben und ihren Gelübden treu, und keine verriet den Namen der Oberin. Schließlich kam es zur Verhandlung vor Gericht. Das Urteil lautete auf 10 Jahre Zwangsarbeit östlich des Urals.

Die Gefangenen wurden in Viehwagen verladen. Im Wagen der Schwestern befand sich auch Theodor B., ein deutscher Kriegsgefangener, der ein Jahr später mit einer Gruppe von Landsleuten begnadigt wurde und nach Deutschland zurückkehrte. Ihm verdanken wir den folgenden Bericht: Im Wagen wandte Theodor B. sich an seine Unglücksgefährtinnen und fragte: „Woher kommen Sie?“

Da sie die abgetragene Uniform eines deutschen Kriegsgefangenen kannten, antwortete ihm eine der Schwestern in tadellosem Deutsch: ,,Wir sind ukrainische katholische Klosterfrauen."

,,Warum hat man Sie deportiert?"

Weil wir unserem katholischen Glauben und unseren Gelübden treu bleiben wollten."

,,Gibt es viele ukrainische Katholiken?"

,,Sechs Millionen. Vierzig Millionen Ukrainer sind orthodox."

Theodor B. bewunderte diese Ukrainerinnen. Stets waren sie sauber gekleidet und sorgfätig gekämmt. Schon um sechs Uhr morgens begannen sie den Tag mit Gebet und Betrachtung. Die Wageninsassen hörten ihren erbaulichen Gesprächen bewundernd zu. Am Abend sangen sie mit weicher melodischer Stimme das Stundengebet in slawischer Sprache.

Die Fahrt ging zunächst durch die fruchtbare ukrainische Landschaft, die der Mai mit seiner Blütenpracht überschüttet hatte. Tag und Nacht rollte der Zug ostwärts. Nach drei Wochen trafen die Gefangenen an ihrem Verbannungsort in Mittelsibirien ein. Es gab fünf Konzentrationslager in der Gegend mit Baracken, Stacheldraht und einer zahlreichen Wachmannschaft mit groben Gesichtern, rohen Gesichtszügen und harten Augen.

Der Lagerkommandant, ein kämpferischer Atheist, war ein stumpfsinniger Mann. Bei jeder Gelegenheit ließ er und seine Soldaten ihrem Haß gegen die Schwestern freien Lauf. Er nannte sie nur ,,die tollwütigen Hündinnen des Vatikans". Eines Tages trat er plötzlich in das Zimmer der Schwestern, riß das Christus- und das Muttergottesbild von der Wand, warf sie auf den Boden, zertrampelte sie mit den Stiefeln und brüllte: ,,Schluß mit dem Aberglauben, ihr Hündinnen!"

Den ganzen Sommer und Herbst waren die armen Klosterfrauen dem Haß und der Wut des Kommandanten ohnmächtig ausgeliefert. Doch auf alle Schikanen, Mißhandlungen und Verfolgungen hatten sie nur eine Antwort: Eine engelgleiche Geduld, eine unerschütterliche Ruhe und eine innere Freude, für Christus und seine Kirche leiden zu dürfen. Dabei wuchs ihr Ansehen im eigenen und in den benachbarten Lagern ständig. Selbst die orthodoxen und mohammedanischen Gefangenen nannten sie „Engel vom Himmel“ und „heilige ukrainische Jungfrauen“. Die Schwestern betreuten heimlich die Frauen und Mädchen im Lager und tauften Hunderte von Erwachsenen. Sie mußten alle erdenklichen Schliche anwenden, um die Aufmerksamkeit ihrer Wächter abzulenken. Einmal im Monat kam nachts ein ebenfalls depotierter ukrainischer Geistlicher und feierte die hl. Messe. Am Morgen verteilten dann die Schwestern die hl. Kommunion.

Dann kam der furchtbare sibirische Winter, der sieben Monate dauert, von Oktober bis April. Die Temperatur sank auf 50 und 60 Grad unter Null, Der Atem gefror zu Eis und nachts erscholl das Geheul der Wölfe.

Am Dreikönigstag ließ Napluef die Schwestern in sein Büro rufen und begann ohne Umschweife zu sprechen: „Der sowjetische Staat hat alle normalen Mittel erschöpft, um euch umzuschulen und zu guten Bürgerinnen der Sowjetunion zu erziehen. Alles vergeblich. Inzwischen habe ich nun persönliche Anweisung von der Zentrale in Moskau erhalten. Ihr seit fanatische Agentinnen des Vatikans und des ukrainischen Nationalismus, und ich habe Befehl, strengere Maßnahmen zu ergreifen, um euren sinnlosen Widerstand zu brechen. Man wird euch eine Woche lang getrennt in Einzelzellen sperren. Als Nahrung werdet ihr einmal am Tag ein Stück Brot und eine Tasse warmes Wasser erhalten. Sollten auch diese Maßnahmen ohne Wirkung bleiben, werdet ihr im Anblick des ganzen Lagers drei Stunden lang, nur mit dem Hemd bekleidet, der Kälte ausgesetzt. Dann wollen wir sehen, wer recht hat, euer Gott oder die sibirische Kälte und die Macht des Proletariats. Hier ist eine Erklärung. Ihr braucht sie nur zu unterschreiben, und ihr bleibt verschont.“

Mit diesen Worten reichte Napluef seinem Sekretär ein maschinengeschriebenes Blatt, der es laut vorlas:

„*Wir, die unterzeichneten Nonnen der Kongregation…, erkennen unsere ideologischen Irrtümer an und verzichten daher freiwillig und ohne Zwang freudig und begeistert auf unser Gelübde und versprechen, daß wir von jetzt an keinerlei religiöse Tätigkeit und Propaganda unter den Gefangenen mehr ausüben werden.*“

Nach der Verlesung fragte der Kommandant die Schwestern: ,,Ich frage euch zum letztenmal: Wollt ihr unterzeichnen oder nicht?''

Die Schwestern antworteten ruhig, aber entschlossen: ,,Niemals, Kommandant! Unser Gewissen verbietet uns, zu unterschreiben.''

,,Charascho, gut, meine Kleinen. Dann wird man euch eben entsprechend behandeln. Karaul, Wärter! Führt diese papistischen Idioten sofort in die Einzelzellen!''

Es folgten nun sechs Tage unbeschreiblicher Martern.

Die Schwestern wurden in ungeheizte Zellen gesperrt.

Am folgenden Sonntag ging Napluef um 8 Uhr morgens von Zelle zu Zelle und fragte, ob sie nun bereit wären zu unterschreiben.

,,Nein, niemals!'', war die gleichlautende Antwort jeder einzelnen.

,,Charascho''!, zischte der Kommandant mit drohender Miene und befahl, daß sich alle Gefangenen um 10 Uhr zu versammeln hätten. Zur vorgeschriebenen Zeit standen 2000 Gefangene auf dem großen Platz des Lagers und bildeten ein riesiges Viereck. Die Maschinengewehre auf den vier Wachtürmen waren drohend auf sie gerichtet. Nicht weniger als zehn Kommandos der MWD-Kräfte waren außerhalb des Vierecks aufgestellt. Napluef und sein Stab traten vor das Verwaltungsgebäude. Alle waren in dicke Pelze gehüllt und trugen riesige Astrachanmützen. Jeder führte einen großen, auf Menschen abgerichteten Polizeihund an der Leine.

Mit barscher Stimme befahl der Kommandant: ,,Bringt die Gefangenen her!''

Nach wenigen Augenblicken sah die Masse der Gefangenen 10 abgemagerte Frauen in langem Hemd barfuß aus der Gefängniszelle herauskommen und sich in die Mitte des Vierecks begeben. Hunderte von Stimmen brüllten in ohnmächtiger Wut: ,,Ihr Henker! Wie könnt ihr die armen Frauen so behandeln? Fluch über euch, ihr Mörder!''

Sofort wurden die automatischen Waffen auf die Menge der Gefangenen gerichtet, und Napluef brüllte, außer sich vor Wut: ,,Ruhe! Ruhe! Ihr Hunde! Oder wir schießen!'' Und die

Schreie der Menge erstarrten unter der Drohung. Nun wandte der Kommandant sich an die Nonnen, die sich inzwischen in der Mitte des Platzes aufgestellt hatten: „Bürgerinnen, das ist meine letzte Warnung. Entweder ihr unterzeichnet dieses Dokument oder ihr werdet in einer viertel Stunde in Eisblöcke verwandelt sein."

Die Menge der Gefangenen wartete auf die Antwort der Schwestern: „Wir weigern uns, zu unterzeichnen. Unser Gewissen als Christinnen erlaubt es uns nicht."

„Charascho. Wir werden sehen. Wir haben Zeit."

Napluef und seine Gefährten zündeten sich eine Zigarette an. Die Schwestern waren inzwischen auf dem gefrorenen Schnee niedergekniet und begannen mit lauter Stimme den Rosenkranz zu beten.

Eine Viertelstunde, eine halbe Stunde vergingen träge. Noch immer knieten die Schwestern an der gleichen Stelle und fuhren fort zu beten.

Der Kommandant verlor zusehends die Nerven. Schließlich konnte er nicht mehr länger an sich halten und schrie: „Wenn ihr euch in fünf Minuten nicht bereit erklärt zu unterschreiben, lassen wir die Hunde auf euch los."

Kaum hatte er geendet, stimmten die Schwestern das *Credo* an. Da konnte sich Napluef nicht mehr beherrschen. Er und seine Leute ließen die Hunde los und hetzten sie auf die Frauen.

Starr vor Schrecken und Entsetzen stand die Menge der Gefangenen da. Wenn die Hunde nicht sofort zurückgerufen würden, würden sie den Schwestern an die Kehle springen und sie zerreißen!

Mit heiserem Gebell stürzten die Tiere in Richtung der Opfer los. Die Schwestern fuhren fort zu singen. Zwei Meter von ihnen, schon bereit zum letzten Sprung, hielten die Hunde jedoch plötzlich inne und legten sich in den Schnee nieder.

Da erhob sich ein ungeheurer Schrei der Erlösung aus den Kehlen der Gefangenen: „Gott sei gepriesen! Ein Wunder! Ein Wunder! Die heldenhaften Schwestern sollen leben! Tod den Henkern!" Und die Tausende der unkrainisch Deportierten stimmten das *Te-Deum* an.

Das Gesicht Napluefs lief zuerst rot an und wurde dann leichenblaß. In ohnmächtiger Wut befahl er den Deportierten und den Schwestern, in ihre Baracken zurückzukehren.

Das war im Januar 1952. Von da an ließ Napluef die Schwestern in Ruhe. Ihr Ansehen bei den Deportierten aber war ins Ungeheure gestiegen.

Im folgenden Jahr brachen die berühmt gewordenen Streiks in fast allen Lagern aus, die von ukrainischen Patrioten organisiert und ausgelöst worden waren. Und dann kam wie ein Blitz die Nachricht vom Tode Stalins. Bald danach sprach man vom „Tauwetter". Das Gerücht von einer teilweisen Auflösung der Lager verbreitete sich unter den Gefangenen und ließ Hoffnung in ihnen aufkommen. Und wenn auch nicht alle frei wurden, so konnten doch viele von ihnen in den Jahren 1953/54 in ihre Heimat zurückkehren.

Aus „Ecclesia", Paris

*

Ich preise und verehre dich, o bewunderungswürdige Jungfrau. Die Engel und Heiligen verkünden dein Lob und der Ewige überhäuft dich mit Ehre und Seligkeit. Du bist die Königin des Himmels!

Von allen Teilen der Welt, o Maria, erheben sich zu dir Lobgesänge; alle Geschöpfe, erhabene Herrin, preisen deine Güte und deine Größe.

Von deinem Thron wirf einen Blick deiner Barmherzigkeit auf uns. Gib deinen Kindern Zeichen deiner Liebe; denn du bist gut und mächtig, und der Höchste hat dich zur Ausspenderin aller seiner Gnaden gemacht.

Ja, du bist gut und mächtig, o Maria! Du bist nach Gott unsere einzige Hoffnung. Du erlangst dem Sünder Barmherzigkeit und dem Gerechten Beharrlichkeit; alle Zungen werden deine unerschöpflichen Wohltaten preisen.

Kolomenskoje — das Fatima von Rußland

In der katholischen Welt ist Fatima, der kleine portugiesische Ort, als Wallfahrtsort der Muttergottes ein Begriff. Daß aber auch Rußland sein „Fatima" hat, daß Maria drei Monate vor der Erscheinung in Fatima einer russischen Bäuerin erschien, wissen im Westen nur wenige. Geht man aber den Umständen nach, ergeben sich überraschende Paralellen zu Fatima, die des Nachdenkens wert sind.

Am 13. Februar 1917 hörte Eudokia Andrianowa, eine Bauersfrau aus dem Dorfe Potschinki, in der Nähe von Moskau, nachts im Traum eine Stimme: *„In Kolomenskoje ist eine schwarze Ikone. Nehmt sie, reinigt sie und betet vor ihr!"*

Die einfache Bäuerin, der, soweit uns überliefert ist, noch nie übernatürliche Mitteilungen irgendwelcher Art zuteil geworden waren, war ziemlich erschrocken über diesen Auftrag. Da sie nicht wußte, wie sie ihn ausführen sollte (sie konnte doch nicht ganz Kolomenskoje nach einer großen, schwarzen Ikone absuchen), bat sie Gott im Gebet, er möge sie erkennen lassen, auf welche Weise die Ikone zu finden sei.

Dreizehn Tage nach dem ersten Erlebnis, am 26. Februar, sieht sie im Traum eine weiße Kirche und in ihr majestätisch eine Frau thronen, von der sie sofort weiß, daß es die Muttergottes ist.

Eudokia Andrianowa entschließt sich nun, hinüber nach dem Dorf Kolomenskoje zu gehen und dem Pfarrer der dortigen Kirche (Vater Nikolaus Lichatschew) die ganze Angelegenheit vorzutragen. Es ist der 2. März. Nach abgelegter Beichte und empfangenem Hl. Abendmahl begibt sie sich auf den Weg nach Kolomenskoje, wo sie am Nachmittag ankommt. Vater Nikolaus hört sich ihren Bericht an, und da sie ihn um Rat bittet, was sie nun machen soll, nimmt er sie schweigend bei der Hand und führt sie in die Kirche. Er zeigte ihr alle Ikonen und fragt sie bei jeder: ,,Ist es die, die du gesehen hast?" — ,,Nein, Väterchen, eine solche war es nicht", ist jedesmal die Antwort der Bäuerin.

Nachdem sie alle Ikonen betrachtet und keine gefunden haben, die der im Traum geschauten auch nur annähernd geglichen hätte, will Eudokia Andrianowa wieder gehen. ,,Nein, bleibe noch einen Augenblick", sagte da Väterchen Nikolaus plötzlich, ,,vielleicht... mir fällt da etwas ein..." Und er bittet den Kirchendiener, doch in das unterirdische Kirchengewölbe hinabzusteigen und die größte Ikone, die er dort findet hinaufzubringen. Er kehrt zurück und bringt ein großes Bild, auf dem außer einer dicken Schmutz- und Staubschicht fast nichts zu erkennen ist. Vater Nikolaus ordnet an, es ins Pfarrhaus zu tragen und es dort zu säubern.

,,Hast du diese Ikone im Traum gesehen?", fragt er, auf das nunmehr gereinigte Bild deutend. ,,Mein Gott", schluchzt Eudokia auf, ,,sie ist es!" Sie verbeugt sich vor der Ikone dreimal bis zur Erde und küßt sie ehrfurchtsvoll.

Die Ikone hat folgendes, für byzantinische Kunstüberlieferung ungewöhnliches Aussehen: Die Gottesgebärerin, in einen Purpurmantel gehüllt, sitzt auf einem byzantinischen Kaiserthron. Auf dem Kopf trägt sie eine Krone, in der rechten Hand ein Zepter, die linke hält einen Reichsapfel (russisch „dershawa"). Auf ihren Knien sitzt segnend und mit der linken Hand auf seine Mutter weisend, das göttliche Kind. Der Gesichtsausdruck der „Zarin des Himmels" ist traurig und streng.

Mit ungewöhnlicher Schnelligkeit breitete sich der Kult der neuen Ikone aus. Der ganze Fall wurden von der kirchlichen Behörde untersucht, und für glaubwürdig befunden. Mit ausdrücklicher Erlaubnis des Patriarchen (damals der energische und streng antikommunistische Tichon) wurde ein Akathistos zusammengestellt (eine liturgische Andacht, bestehend aus 26 Hymnen).

Der Name„Dershawnaja„ leitet sich her vom Wort „dershawa", die Macht. „Dershawnaja" heißt soviel wie „Mächtige", „Herrscherin", „Regierende". Nach einer Überlieferung soll die Gottesmutter nach dem zweiten Traumgesicht der Eudokia Andrianowa zu dieser gesagt haben: *„Die Monarchie fällt. Ich muß die Regierung für Rußland übernehmen."* Gleichviel, ob diese Überlieferung den Tatsachen entspricht oder nicht, der Glaube daran, daß die Himmelskönigin nach dem Sturz der Monarchie (und vollends nach der Ermordung des Zaren und Zarewitsch) die regierende Zarin Rußlands sei, war allgemein im gläubigen Volk verbreitet. Dieser Glaube wurde durch die Tatsache verstärkt, daß die Ikone gerade an dem Tage erschienen war, an dem Zar Nikolaus II. seine Abdankungsurkunde unterzeichnet hatte. Die Pilger strömten in hellen Scharen nach Kolomenskoje, um die Dershawnaja um Schutz vor den beginnenden Gottlosigkeiten und Kirchenverfolgungen anzuflehen. Zahlreiche Gebetserhörungen wurden gemeldet. Man trug das Gnadenbild in die umliegenden Dörfer und Städte, in die Klöster, Kirchen, Betriebe und Fabriken Moskaus. Überall flehte man um Hilfe, um Erbarmen, um Erlösung von dem vielen Leid, das die neue Gottlosen-Herrschaft bereits über das Volk gebracht hatte. Der oben erwähnte Akathistos wurde in großer Auflage über ganz Rußland verbreitet.

Wörtlich heißt es darin, Gott möge seinen gerechten Zorn, mit dem Er Rußland heimsuche, doch zum Erbarmen wandeln und alle, besonders aber die Götzendiener des Goldenen Kalbes, zum Licht seiner Erkenntnis führen.

„Demütig flehen wir zu Dir, Herrin: besänftige den Schöpfer, damit Er bald seinen gerechten Zorn in Erbarmen umwandle und sich unser erbarme. Du, die wir Dir zurufen: Sei gegrüßt, Muttergottes, Du Mächtige, Du eifrige Helferin des Christenvolkes!“

Es war, als ob Rußland von einem Sturm des Gebetes erfaßt werden sollte. Das merkten aber auch bald die bolschewistischen Machthaber. Sie begannen den Kult der neuen Ikone grausam zu verfolgen und verboten ihn schließlich als „konterrevolutionär“.

Aus „Maria“

*

O unbefleckte Jungfrau, die du von Gott alles erlangst, was du willst, erlange uns einen lebendigen Glauben, eine tiefe Demut, eine fleckenlose Reinheit, einen großen Abscheu vor allen, selbst vor den kleinsten Sünden, eine glühende Liebe zu dir und zu deinem Sohn.

Da die Liebe zu dir ein Zeichen der Auserwählung ist, so beschwöre du deinen göttlichen Sohn, unseren Heiland, der dir vor seinem Tod in der Person des hl. Johannes unsere Seelen anbefohlen hat, er möge uns Gnade und Barmherzigkeit angedeihen lassen. Beschütze uns im Leben und besonders in der Todesstunde. Beschleunige die Befreiung der Seelen unserer Brüder und Schwestern, welche im Fegfeuer sind, damit ihnen das ewige Licht leuchte. Amen

(Hl. Pfarrer Johannes Vianney von Ars)

Ein weltberühmtes Marienwunder

Zu Saragossa befindet sich, nahe der Basilika „Unserer Lieben Frau del Pilar", eine Straße, genannt „Calle del Milagro", als Andenken an ein einzig schönes Marienwunder, worüber 20 Ikonographien und reichhaltige Dokumente bestehen als Folge der entsprechenden kanonischen Untersuchungen. Es handelt sich hier um ein amputiertes Bein, das nach Jahren, auf die Fürbitte Marias, durch Engelshand neu aufgepfropft, neues Leben gewann, eine klare Antwort der Mutter Gottes an all die Ungläubigen, die behaupten: „Man hat noch nie eine echte und wahre Wundertat gesehen, z. B. ein abgeschnittenes Bein, das zu neuem Leben wieder erstand."

Das oben erwähnte Wunder belehrt uns jedoch eines Besseren. Miguel Juan Pellicer, so heißt der glückliche Auserwählte, der diese Wundertat Mariens am eignen Körper erlebte. Es war um das Jahr 1636, als sich dieser Siebzehnjährige entschied, das Landgut seiner Eltern zu verlassen und nach Casteelon-de-la-Planta (Valencia) zu wandern, um bei seinem Oheim Jaime Polaseo Arbeit zu finden. Mitte 1637 hatte er das Unglück, unter die Räder eines schwerbeladenen Fuhrwerkes zu kommen und das rechte Bein zu brechen. — Sofort brachte man ihn in das Spital von „Casteelon-de-la-Planta" und später in das Krankenhaus von Saragossa, um Linderung und Heilung zu finden; denn das Bein schmerzte ihn sehr und eiterte beständig. Da aber keine Besserung eintrat, mußte man ihm Ende Oktober 1637 das betreffende Glied amputieren. Der Arzt, H. Professor Diego Millaruelo, kannte kein anderes Mittel mehr, um ihm das Leben zu retten, und so entschloß er sich zu dieser Beinabnahme. Das amputierte Bein wurde von seinem ersten Assistenten Juan Lorenzo Gareia und in Gegenwart mehrerer Zeugen auf dem Hospitalfriedhof beerdigt.

Nach einigen Monaten war die Beinwunde soweit hergestellt, daß der arme Invalide auf Krücken das Spital verlassen durfte. Da er jedoch mittellos und auf sich allein angewiesen war, beschloß er, in Saragossa zu bleiben. Hier konnte er täglich zu Unserer Lieben Frau del Pilar wallfahren, die er so sehr verehrte, und hier konnte er auch bettelnd sein Brot verdienen. Man nannte ihn bald: der hinkende Bettler Unserer Lieben Frau del Pilar.

Jeden Morgen sah man ihn bei der wundertätigen Madonna, wo er innig betete, und seine Wunde mit dem Öl der ewigen Lampe bestrich. Eine dürftige Ruhestätte diente ihm als Nachtquartier in dem Hause eines mitleidigen Menschen, H. Domingo Martin. Dort entdeckten ihn später zwei Priester und einige Bekannte aus seiner Heimat. Sie überredeten ihn, wieder nach Hause zu fahren, und zwar auf einem Maulesel, den sie ihm zur Verfügung stellten. Betend und stets Maria seine Leiden aufopfernd fuhr er dann heimwärts über Fluentas de Ebro, Quinto und Samber de Calando. Es war im Jahre 1640. Die Seinen empfingen ihn mit großer Freude. Um ihnen jedoch nicht zur

Last zu sein, fuhr der arme Invalide jeden Tag bettelnd hinaus und brachte abends genügend Proviant mit nach Hause. Sein Hauptziel war aber stets die Madonna del Pilar, deren Bild er überall aufsuchte, wo er dann stundenlang verweilte. Am 26. März des gleichen Jahres kehrte er tief ermüdet von seiner Bettelreise nach Hause zurück. Ganz erschöpft nahm er gegen 10 Uhr abends sein hölzernes Bein ab und legte sich mit Hilfe seiner Mutter auf ein improvisiertes Bett. (Ein einquartierter Soldat hatte das seinige belegt.) Nachdem er sein Abendgebet verrichtet und Maria mit einer Sonderbitte angefleht hatte, schlief er endlich todmüde ein. — Da jedoch die Mutter etwas unruhig war wegen ihres so ganz erschöpften Sohnes, ging sie noch um 11 Uhr schauen, ob der Mantel des Vaters, den man ihm als Decke gegeben hatte, ihn gut einhülle. Da bemerkte sie zu ihrem größten Schrecken, daß *zwei* Füße sichtbar waren. Voller Angst und im Glauben, ein Soldat habe sich dort versteckt, rief sie ihren Mann herbei. Dieser suchte die aufschreiende Mutter zu beruhigen, hob ganz bestürzt den ,,Deckmantel" empor und suchte den Sohn zu wecken, was ihm erst nach vieler Mühe gelang. Er konnte ihm aber nur langsam beibringen, daß er wieder zwei Beine hätte. Auf die verschiedenen Fragen antwortete der Sohn nur, er habe am Abend ganz innig Maria um die Gnade seiner Heilung angefleht und sei dann eingeschlafen. Während der Nacht habe er eine Art Schauung gehabt. Er sei in der Gnadenkapelle von Unserer Lieben Frau von del Pilar von Saragossa gewesen und habe den Beinstumpf mit dem wunderbaren Öl der Marienlampe eingerieben.

(Der Geschichtsschreiber Petrus Newrath, der das Wunder untersuchte, fügte noch hinzu: ,,Der Vater hat sofort ausgerufen: ,O mein Sohn, danke dem lieben Gott und Maria, denn die Himmelsmutter hat dir dein Bein wieder geschenkt'.")

Das großartige Wunder verbreitete sich sofort von Mund zu Mund. Alles eilte herbei, um die Wundertat Marias anzuschauen. Prozessionsweise gingen sie dann mit dem noch hinkenden Miguel Juan Pellieer zur Kirche, um dort Gott und Maria für diese Gnade zu danken.

Der Geheilte hatte nach drei Jahren sein altes Bein, mit allerlei Wundmalen früherer Zeiten und dem neuen rötlichen

Kreis des Zusammenheilens, wieder erlangt. Die perfekte Gehfähigkeit kehrte jedoch erst nach und nach zurück. Eine kleine Zeitspanne war notwendig, bis er nach allerlei Übungen wieder wie früher gehen und laufen konnte. Es war jedoch wunderbar, wie das geheilte Bein in allen Stücken dem amputierten glich, das drei Jahre lang in der Totengruft gelegen hatte.

Alle Ärzte, die es früher gesehen hatten, erkannten in ihm das frühere abgeschnittene Bein mit den gleichen Narben und Farben.

24 Zeugen meldeten sich zur Bejahung des wunderbaren Geschehens. Der Bischof Msgr. Apaolaza ordnete eine kanonische Untersuchung an, die bis April 1641 tagte. Sämtliche Ärzte äußerten dort ihre diesbezügliche Meinung. Der Erzbischof von Saragossa bestätigte das Ganze und proklamierte am 27. April 1641 die Echtheit des Wunders. Der Kardinal Retz und der Arzt Roger taten ein Gleiches. In den Archiven von Saragossa findet man sämtliche diesbezügliche Dokumente, die als Kopie in der Dorfkirche von Calanda aufbewahrt werden.

Unter den 24 Gemälden, die das wunderbare Ereignis bildlich darstellen, befindet sich eines, das die Engel zeigt, wie sie das abgeschnittene Bein aus dem Grab erheben und es wieder an den Oberschenkel des Invaliden aufpfropfen. Ein weiteres Gemälde von dem Pellieer zeigt uns, wie der König Philipp IV. in seinem Schloß zu Madrid, in Gegenwart aller Hofherren und Hofdamen, das geheilte Bein Miguels kniefällig betrachtet und die Wunde küßt.

Denkt man ernstlich nach über das Geschehen, so muß man gestehen: hier sind drei Wunder zu verzeichnen:

1. Die Konservierung des amputierten, unverwesten Beines,

2. dessen Wiederbelebung, und

3. das Aufpfropfen desselben an den Beinstumpf.

Maria hatte großzügig und allseitig geholfen. Ihr sei Ruhm und Dank in Ewigkeit!

D. Schons, O.S.B.

Ein Schreiben des Erzbischofs von Saragossa

El Arzobispo de Zaragoza

S 2503/61

Sehr geehrter Herr!

In Beantwortung ihres Briefes vom 21. August teile ich Ihnen gerne und mit Befriedigung mit, daß der in der Zeitschrift „Benediktus-Bote“ veröffentlichte Artikel über das Wunder von Calanda mit großer Genauigkeit die Umstände beschreibt, unter denen es sich zutrug, wie aus den Orginalprozeßakten erhellt, die im Archiv des Metropolitankapitels von Saragossa aufbewahrt werden.

Ausführliche Information und kritische Begutachtung zu dem genannten Wunder können Sie in dem Buch von Abbé Deroo „L'homme a la jambe coupée“ finden, das 1960 veröffentlicht wurde (Bibliotheque Ecclesia — Librairie Artheme Fayard — 18 Rue du Saint — Gothard — Paris XIV), das auch ins Spanische übersetzt wurde.

Mit aufrichtigem Segenswunsch gezeichnet
Casimier… (unleserlich)

Saragossa, den 30. August 1961

Aus dem „Benediktus-Boten“ 1960/62

*

Der Mutter Christi und der Kirche weihe ich die ganze Welt, alle Völker der Erde, alle Menschen, denn sie ist die Mutter aller. In ganz besonderer Weise weihe ich diejenigen der Gottesmutter, die körperliches oder geistiges Leid erdulden oder Ungerechtigkeiten ausgesetzt sind.

Papst Johannes Paul II., am 3.5.1979

Die Heilung vorausgesehen

Es ist mir eine große Freude, mein gegebenes Versprechen einzulösen und Ihnen schriftlich über das Wunder Unserer Lieben Frau von Fatima zu berichten, das mitzuerleben ich das Glück hatte...

Ich war Militärgouverneur von Granada und stellvertretener Inspektor des neunten Militärbereiches, als in Granada der Besuch der Statue Unser Lieben Frau von Fatima angekündigt wurde. Der Transport der Statue erfolgte durch ein Auto unter Begleitung der geistlichen, militärischen und zivilen Behörden. Ich selbst ging ihr bis zum nächsten Ort entgegen.

Daselbst erfuhr ich, daß zwei Tage später im ,,Paseo del Emvedado" eine hl. Messe für die Kranken gelesen werden sollte; die Zahl der Kranken, die den Wunsch geäußert hatten, dieser hl. Messe beizuwohnen, sei aber so groß, daß die vorhandenen Krankenwagen nicht ausreichten, sie alle herbeizuführen. Man bat mich, Militärambulanzen zur Verfügung zu stellen. Ich sagte zu und gab Anweisung, fünf Krankenwagen und 100 Tragbahren aus unseren Lazaretten zur Verfügung zu stellen.

Polizisten erhielten die Anweisung, einen bestimmten Platz für die Kranken abzuriegeln, um auf diese Weise zu gewährleisten, daß nur die Kranken selbst und ihre Familienmitglieder Zutritt zu der Feierlichkeit erhielten. Unter den herbeigebrachten Kranken befand sich auch die Stifterin einer neuen Ordensgesellschaft, Mutter Maria Marquez. Sie ist die Schwester des inzwischen verstorbenen Herzogs von Santa Christina aus Burgos und hat ihr großes Vermögen für den Aufbau der neuen Gesellschaft restlos zur Verfügung gestellt. Mutter Maria Marquez hatte den Wunsch geäußert, in der ersten Reihe der Kranken mit der Tragbahre aufgestellt zu werden, um möglichst nahe an der Statue Unserer Lieben Frau von Fatima zu sein. Mehr als 400 Kranke waren herbeigeschafft worden. Ein sehr eindrucksvolles Schauspiel.

Ich fragte Mutter Maria Marquez, ob sie viel zu leiden habe. Sie berichtete mir Näheres:

,,Aber ich werde nicht mehr lange zu leiden haben", fügte sie freudig hinzu, ,,denn wenn der Hochwürdigste Herr Erzbischof die hl. Messe zelebrieren und mir den Segen spenden wird, werde ich durch die liebe Gottesmutter geheilt!"

Gewohnt, derartigen Äußerungen mit größter Skepsis zu begegnen, machte ich ungewollt eine Handbewegung, die meinen ganzen Zweifel zum Ausdruck gebracht haben muß, denn mit Entschiedenheit beteuerte die Kranke: ,,Sie brauchen nicht daran zu zweifeln. Ich bin von dieser Heilung so fest überzeugt, daß ich bereits Sandalen mitgebracht habe, um zu Fuß nach Hause zurückkehren zu können.

Dabei handelte es sich um eine Kranke, die vor mehr als einem Jahr an der Wirbelsäule operiert worden war, sich überhaupt nicht bewegen konnte und von den Ärzten als hoffnungsloser Fall aufgegeben worden war. Und nun sollte ein Wunder an ihr geschehen, durch das sie wieder völlig hergestellt werde! Das vermochte ich einfach nicht zu fassen. Als mir die Ankunft des Erzbischofs gemeldet wurde, verließ ich die Kranke, um den Bischof zu begrüßen. Mein Platz während der heiligen Messe war auf der Evangelienseite, etwa 30 Meter von der schwerkranken Mutter Maria Marquez entfernt. Die hl. Messe begann. Alles vollzog sich in der gewohnten Ordnung, bis während der heiligen Wandlung plötzlich Rufe aus der Menge ertönten: „Ein Wunder! Ein Wunder!“ Wie groß war mein Erstaunen, als ich die Mutter Maria Marquez auf der Bahre sitzend erblickte und wahrnahm, wie Tausende von Taschentüchern in der Luft geschwenkt wurden. Unverzüglich verließ ich meinen Platz und ging — auch wenn es mir als Unehrbietigkeit während der hl. Messe erschien — auf Mutter Maria Marquez zu und redete sie an: „Was ist denn geschehen?“ — „Die liebe Gottesmutter hat mich geheilt!“

Damit stieg sie auch schon von der Tragbahre und stellte sich auf den Boden. Ich sah noch, wie der Eiter aus ihren Zehen floß. Bis zum Knie war das eine Bein ganz schwarz und übermäßig geschwollen. Mit eigenen Augen sah ich dann, wie die Geschwulst zurückging. Aber immer noch blieb ich skeptisch. Langsam nahm das Bein seine natürliche Form und Farbe an.

„Haben Sie für diesen Vorgang keine wissenschaftliche Erklärung?“, fragte ich den Chirurgen.

„Nein! Es gibt keine. Ich selber habe die Schwester operiert und weiß somit genau, in welchem Zustand sie sich bisher befand. Ich stehe vor einem Rätsel... Herr General: hier ist ein Wunder geschehen.“

Ich habe in meiner langen Dienstzeit und den 6 Jahren meines Kolonialaufenthaltes rührende Szenen erlebt, aber nie zuvor in meinem Leben war ich so tief bewegt, wie in dieser Stunde.

Außer uns befand sich auch noch die Präsidentin des roten Kreuzes, eine Verwandte der Geheilten, unter den Augenzeugen. Als diese der Mutter Maria Marquez vorsichtshalber noch eine Spritze geben wollte, gab diese energisch zur Antwort: „Nein, ich brauche diese nicht. Ich fühle mich vollkommen wohl und stehe auf.“

Die hl. Messe hatte inzwischen ihren Fortgang genommen und ich begab mich gegen Ende derselben wieder auf meinen Platz.

Etwa 40 Tage später wohnte ich dem Dankgottesdienst im Kloster der Schwester bei. Ich fand Mutter Maria Marquez vollständig gesund wieder. Sie lief die Treppen auf und ab, wie wenn sie nie krank gewesen wäre.

Wie mir gesagt wurde, hat der Erzbischof von Granada eine Kommission der bedeutendsten Ärzte bestimmt und diesen den Auftrag gegeben, diesen Fall in all seinen Einzelheiten zu untersuchen. Wie mir inzwischen aus erster Quelle versichert wurde, stehen die Wissenschaftler vor einem Fall, den sie natürlich nicht zu erklären vermögen und von dem sie sagen, es sei ein Wunder geschehen...

Aus „Mutter der Kirche", 7/8 1965

*

Maria, du makellose Jungfrau, Mutter Gottes und unsre Mutter! Du siehst, wie der böse Feind und die Welt von allen Seiten ankämpfen wider den heiligen katholischen Glauben. Mit Gottes Gnade wollen wir in ihm leben und sterben und so die ewige Herrlichkeit erlangen.

Du bist die Hilfe der Christen. Wirke aufs neue zum Wohle deiner Kinder solche Wunderzeichen wie in früheren Zeiten. In deine Hand legen wir unseren festen Willen, nie einer Vereinigung beizutreten, die unsere heilige Religion bekämpft. Du bist ganz heilig. Trag unseren Entschluß hin zu deinem göttlichen Sohn und erbitte uns alle Gnaden, die uns notwendig sind, um diesen Entschluß unverbrüchlich bis ans Ende treu zu halten.

Stärke das sichtbare Oberhaupt der Kirche, gib den katholischen Bischöfen Mut und Kraft, schütze den Klerus und das Volk, das dich als Königin verehrt! Durch deine mächtige Fürbitte bewirke, daß bald der Tag kommt, an dem alle Völker um den höchsten Hirten versammelt sind. Amen.

Aus der Geschichte der Marienverehrung

Die Helferin der Christen

Während in Europa die Reformation und ihre Folgen die Bevölkerung beunruhigten und entzweiten, benützten die Türken die günstige Gelegenheit, um in die christlichen Länder des Abendlandes einzufallen. Die Insel Cypern hatten sie schon erobert und geplündert, sie bedrohten bereits Venedig, und in ihrem Siegestaumel schwuren sie, nicht eher zu ruhen, als bis das ganze Abendland dem Halbmond unterworfen sei. Sie besaßen ein starkes Heer, eine große Flotte, unerschöpfliche Hilfsquellen und vor allem die Überzeugung, daß sie unbesiegbar seien. Die Fürsten Europas konnten sich nicht dazu aufraffen, in geschlossener Einigkeit gegen die wilden Horden aus dem Osten sich zu verteidigen. So war denen das Vordringen ziemlich leicht gemacht.

Nur einen Mann gab es in Europa, der die Gefahr mit starkem Blick erkannte und auch den Mut hatte, dem Feind entgegenzutreten. Das war Papst Pius V., der Heilige. Er rief die Fürsten Europas auf zu einem gemeinsamen Kampf gegen den Feind des Abendlandes. Aber nur das unmittelbar bedrohte Venedig und der spanische König Philipp der II. entsprachen dem Wunsche des Papstes. Die übrigen gaben ihm zu verstehen, sie könnten in der Sache nichts tun.

Aber der Papst ließ sich nicht entmutigen. Obwohl die christlichen Streitkräfte klein waren, wünschte er nicht, daß man die Flotte der Türken erwarte, sondern ihr entgegenziehe und sie zum Kampfe zwinge. Im Mai 1571 wurde der Bund zwischen Papst, Venedig und Spanien geschlossen. Don Juan von Österreich wurde zum Oberbefehlshaber der Truppen ernannt. Papst Pius verlangte, daß man alle Leute von üblem Ruf und zuchtlose Soldaten wegschicke.

Bei der Insel Korfu wurden die christlichen Soldaten zusammengezogen. Ihre Flotte fand die türkische im Golf von Lepanto, wo sie vor Anker lag, etwa dreißig Stunden von Athen. Schon in der Frühe des folgenden Tages, am 7. Oktober 1571, stellten sich die Türken zur Schlacht. Sie jauchzten ihr entgegen; denn sie waren sicher, daß sie die weit schwächere Flotte des Papstes bald in den Grund gebohrt hätten. Rasch stellten sie ihre Schiffe in Gestalt eines Halbmondes auf, während die christliche Flotte die Gestalt eines Kreuzes annahm.

Johann von Österreich ermunterte seine Truppen zum Kampfe, die Soldaten warfen sich vor dem Kreuze nieder, auf dem Admiralschiff wurde das Banner gehißt, das vom Papst gesegnet war. Es trug das Bild der heiligen Jungfrau, darüber das Kreuz. Mit einem Freudenruf wurde es von den Soldaten begrüßt.

Die Türken zweifelten nicht an ihrem Sieg, und da sie wohl wußten, daß dieser Sieg ihnen ganz Europa in die Hände spielen würde, griffen sie mit wildem Ungestüm an. Alles war ihnen günstig. Selbst der Wind war mit ihnen. Aber die christlichen Streiter wußten auch, um was es ging und kämpften mit trotzigem Mut. Der Sieg schien sich dennoch nach der Seite der Türken zu neigen. Acht Galeeren der Venetianer waren bereits am sinken, und dem rechten Flügel drohte die größte Gefahr.

Während dieser Zeit arbeitete der Papst, der nicht wußte, daß die Schlacht schon so bald stattfände, ruhig mit seinen Kardinälen. Aber in der Stadt hielten die Rosenkranzbruderschaften öffentliche Bittgänge. Plötzlich stand der Papst auf, öffnete ein Fenster und sah einen Augenblick zum Himmel. Dann rief er aus: „Lassen wir die Arbeit liegen und danken wir Gott für den Sieg, den er der christlichen Armee geschenkt hat."

Erstaunt folgten die Kardinäle ihm zum Petersdom. Es wurde zum Stadtgespräch, man erzählte sich von einem Wunder und schrieb es der heiligen Jungfrau zu. Man sang freudig die Lauretanische Litanei, und voll Dankbarkeit fügte der Papst ihr an diesem Tag eine neue Anrufung bei: *„Maria, du Hilfe der Christen."* Am gleichen Tag führte er auch das Fest des heiligen Rosenkranzes ein.

In Rom feierte man den Sieg, der in einer Entfernung von mehr als 200 Stunden errungen wurde. Es war keine Nachricht nach Rom gekommen, aber ein glänzender Sieg war errungen worden. Der Wind hatte sich plötzlich gedreht. Johann von Österreich hatte Ali, den Befehlshaber der türkischen Flotte getötet und nach zwölfstündigem Kampf hatten die Türken 30 000 Mann verloren, 200 Schiffe waren ihnen weggenommen und zerstört worden, 80 andere, die gestrandet waren, sind verbrannt und 12 000 Christensklaven sind befreit worden. Seit dem Sieg, der das Schicksal Europas so unerwartet schnell gewendet hat durch die Hilfe Marias, verehren wir diese als *die Helferin der Christen.*

Flucht vor dem Grauen — Maria half

Eine erschütternde Begebenheit am Rande des 2. Weltkrieges.

„Maria hilf, heilige Mutter Gottes, rette mich für mein Kind!" Ein kaum vierteljähriges Mädchen an die Brust gedrückt, keuchte das junge Weib diesen Notschrei hervor und floh weiter. Mit erschreckten Augen hetzte sie durch den Hochwald, ein halbes Dutzend Russen und tschechische Partisanen hinter sich. Mehr tot als lebendig zwängte sie sich durch das Gestrüpp des Unterholzes und sank erschöpft zu Boden. Das Kind legte sie an die Brust, um dessen Weinen zu stillen, und drückte die Hand auf ihren Mund, um das Keuchen zu dämpfen. Schon waren die Verfolger heran; sie hörte ihr lautes Sprechen. Aber diese eilten weiter; sie hielten es jedenfalls für ausgeschlossen, daß die Flüchtige in dieses Dickicht hätte eindringen können.

Sie stöhnte, So nahe schon am Ziel, und noch einmal mußte sie auf eine Horde dieser Menschen stoßen, welche wie zum Tier wurden, wenn sie ein Weib sahen. Keine Stunde mehr bis zur Grenze — und nun wieder nichts! Nun mußte sie warten bis zur Dunkelheit. Das Kind ächzte. Schmerz und Erschöpfung drohten der Frau die Sinne zu rauben, als das Grauen der letzten Tage vor ihrem Geiste lebendig ward.

Die Amerikaner waren aus Bergreichenstein abgezogen, und Russen mit tschechischen Partisanen waren ihnen gefolgt. Und mit ihnen war auch über ihr Bergstädtchen die Hölle gekommen. Auch in ihr Heim, das Arzthaus des Städtchens, waren sie eingedrungen: drei Russen und ein Tscheche. Ein Russe war auf sie losgestürzt; der Gatte wollte sie schützen und war, von zwei Schüssen getroffen, tot zusammengebrochen. Da war sie ohnmächtig über ihn niedergefallen. Als sie Stunden nachher erwachte, hatte ihr Kind geschrien. Da hatte sie es an die Brust genommen und sich in wahnsinnigem Schmerz zu dem toten Gatten gekauert. Die Wohnung war ausgeplündert; ein wüstes Chaos zeugte davon. Dann hatte sie Schritte gehört. Sie eilte zum Fenster und sah neuerdings Russen zur Haustür schleichen. Nun überfiel sie der Gedanke an ihr Kind. Sie stürzte ins Schlafzimmer, sprang mit dem Kind durchs Fenster in den Garten und war von dort in eine Nebengasse gelangt, von wo aus sie flüchten konnte. Auf ihrem Weg hatte der Anblick der auf den Straßen liegenden Leichen ihre Eile beflügelt. Fort, nur fort aus diesem Inferno über die Grenze nach Bayern!

Aber als der neue Tag anbrach, fand sie sich todmüde vor Kaltenbach. Sie war die ganze Nacht irregelaufen! Von der Stadt her hörte sie bereits wieder Schießen und Schreien und wilden Aufruhr, die enfesselte Hölle! Da bog sie nach rechts in den dichten Wald. Und dann war sie zwei Tage und Nächte auf der Flucht durch den Böhmerwald geirrt zur Grenze. Alle paar Stunden war sie auf streifende Gruppen der Russen und Tschechen gestoßen, hatte sich in das Dickicht verkrochen, getrieben von dem Grauen, von der Angst. Und nun, da die Grenze endlich so nahe, waren diese da. Als sie aus ihrer Halbohnmacht erwachte, war es dunkel. Sie taumelte aus dem Dickicht ins Freie. Kaum hundert Schritte entfernt, schimmerte die von Mondlicht überflutete Grenzblöße durch die Bäume. Das Kind wimmerte leise. Von links hörte sie verworrene Stimmen. Neue Angst überflutete sie lähmend. Aber sie riß sich zusammen. Sie mußte zu Menschen; ihr Kindchen war am Verhungern. Vorsichtig ging sie an den Waldrand. Sie spähte nach allen Seiten: nichts! Da sammelte sie ihr letztes Quentchen Kraft und raste den flachen Abhang hinab zur kaum fünfzig Schritte entfernten Grenze, dem Bauernhof zu, den sie sah. „Stoy!" — „Steh!"

Wie ein Blitzschlag traf sie dieser Ruf. Ein Schuß krachte. Es folgte ein lautes Knattern von Gewehrfeuer. Kugeln umpfiffen sie, und ein Dutzend Gestalten stürmten auf sie zu. Laut keuchend — die Brust drohte ihr zu zerspringen — hetzte sie in wahnsinnigen Sätzen der Grenze zu. Schon war einer ihr so nahe, daß er die Hand nach ihr ausstreckte...„Maria hilf!", schrie sie, „hilf, hilf!"

Da gellte hinter ihr ein Todesschrei. Ihr nächster Verfolger stürzte, von einer ihr zugedachten Kugel getroffen...

Das Feuer verstummte, die Verfolger blieben zurück. Fast besinnungslos taumelte sie über die Grenze, dem Hofe zu. Keuchend, sich an der Klinke festhaltend, pochte sie an der Tür. Die Bäuerin öffnete. Fast fiel dic Gehetzte ihr in die Arme. Aus dem Wohnzimmer trat der Bauer. „Was ist..., was willst denn Du hier?" Verkniffen sah er sie an. „Milch! Einen Tropfen Milch für mein Kind!" Sie bettelte: „Bitte, bitte!" — „Haben keine!", war die Antwort. „Um der Gottesmutter willen, nur einen Tropfen!", flehte sie. „Nur ein Tröpfchen fürs Kind; es stirbt vor Hunger! Zwei Tage bin ich gelaufen vor Mördern und Frauenschändern und habe keinen Bissen genossen... einen Tropfen nur meinem Kinde!" — „So, so! Zwei Tage und zwei Nächte gelaufen? Hast wohl mächtig was ausgefressen?" Und zur Türe weisend: „Fort! Euch kennt man!" — „Nicht, nicht!", stammelte sie erschrocken. „Einen Tropfen nur, nur einen Tropfen für mein Kind!" Mit schreckhaft geweiteten Augen hob sie die gefalteten Hände bittend empor.

„Raus, mein Haus ist kein Heim für euch! Euch kennt man!" Er stieß sie leicht an der Schulter zur Tür. Sie taumelte, stürzte über die Schwelle und blieb ohnmächtig liegen. Mit dem Fuß rollte er sie völlig hinaus; das Kind entfiel ihrem Arm und wimmerte leise. Der Bauer schloß die Haustür und ging mit seinem Weib in die Stube. „Wo käme man hin, wenn die da drüben sehen, daß wir sie nehmen, die über die Grenze herüberkommen!"

Etwa dreißig Schritte vom Grenzhof entfernt lag zu gleicher Zeit die Kriegerwitwe Burgl Rott vor dem Muttergottesbilde über ihrem Bett auf den Knien und betete voll Inbrunst um Hilfe in ihrer Not. Ihr vor zwei Jahren in Rußland gefallener Mann hatte ihr ein Büblein, das Häuschen, sieben Tagwerk Acker und eine Kuh hinterlassen und eine auf den Besitz eingetragene Hypothek, für die jährlich 380.- Mark Zinzen und Abzahlung zu leisten waren. Diesen Betrag brachte ihr bisher jedes Jahr die Kuh durch den Buttergroschen und den Erlös für das geworfene Kalb. Den Lebensunterhalt für sich und das Kind bestritt sie aus dem Ertrag ihres Feldes, das sie mit Hilfe der Kuh bearbeitete, und aus dem Verkauf von Eiern ihrer zwanzig Hühner. Eine Ziege gab zusätzlich Milch für den Haushalt. Nun hatte die Kuh vor vier Wochen gekalbt und war seither krank. Die letzten zwei Tage hatte sie keinen Halm mehr angerührt.

Da lag die Burgl jetzt auf den Knien vor dem Bild Unserer Lieben Frau und rief sie um Hilfe.

Wenn nicht ein Wunder geschah, war ihre Kuh morgen tot; sie konnte die Jahresrate nicht zahlen; man würde ihr das Feld oder das Häuschen oder beides pfänden, und sie müßte mit ihrem Söhnchen betteln gehen.

Verzweifelt sank ihr Haupt in das Polster des Bettes. Not und Sorge und Tränen hatten sie so müde gemacht, daß sie überm Beten einschlummerte. Da war ihr wie im Helltraum, als sähe sie die Gottesmutter aus dem Rahmen des Bildes sich neigen und milde lächelnd ihr über den Scheitel streichen.

„Sorge dich nicht, alles wird gut", sagte die Himmelskönigin. *„Doch geh zum Hof an der Grenze; dort findest Du höchste Not; handle in meinem Namen!"* — Sie schreckte empor...Das waren doch Schüsse und fernes Geschrei?!

Sie sah das Bild Unserer Lieben Frau an der Wand und dachte an den Traum. Die Straße war leer, der Lärm und die Schüsse verstummt. Ihr Kind schlief. Sie trat aus dem Hause. Vor dem Grenzhof hörte sie Kinderwimmern. So fand sie die

Unglücklichen. Rasch nahm sie das kleine Bündel in den Arm, hob die Halbbewußtlose empor und führte sie in ihre Hütte. Dort richtete sie dem Kindchen die Saugflasche und stellte vor die Frau einen Topf Ziegenmilch und Schwarzbrot. Dann sah sie ergriffen zu, wie ihre beiden Schützlinge die langentbehrte Nahrung heißhungrig verzehrten. Nun legte sie die Fremde und deren Kind in ihr eigenes Bett und richtete sich auf dem alten Sofa ein Lager.

Voll Bangen ging sie dann erst noch in den Stall, um nach dem kranken Tier zu sehen. Aber die Kuh stand vor der Krippe und fraß eifrig an dem dort liegenden Heu. Da hob die Frau vor Freude schluchzend die Hände: „Heilige Jungfrau Maria, ich danke dir!"

Am nächsten Morgen berichtete die junge Frau das grauenhafte Geschehen jenseits der Grenze und ihr eigenes furchtbares Erleben. Entsetzt hörte die Burgl zu. Dann nahm sie die Hände der Unglücklichen: „Gräm dich nicht zu sehr um die Zukunft! Du bleibst mit deinem Kind bei mir, solange es Dir gefällt. Wenn ich auch nur armselig lebe, für dich und Dein Mädchen langt es schon!"

Kurz vor Mittag hörte man an der Grenze fremdsprachiges Geschrei. Schüsse krachten. „Die Russen?!" — Die Burgl sah ihren Schützling fragend an. Die nickte mit wachsbleichem Gesicht. Sie konnten in ihrer Todesangst nur beten. Bald hörten sie schwere Schritte; ein halbes Dutzend Russen näherten sich von der Straße dem kleinen Hof. Die Fremde wies auf das Marienbildnis über dem Bett. Zitternd fielen die beiden Frauen vor dem Bild über dem Bett in die Knie: „Wenn Maria nicht hilft, dann...!"

Die Russen waren am Hof angelangt, da zuckte der Anführer zurück und starrte wie gebannt auf die Haustür. Wie abwehrend hob er die Hände. Die Frau stieß einen Schrei aus: „Er, er hat meinen Mann ermordet."

Jeder Hoffnung bar, zitternd, blickten die beiden Frauen durch die Gardinen in den Hof. Da breitete der Anführer die Arme nach hinten aus, die Nachfolgenden blieben stehen. Wie verzaubert starrten sie auf die Haustür. Das Staunen in ihrem Gesicht wandelte sich, wich einer Verlegenheit, ging in Furcht über. Und dann gingen sie — erst langsam, dann immer schneller — rückwärts, die Augen immer auf die Haustür gerichtet. Plötzlich wandten sie sich um und rannten, als hätte ein starker Gegner sie überrascht, im Laufschritt aus dem Hof, schreiend der Grenze zu: ,,Pani Maruschka!" — ,,Frau Maria!"

Nur der Anführer blieb zurück. Er schien wie von einer Vision besiegt, die ihm den Eintritt verwehrte. Dann sank er auf die Knie, beugte sich tief bis sein Angesicht den Boden berührte. So lag er minutenlang und stammelte slawische Worte. Dann öffnete er seine Sacktasche, entnahm ihr ein Kästchen und legte es vor sich auf den Boden. Nun stand er auf, hob die Hände, beugte sich nochmals tief, bekreuzigte sich und schritt langsam, gesenkten Hauptes aus dem Hof, seinen Genossen nach.

Fassungslos fielen sich die beiden Frauen in die Arme. Was da draußen geschehen war, wußten sie nicht; nur das wußten sie, daß die Gottesmutter es war, die sie gerettet hatte. Voll heißen Dankes stieg ihr ,,Ave Maria" zum Himmel empor. Dann traten sie auf den Hof. In der Schatulle erkannte die Arztgattin ihr von den Russen geraubtes Eigentum, ihren Schmuck und ihre Ersparnisse. Zu ihrem Schrecken aber sahen sie den Grenzbauernhof lichterloh in Flammen zusammenstürzen; die Rinder und die Schweine aber trieb man jenseits der Grenze gegen Osten. —

Emil Gehbauer im ,,Altöttinger Liebfrauenboten" Nr. 8/1952

*

Heilige Maria, Mutter Gottes, sei mit Verehrung überall gegrüßt, du Werk Gottes zur hohen Bewunderung für die Engel wie für die Menschen! Denn wunderbar ist dein Wesen und überaus preiswürdig die Gnade, die du vor Gott gefunden hast; und himmlisch erstrahlt die Glorie, mit welcher Gott dich schmückte — für alle Ewigkeit! Amen.

Eine einzige Wand nur war stehen geblieben

Es war im Osten, 1939. Vor uns tauchten die Türme und Schlote der Stadt Warschau auf. Was wird uns die Zukunft bringen? Tagelange Märsche in siedender Hitze lagen hinter uns. Wir sehnten uns nach Ruhe und einem schattigen Plätzchen. Aber die Dynamik des Krieges lautet anders — vorwärts, immer vorwärts. Vor uns bellten Maschinengewehre auf, hinter uns brummten die schweren deutschen Koffermaschinen, über uns surrrten immerzu die Flieger.

Abends um sechs machten wir halt. Es war eine kleine Stadt, wenige Kilometer vor Warschau. 500 Meter vor uns waren die Polen in einer Waldstellung. Aber das machte auf uns keinen Eindruck mehr. Wir suchten Ruhe — nur Ruhe. Wir schlichen mit 25 Mann in ein gutbürgerliches Haus. In weniger als zehn Minuten hatten wir uns häuslich eingerichtet. Es wurde gebraten, geschmort, gekocht und zuletzt herrlich gespeist. Wir waren wieder munter und guter Dinge. Der eine oder andere hätte am liebsten gesungen, aber das Schnarchen — ein kräftiges Soldatenschnarchen — belehrte sie, daß es Zeit zum Schlafen geworden war. Ich war wohl einer der letzten, der einschlief.

Plötzlich ein Pfeifen und Surren in der Luft, ein dumpfer Aufschlag, dem eine atemberaubende Explosion folgte; dann noch einmal und ein drittes Mal. Beim Letzten waren wir aufgesprungen; wir wußten jetzt kommt's uns an die Haut. Kaum war dieser Gedanke von einem Kameraden ausgesprochen, heulte es über uns — ein furchtbares Krachen — die Decke brach ein — Explosion — Staub — Splitter — Augen und Mund voll Sand —, so lag ich zwischen Balken, Steinen und zerbrochenen Stühlen, neben mir mein Kamerad, tot, der Sani aus Thüringen. Ich rappelte mich heraus und sah, daß vom ganzen Haus nur noch eine einzige Wand stehengeblieben war, eine Ecke, vor der ich gelegen hatte. Eine Ikone hing daran, das Bild der von den Katholiken so sehr verehrten Madonna. Sie hielt einen Rosenkranz in der Hand und blickte den Betrachter des Bildes mit unsäglich sanftem Blick an.

Ich selbst bin evangelisch und von Haus aus ziemlich nüchtern erzogen. Aber im Feld habe ich gemerkt, daß fast alle meine katholischen Kameraden ein Bild von der Mutter Maria bei sich trugen oder einen Rosenkranz, den sie in höchster Not mit großem Vertrauen beteten.

Ich betrachtete das Bild, da kam eine zweite Bombe. Instinktiv merkte ich — sie gilt wieder unserem Bau. Deshalb floh ich in diese noch stehengebliebene Ecke, nahm das Bild mit der Madonna und dem Rosenkranz von der Wand zu mir, und schon war es geschehen: Die Bombe explodierte mit entsetzlichem Knall und hatte durch ihre Splitterwirkung drei meiner Kameraden, die sich eben erst aus dem Schutt herausgearbeitet hatten, getötet. Als ich wieder Atem und Leben bekam und der Staub sich verzogen hatte, stand ich da — immer noch das Bild in der Hand. Ich hätte es nun nicht mehr wegwerfen können; ich wollte es als Andenken an meine glückliche Rettung mit nach Hause nehmen. So steckte ich es in meine Seitentasche und trug es überall bei mir.

Noch in der Nacht gab es Alarm — und wir mußten nach vorn. Ein Wiesenstreifen trennte uns 300 Meter vom Feind. Da eröffnete ein Maschinengewehr von drüben den Reigen. Ein Hexensabbat von Maschinengewehrfeuer und Infanteriegeschossen prasselte auf uns nieder. Es half alles nichts — Kommando ist Kommando — wir sprangen auf, und voran ging's, immer weiter voran. Am Morgen standen wir unmittelbar vor der Haupstadt.

Wir bekamen eine kurze Atempause. Weiße Nebelschleier zogen von den weiten Wiesenhalden zur Stadt. Ich tastete nach meinem Bild. Es ließ sich aber nicht gut aus der Tasche herausnehmen. Ich griff tiefer und merkte, daß es dort durch einen Gegenstand, der darin steckte, im Rockfutter festgehalten wurde. Was ist das? Ich staunte. Jetzt erst merkte ich, daß der Rücken des Bildes aus ziemlich starkem Kupfer war und daß eine Kugel, die während des starken Feuers in der vergangenen Nacht wohl nach meinem Herzen getastet hatte, quer in dem Bild stecken geblieben war. Tiefgerührt betrachtete ich das Bild und steckte es unter Tränen in meine Tasche.

Nun sind Jahre vergangen. Längst ist der Krieg vorüber, vieles habe ich vergessen. Aber eines kann ich nie vergessen, wie mir das Bild der heiligen Jungfrau das Leben gerettet hat. Ich hatte es mit nach Hause gebracht, hatte meiner Frau und meinen Kindern alles erzählt; alle betrachteten das einfache Bild aus dem fremden Land mit Rührung und Dank, das Bild, das dem Vater und Gatten auf so wunderbare Weise das Leben gerettet hatte. Heute steht es in einer Nische, auf einem Ehrenplatz, und jeden Tag versammelt sich meine Familie mit mir davor. Dort halten wir unsere tägliche Andacht, blühende Blumen schmücken die Nische, und die Kerze knistert. Oft kommt mir der Gedanke, ob nicht das fromme Gebet eines meiner katholischen Vorfahren, das er mit besonderer Liebe für seine Nachkommen an die Muttergottes gerichtet hat, mir die Lebensrettung erwirkt hat? Warum hat man uns die Marienverehrung genommen?

Saarbrücken, den 22. Nov. 1948. *Alfons Dewald*

Sofort wurden die Polen freundlicher...

Ein Fronterlebnis

Am Ende des kurzen Polenfeldzuges 1939 war Georg Eisele in Gefangenschaft geraten. Sein Zug war zuweit vorgestürmt, wurde an einem Waldrand umzingelt, und jetzt lag er nach langem Marsch erschöpft auf Stroh in einem leeren Fabriksaal. Als in der Dunkelheit eine Zeitlang wilde Schreie vor dem Hause zu hören waren, flüsterte ihm ein Kamerad zu, man munkle doch, daß die Gefangenen erschlagen würden, und Furcht ließ sein Herz erzittern. Sollte sein junges Leben so rasch und ruhmlos enden? Da fiel ihm sein junges Weib ein, dem er sich kurz vor dem Krieg angetraut hatte. Wie würde sie beben, wenn sie seine Lage sähe! Sie denkt ganz sicher an ihn, gerade in dieser Stunde, ja sie betet jetzt wohl für ihn! Freilich hat er sie verlacht, als sie beim Abschied versprach, alle Tage für ihn zu beten, besonders vor dem Schlafengehen. Er hatte ja das Beten schon vor ein paar Jahren aufgegeben und seinen Kameraden geglaubt, die von einem unabwendbaren Schicksal sprachen, aber keinen gütigen Vater im Himmel anerkennen wollten, ohne dessen Willen kein Haar von unserem Haupte fällt. Und je mehr er sich von diesen betören ließ, um so mehr wandte er sich von der Kirche ab, und so konnten ihn auch die Bitten seiner Braut nicht soweit bringen, daß er sich kirchlich trauen ließ, obwohl dazu die knappe Zeit vor dem Abmarsch noch gereicht hätte. Nun sah er sie wieder vor sich, wie sie nach der standesamtlichen Trauung die Treppen des Rathauses herunterschritt und unter stillen Tränen ihm zuflüsterte: „Georg, warum gehen wir jetzt nicht in die Kirche?" Er aber hatte sorglos aufgelacht und seinen zwei Kameraden, die als Trauzeugen mitgingen, zugestimmt, die das als etwas Altmodisches und ganz Überflüssiges erklärten. Als er dann sein junges Weib nachts im Kissen weinen hörte, und als sie wieder um kirchliche Trauung bat, war er anfänglich unwillig gewesen, hatte aber dann doch zugesagt, sie nach Kriegsende nachzuholen, wenn sie dann noch darauf bestehe. Im Herzen freilich hatte er anders gedacht.

Diese Tränen brannten ihm nun plötzlich auf der Seele, als er so schlaflos dalag. Warum hat er ihren Wunsch nicht erfüllt? Warum sie mit diesem Stachel im Herzen zurückgelassen? Hatte sie denn so unrecht mit dem Verlangen, so getraut zu sein wie die Eltern, die gottlob noch garnicht wußten, daß er ohne den Segen der Kirche sich verbunden hatte? Und wie er nun an seine Eltern dachte, wachte seine ganze Jugendzeit in ihm auf, diese sorglose, gläubige, köstliche Jugend, in der er so wohlbehütet dahinlief, bis er in der schlimmen Welt draußen an die Kameraden geriet, die seinen Kinderglauben ins Wanken brachten. Ob er nicht doch auf dem Irrweg war, ob nicht das zarte Gemüt seiner Frau das Richtige ahnte? Und als nun einer der vielen verwundeten Kameraden neben ihm laut das Vaterunser betete, da betete er unwillkürlich mit; und siehe, da kam auf einmal Kraft und Hoffnung in sein verzagtes Herz, daß er sich die Worte mehrmals wiederholte, die sein Weib beim Abschied gesprochen hatte: „Wenn Du auch nicht daran glaubst, ich werde alle

Tage für Dich beten, besonders beim Abendgebet!" Und in der stillen Hoffnung, daß dieses Gebet seines treuen Weibes ihm Rettung bringen werde, schlief er endlich ein.

Am anderen Morgen kamen sechs polnische Soldaten herein und begannen, sie auszusuchen; alles, was sie bei sich trugen, wurde ihnen abgenommen. Der Roheste von ihnen machte fortwährend die Gebärde des Erschießens, so daß die Furcht aufs neue erwachte. Nun kamen sie auch zu Eisele. Als sie ihm die Taschen geleert hatten, griff einer noch in die Westentasche und zog einen Rosenkranz heraus, an dem eine Muttergottesmedaille glänzte. Den hatte ihm die junge Frau heimlich hineingesteckt, und erst auf der Fahrt hatte er ihn entdeckt und hätte ihn am liebsten als unnütz weggeworfen. Er wurde rot, als der Rosenkranz zum Vorschein kam, und fürchtete, ausgelacht zu werden. Aber welche Wirkung! Der Pole hob den Rosenkranz hoch, zeigte auf die Medaille und rief den anderen Polen zu: „Ah, Katolika!" Sofort wurden die Polen freundlicher; der Anführer kam herbei und ließ ihm sogleich alles zurückgeben, was ihm genommen worden war, und als die anderen sich entfernt hatten, ging er nochmals zu Eisele hin, zeigte auf sich und ihn und sagte unter wohlwollendem Kopfnicken: „Je jesten Katolika. — Ich bin Katholik."

Wie dankte jetzt Georg seiner Frau, daß sie ihm diesen „Talismann" mitgegeben hatte! Und wie staunte er, welche Macht doch die Religion über die wildesten Gemüter hatte. Alle Furcht war aus dem Herzen gewichen, und seine frohe Hoffnung übertrug sich auch auf seine Mitgefangenen. In der Tat geschah ihnen kein Leid, wenn auch die Verpflegung sehr armselig war. Aber sie sahen, daß auch die Polen nur Schwarzbrot und Kohlsuppe bekamen.

Am nächsten Morgen hörten sie Gewehrfeuer aus der Ferne, sahen die Polen unruhig hin- und herlaufen, und auf einmal meldete ein ausgetretener Kamerad, daß kein Pole mehr im Hause zu sehen sei. Zögernd verließen sie den Fabriksaal und beratschlagten auf dem Hof, was zu tun sei. Da sahen sie fremdartiges Militär auf sich zukommen. Sie stutzten und reckten die Hände hoch, um sich als Gefangene zu erkennen zu geben. Als diese in den Hof einmaschierten, erkannte sie einer der

Russen und rief: „Ah, Rußki!“ — „No Bolschewiki!“, brummte der fremde Offizier. Durch einen Dolmetscher ließ er sie ausfragen und versicherte dann, daß sie frei seien, da ja Deutschland mit Rußland einen Freundschaftsvertrag habe; sie sollten nur warten, bis sie sich deutschen Truppen anschließen könnten

Nach einigen Wochen erhielt Eisele Heimaturlaub. Mit welcher Freude und mit welchen Dankgefühlen fuhr er der Heimat zu! Die Freude der jungen Frau war noch größer, aber am tiefsten war ihr Herz bewegt, als sie Georgs Gesinnungswechsel entdeckte, als er am anderen Tag zur Beicht und ein paar Tage später mit ihr zum Traualtar schritt. Da weinte sie wieder Tränen, aber diesmal waren es Tränen der Freude und des Glückes.

(K. Schilcher, „Augsburger Kirchenzeitung“ 1950)

*

Ich preise und verehre dich, o Maria! Du bist die Freude der Engel, der Trost der Betrübten und der Wonnegarten des Heiligen Geistes.

Es war billig, daß das Ewige Wort dich bewahrte vor der Makel der Sünde, und daß Es nie den geringsten Flecken an jener duldete, die Es sich zur Mutter erkor.

Du warst immer, o Maria, ein Erdreich des Segens und der Heiligkeit, eine Quelle, tausendmal reiner als jene, die das irdische Paradies bewässerte.

Du bist die Pforte des Aufganges, durch die der Herr auf die Erde gekommen ist, um die Menschen zu erlösen.

O unvergleichliche Jungfrau! Alle Gnaden und alle Gaben des Himmels sind in dir vereinigt.

Es geschah in Petrowskaja

Es war bei Petrowskaja. Die Kompanie hatte zwanzig Schwerverwundete bei sich. Da brach der Russe durch. Im Augenblick war die einzige Rettung, sich schleunigst nach rückwärts abzusetzten. Mit den Verwundeten aber war es eine unmögliche Sache. Der Kompaniechef, zugleich Arzt, stand vor einer schweren Entscheidung. Es gab zwei Lösungen: Zusammen mit den Verwundeten den Rückmarsch anzutreten — das bedeutete den Untergang der ganzen Kompanie — oder aber die Verwundeten zurücklassen und die zweihundert Mann der Kompanie zu retten. Eine qualvolle Entscheidung war zu treffen. Die Minuten drängten, schon brach die Nacht herein.

Der Kompaniechef ließ die Kompanie antreten und gab bekannt, daß er sich schweren Herzens entschlossen habe, die Verwundeten zurückzulassen, um die Kompanie zu retten. Falls einer bereit sei, freiwillig zurückzubleiben bei den zwanzig Mann, so gebe er die Erlaubnis.

Totenstille war! Da trat ein Obergefreiter vor. Es war ein junger Kaplan aus der Salzburger Diözese. Er erklärte sich bereit, freiwillig bei den Verwundeten zurückzubleiben. Seine Stimme zitterte, sein Gesicht war blaß. Er wußte wohl, was bei der damaligen Kriegsführung sein Entschluß bedeutet. Der Kompaniechef machte ihn offen darauf aufmerksam, daß er nach menschlichem Ermessen mit dem Tod rechnen müsse. Niemand würde es ihm deshalb verargen, wenn er wieder zurücktrete. Er aber blieb stehen.

In größter Eile wurden nun die Verwundeten in ein Haus geschafft, es war das größte und stand mitten im Ort an der Hauptstraße. Hier legte man sie auf dem Stubenboden nieder.

Noch eiliger aber verließ die Kompanie Petrowskaja, um sich dem Zugriff der Russen zu entziehen. Schon war die Nacht hereingebrochen, und schon marschierten die Russen in Petrowskaja ein und besetzten alle Häuser. Doch ein Haus übersahen sie: das größte mitten im Ort an der Hauptstraße. Da drinnen lagen die zwanzig deutschen Soldaten in Schmerzen und Todesängsten. Mitten unter ihnen kniete der junge Kaplan. Sie alle zusammen beteten den Rosenkranz und flehten zur Gottesmutter um Hilfe und Rettung.

Manchmal trat der Obergefreite, der Kaplan, scheu an das Fenster und schaute vorsichtig hinaus auf die Straße, wo ein Kommen und Gehen der Russen war. Und fester noch als zuvor klammerten sich die Finger um den Rosenkranz.

Der Morgen kam, und immer noch lagen die deutschen Soldaten mitten unter den Russen mit dem Rosenkranz in der Hand und beteten.

Und das Unglaubliche geschah: Kein Russe betrat das Haus. Während alle anderen Häuser besetzt wurden, blieb dieses Haus frei und unbehelligt, es war das größte mitten im Ort.

Am anderen Morgen machten die deutschen Truppen einen erfolgreichen Gegenstoß. Petrowskaja wurde zurückerobert, die Verwundeten waren gerettet. Maria hat geholfen!

Die Heilung eines Kindes, das schwachsinnig und gelähmt war

Heute ist dieses Kind gesund und kräftig. Ich habe es lachend mit seinen Kameraden zum Fußballspielen gehen sehen.

Guy Leydet war bis zum Alter von fünf Jahren ein normales Kind. Dann bekam er eine akute Meningo-Encephalitis, eine Gehirnerkrankung, die das ganze Nervensystem zerstören kann. Er überstand die Krankheit, blieb aber an beiden Armen und Beinen gelähmt und litt fortan an Krampfzuständen und epileptischen Anfällen. Am schlimmsten aber war ein progressiver geistiger Verfall, der mit vollständiger Idiotie endete.

„Er hat uns nicht einmal mehr erkannt", sagte seine Mutter. „Er konnte überhaupt nicht mehr sprechen. Das ganze kleine Vokabular, das er vor seiner Erkrankung beherrscht hatte, war ihm verlorengegangen. Er konnte nicht einmal mehr seine Mutter rufen. Aus seinem Mund kamen nur noch die gurgelnden Laute, wie sie idiotisch Geborene hervorbringen. Er verlernte zu essen, und man mußte ihn füttern, weil er den Löffel nicht mehr zum Mund führen konnte. Er beschmutzte sich, ohne zu merken, was er tat." Und dieser Zustand hielt beinahe zwei Jahre an. Seine Eltern waren durch die Bemühungen ihn zu heilen, beinahe bankrott gegangen. Sie versuchten es mit jeder Behandlung und jeder Therapie, die auch nur die geringste Hoffnung zuließ. Aber alles war vergebens. Die Ärzte erklärten jeden weiteren Versuch für zwecklos und fällten das furchtbare Urteil: Unheilbar!

Dann dachten auch wir wie tausend andere, die alle menschlichen Möglichkeiten erschöpft hatten, an Lourdes.

An einem strahlenden Herbstmorgen kamen sie mit dem Kind, das sich noch in der gleichen fürchterlichen Verfassung befand, in Lourdes an. Stumm vor Angst schoben sie ihn zur Piszine. Unsere Liebe Frau von Lourdes war unsere letzte verzweifelte Hoffnung. Der Vater wartete draußen auf den Knien und betete mit der Menge. Drinnen tauchten mitleidige Schwestern den starren kleinen Körper ins Wasser. Daneben stand die Mutter und befürchtete einen neuen Krampfzustand, sprungbereit, ihn an sich zu reißen, wenn er aus dem Wasser kam. Man übergab ihr das Kind. Da plötzlich geschah das Unglaubliche.

Guy Leydet schlug die Augen auf, blickte sich interessiert um, streckte der Mutter die Arme entgegen und rief mit klarer kindlicher Stimme: „Mama!" Dann begann er seine Finger zu zählen, wobei er in der Art der kleinen Franzosen die einzelnen Benennungen der Finger heruntersagte.

Außer sich vor Glück, riß ihn die Mutter an sich und lief mit ihm aus dem Badehaus, um den Vater zu suchen. „Er hat Mama gesagt!", keuchte sie. „Er hat Mama gesagt!"

Der Vater, der es gern geglaubt hätte, aber skeptisch war, warnte sie davor, allzuviel zu hoffen: „Wir haben so oft gehofft", sagte er, „und wurden noch jedesmal enttäuscht."

Aber schon in den nächsten Tagen wußten sie, daß es keine Täuschung war. Der Geist des Kindes wurde zusehends wacher. Es begann zu sprechen. Es bewegte seine Arme und Beine ohne jede Schwierigkeit. Man rief den Arzt, der seinen früheren Patienten entgeistert anstarrte und zugab, daß er all das nicht verstehen könne. ,,Nun, so versuchen sie, ihm alles wieder beizubringen, was er verlernt hat'', sagte er noch immer ungläubig.

Die glücklichen Eltern fingen also an, ihrem Jungen alles wieder von neuem beizubringen. Es war leicht. Innerhalb eines Jahres hatte er seine normale Intelligenz zurückgewonnen. Er konnte lesen und schreiben, ja sogar ein wenig zeichnen. Er konnte mit anderen Kindern zum Spielen gehen.

Am 26. September 1947, ein Jahr nach seiner Heilung, wurde er von vierzig Ärzten im Medizinischen Büro untersucht. Dr. Dailly, ein Pädiater aus Paris, unterzog Guy zwei Stunden lang allen klassischen Tests, auf Grund derer ein Arzt das geistige Entwicklungsstadium eines Kindes beurteilt. Am Schluß dieser Untersuchung verkündete der Arzt schlicht: ,,Dieses Kind ist normal!''

Ich habe Guy Leydet in St. Etienne besucht. Er ist heute ein großer gutaussehender Junge. Seine schulischen Leistungen, vor allem in Englisch, Geographie und Geschichte sind sehr gut. Ich habe seine Schulhefte angesehen. Sie sind sauber und beinahe fehlerlos, seine Zeichnungen exakt und ordentlich.

Sein Vater ist Professor an einer Handelsschule. Seine Mutter erzählte, daß sie den Jungen nächstes Jahr als Austauschschüler nach England schicken wollen. ,,Er ist ganz verrückt darauf, englisch zu lernen'', sagte sie lachend, ,,und hat sehr gute Noten in diesem Fach. Er weiß noch nicht, was er werden will. Aber ich glaube, daß er wohl Lehrer wird.''

Die ganze Familie fährt alljährlich nach Lourdes, um der Jungfrau zu danken.

Ruth Cranston

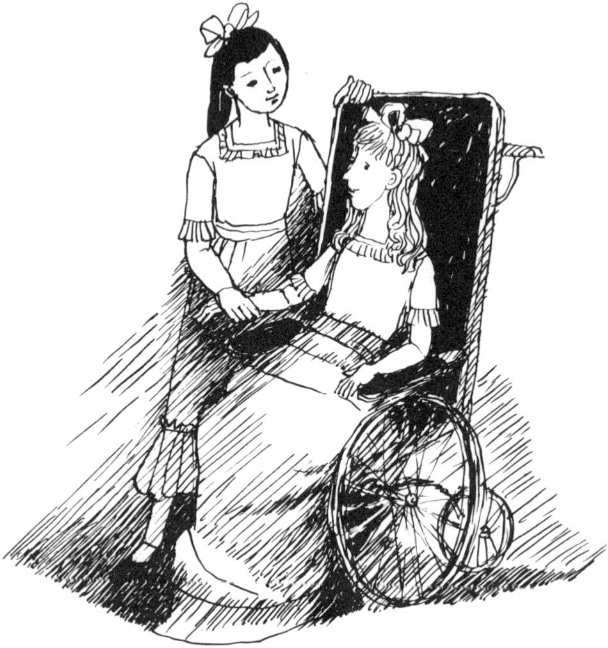

Als Sklavin versteigert, dann als Universalerbin eingesetzt

Die Geschichte, die ich hier erzähle, wurde mir vor Jahren von einer Frau berichtet, die sie selbst erlebt hat. Diese Geschichte ist ein Zeugnis wahrer Liebe zur Gottesmutter und kindlichen Vertrauens zu ihr.

Lucy — so wollen wir die alte Frau nennen — war bereits über achtzig Jahre alt, als ich diese ihre Jugenderinnerung erfuhr. Ihr Vater besaß eine mittelgroße Pflanzung in den Südstaaten der USA. Ihre Mutter hatte sie nie gekannt; sie erfuhr erst viel später, welcher Herkunft sie gewesen. Der Vater hatte seine Tochter auf eine vornehme Schule weit fort im Norden des Landes geschickt. Lucy war begabt und fleißig und vor allem von einem tiefen Glauben an die Muttergottes erfüllt. Das Unheil kam, als das Mädchen etwa 13 Jahre alt war.

Der Vater Lucys wurde von einem heftigen Fieber ergriffen. Er starb, noch ehe seine Tochter im Pensionat erfahren hatte, daß er krank war. Als Lucy nach Hause zurückkehrte, lag er bereits im Grab. Wie erschrak sie, als einige Tage nach ihrer Rückkehr eine gerichtliche Kommission auf der Pflanzung erschien! Jetzt erfuhr das Mädchen, daß seine längst verstorbene Mutter eine Mulattensklavin gewesen war. Da das Gesetz ihres Staates die Heirat zwischen Weißen und Farbigen verbot, hatte ihr Vater die junge Frau, die er auf einer öffentlichen Versteigerung aus Mitleid gekauft hatte, während einer Reise auf der Insel Kuba kirchlich geheiratet. Diese Heirat galt aber in den Staaten nicht. Verhängnisvollerweise fand sich auch nirgends eine Bestätigung, daß Lucys Vater seine Tochter freigelassen hatte. So war das Mädchen, das äußerlich jedem anderen weißen Kind seines Alters glich, nach dem Gesetz eine Sklavin, so wie ihre Mutter.

Lucy begriff zuerst nicht recht, was geschehen war. Erst als ein Händler kam und sie mitnahm, erkannte sie mit Schrecken ihre Lage. Man behandelte sie zwar freundlich, doch der Händler ließ keinen Zweifel darüber aufkommen, daß er Lucy infolge ihrer guten Erziehung und ihrer Schulkenntnisse für ein „sehr wertvolles Objekt" hielt, an dem er viel verdienen könne. Lucy hatte gebeten, eine kleine Marienstatue, die in ihrem Mädchenzimmer gestanden war, mitnehmen zu dürfen. Man bewilligte es ihr.

Der größte Markt, auf dem damals Sklaven gehandelt wurden, war in New Orleans. Dorthin wurde Lucy gebracht. Sie erhielt ein eigenes Zimmer im Haus und wurde mit Sticken und Nähen beschäftigt. Wenn sie wollte, durfte sie im kleinen Garten des Hauses auf einer Bank sitzen; doch des Nachts wurde sie unweigerlich in ihr Zimmer gesperrt.

Nach 14 Tagen kam der Tag der Versteigerung. Lucy mußte zu diesem Zweck ihr schönstes Kleid anziehen. Mit Tränen in den Augen setzte sie sich in den Wagen. Zu ihren Füßen hatte sie das Köfferchen stehen, in dem ihre wenigen Habseligkeiten waren. Während der Fahrt betete Lucy leise zur Muttergottes.

Die Versteigerung war im Hotel St. Charles. In einem Nebenzimmer warteten die Sklaven bis jeder einzelne von ihnen aufgerufen wurde. Als die Reihe an Lucy kam, schlug sie noch einmal ein Kreuzzeichen, ehe sie dem Händler folgte. Sie mußte auf ein Podium. Der Händler ging zu einem Pult, von dem er die Versteigerung leitete. Im Saal waren viele Kauflustige — meist Männer, einige davon schon etwas angeheitert. Sie machten frivole Scherze über die Sklaven, die man hier wie Vieh zur Schau stellte. Lucy wurde schamrot, als sie hörte, wie der Verkaufsleiter ihre Fähigkeiten pries und ihre Kenntnisse hervorhob. Dann mußte das Mädchen an den Rand des Podiums treten, sich nach allen Seiten wenden und einige Sprünge machen, damit die Zuschauer ihre Gelenkigkeit sehen und beurteilen konnten. Dann begann das Bieten. Der Preis für Lucy ging rasch in die Höhe. Endlich wurde sie mit 1500 Dollar einem älteren Herrn zugeschlagen. Nachdem sie ihr Köfferchen geholt hatte, fiel ihr aus irgendeinem Grund das Köfferchen aus der Hand und öffnete sich. Ihre wenigen Habseligkeiten lagen verstreut umher. Die Marienstatue aber, die sie von daheim mitgenommen hatte, war beschädigt. Erstaunt sah dies ihr Käufer.

„Du bist fromm?“, fragte er sie. — Lucy bejahte. — Nachdenklich legte er eine dünne Kette, die er aus dem Wagen gezogen hatte, zurück. — „Ich wollte dir schon Fesseln anlegen, damit du keine Dummheiten auf der Fahrt machst“, sagte er, „Aber ich werde es unterlassen. Ich vertraue darauf, daß du mir keine Ungelegenheiten machst.“ — „Nein, Herr!“, erwiderte Lucy.

Noch während der Fahrt zu ihrem neuen Aufenthalt erfuhr das Mädchen, daß ihr Begleiter eine kranke Tochter besitze, die ebenfalls 13 Jahre alt sei und für die er eine Kammerzofe, eine Art Gesellschafterin suchte. Er hatte Lucy wegen ihrer guten Erziehung gekauft. Jetzt freute er sich um so mehr darüber.

Die beiden Mädchen fanden aneinander Gefallen. Lucy mußte im gleichen Zimmer mit ihrer jungen Herrin schlafen. Sie wurde gut behandelt, und sie wäre, hätte ihr nicht der Vater gefehlt, dort wie daheim gewesen. Da „Miß Dorothy", wie die Tochter ihres Herrn genannt wurde, nicht gehen konnte, führte Lucy sie in einem Rollstuhl spazieren. Dabei kam es zu langen Gesprächen zwischen den beiden Mädchen. Miß Dorothy wurde von der gewinnenden Art und der großen Frömmigkeit der jungen Sklavin angezogen. Beide beteten täglich vor der Muttergottesstatue Lucys, die auf ihre Bitte hin wieder hergestellt war. Wenn eine Gesellschaft gegeben wurde, an der auch die Haustochter, im Rollstuhl sitzend, teilnehmen durfte, fehlte Lucy nicht. Niemand unter den Gästen hätte unter dem gesitteten und wohlerzogenen Mädchen, das bei solchen Gelegenheiten die gleiche Kleidung wie ihre Herrin trug, die Dienerin gesehen. Allgemein hieß es, es sei eine arme Verwandte, die man als Gesellschafterin von Miß Dorothy in das Haus genommen habe.

Lucy hatte sich schon damit abgefunden, daß sie bis an ihr Lebensende eine Sklavin bleiben werde. Da — es war im dritten oder vierten Jahr ihres Aufenthaltes auf der Pflanzung, verschlimmerte sich der Zustand Dorothys plötzlich. Die Krankheit, an der sie seit frühen Kindheitstagen gelitten hatte, machte jähe Fortschritte. Schließlich mußten die Ärzte zugeben, daß jede Hoffnung auf Rettung vergeblich sei. Der Vater der Kranken war verzweifelt. Diese selbst aber nahm ihr Leiden gottergeben an. Sie hatte nur einen einzigen Wunsch: Ihr Vater möge ihre liebste Freundein nach ihrem Tod in Freiheit setzen. Der Vater verspach es Dorothy. Am letzten Tag vor ihrem Heimgang ließ sich die Pflanzerstochter die Marienstatue Lucys in die Hände geben. Sie konnte die Statue kaum halten, so entkräftet war sie. „Willst Du mir einen großen Wunsch erfüllen?", fragte sie Lucy. „Ja, liebe Dorothy", erwiderte diese. „Gib mir, wenn ich gestorben bin, deine Muttergottesstatue in den Sarg mit!" Lucy nickte nur.

Am kommenden Morgen hauchte Dorothy ihre Seele aus. Ihr Vater hielt sein Versprechen. Er gab Lucy den gesetzlichen Freibrief. Ja, er leitete alles in die Wege, Lucy zu adoptieren und an Stelle seiner Verstorbenen als Universalerbin einzusetzen. Lucy nahm das Anerbieten dankbar an; sie betreute ihren Adoptivvater bis er in hohem Alter starb. Sie bewog ihn auch, noch ehe die Sklaverei in den Vereinigten Staaten abgeschafft wurde, alle seine Sklaven frei zu geben. Er tat es gerne.

Als die Kunde von den Muttergotteserscheinungen in Lourdes an Lucys Ohr drang, machte sie dankbaren Herzens eine Wallfahrt dorthin. Sie fühlte sich von dem Heiligtum so angezogen, daß sie nach dem Tod ihres Adoptivvaters dessen Pflanzung verkaufte, nach Europa übersiedelte und sich in der Nähe von Lourdes ein Häuschen kaufte. Dort habe ich sie gesehen und mit ihr gesprochen.

Josef Görlich

*

Mutter der Barmherzigkeit, du Hilfe der Christen, du warst ein getreues Werkzeug der göttlichen Vorsehung. Du bist die Verwalterin aller Gnaden. Denke daran, es ist auf Erden unerhört, daß du die ohne Trost gelassen, die in Demut zu dir ihre Zuflucht nahmen. Darum vertraue ich auf dein inniges Erbarmen und dein gütiges Walten.

Ich werfe mich in Demut vor dir nieder, auf daß du mein Gebet erhörest. Erbitte mir den Schutz der göttlichen Vorsehung, alle Gnaden, die mir notwendig sind in meinen geistigen und leiblichen Nöten.

Deinem liebevollen Mutterherzen empfehle ich dringend die heilige Kirche, den Papst, die Bekehrung der Sünder, die Ausbreitung des katholischen Glaubens sowie die Seelen, die der Herr sich erwählt, die aber noch leiden müssen in den Qualen des Fegfeuers, daß sie bald Trost und ewige Erquickung finden. Amen.

Als Kind war er in Altötting gewesen

Wenn ich in Altötting verweile und die Gnadenkapelle besucht habe, setzte ich mich gerne auf eine der Steinbänke des Rundganges. Ich betrachte die gläubig-frommen Menschen, die betend Holzkreuze, kleine und große, um die Kapelle tragen. Einmal fiel mir ein Mann auf, welcher, obwohl sein Haar schneeweiß war, der Gestalt und Haltung nach doch in den besten Jahren sein mußte. Er hatte sich das allerschwerste Kreuz ausgesucht und trug es mit tiefer Ergriffenheit mehrmals um die Kapelle.

Eine ältere Frau setzte sich zu mir und sagte ganz unvermittelt: „Gelt, der fällt ihnen auch auf?" Als ich bejahte, erzählte sie: „Wissen sie, das ist ein ehemaliger SS-Mann!" Als ich erstaunt fragte, wie sie das wissen könne, sagte sie: „Ja, ich lüge sie nicht an, ich lüge sie nicht an, ich weiß es von ihm selber. Er war, als der Krieg aus war, in Rußland und ist mit anderen SS-Männern in harte Gefangenschaft gekommen. Die Russen haben nicht viel Federlesen gemacht, haben alle in Reih und Glied an die Wand stellen lassen und einen nach dem anderen erschossen. Wie sie zu ihm gekommen sind, hat er gerade noch den einen Gedanken gehabt: Er war als Kind mit seiner Großmutter einmal in Altötting, und wenn ihm die Muttergottes helfen würde, so könnte er wieder glauben, und er wäre ihr ewig dankbar. Nun hat er schießen hören, und dann hat er nichts mehr gewußt. Auf einmal kommt er zu sich auf dem freien Feld. Er liegt unter ein paar toten Kameraden, kriecht heraus, tastet sich ab, ist nicht verwundet, er kann es fast nicht glauben, er lebt, er ist frei. Was ist da gewesen? Wie er den Gedanken an die Muttergottes gehabt hat, ist er ohnmächtig geworden und zusammengebrochen, und gerade in diesem Augenblick haben sie geschossen. Die Kugel wird in die Wand gesaust sein und die Russen werden sich gedacht haben, nun den hat es ja schon getroffen, zusammengefallen ist er ja, und sie haben ihn und die anderen auf den Lastwagen getan, aufs freie Feld hinausgefahren, sie da liegen lassen. Er ist ausgerechnet solange ohnmächtig gewesen, bis die Russen weg waren. Nun, was soll ich noch erzählen, er ist auf und davon und ganz wunderbar ist er durch Rußland gekommen. Überall haben sie ihm Essen und Nachtquartier gegeben, und heim ist er gekommen, freilich nach einer langen Zeit. So und jetzt ist er in Altötting! Aus dem Saulus ist ein Paulus geworden.

Der Bericht der Frau war so glaubwürdig, daß ich nicht den geringsten Zweifel zu haben brauchte. Später sah ich den Mann noch in der Basilika, wie er gerade aus einem Beichtstuhl herauskam.

Erzählt von Marie Luise Franz, Teisbach

*

Heilige Maria, starke Frau! Unter dem Kreuz hast du am Opfer deines Sohnes teilgenommen. Mutter der Schmerzen, lehre uns verstehen, welch erlösende Kraft im Leiden mit Christus liegt.

Die Rosenkranzkönigin von Fatima und die Atomrakete

Vielleicht erinnern Sie sich noch, wie im Jahre 1960 der Bischof von Fatima im Einverständnis mit Papst Johannes XXIII. zum 13. Oktober einen Aufruf an alle Bischöfe der Welt gerichtet hat mit der Bitte, alle Gläubigen möchten sich mit den Pilgern von Fatima in der Nacht vom 12. zum 13. Oktober zu einem gemeinsamen Gebetssturm vereinigen. In den Annalen der Kirchengeschichte ist kein solcher weltweiter Aufruf zu finden. An vielen Orten wurde der Aufruf wirklich ernst genommen, und es wurden nächtliche Gebetsstunden gehalten, ganz besonders aber in Fatima. Der Bischof von Fatima ging in dieser Nacht von seiner Bischofsstadt Leiria barfuß etwa 20 km nach Fatima, begleitet von vielen seiner Gläubigen. Manche seiner Gläubigen sind auf diesem Weg sogar auf den Knien gerutscht, um ein besonderes Bußwerk zu verrichten.

In Fatima selber aber feierten unter der Leitung von Kardinal Lercaro und in Gegenwart von 18 portugiesischen Prälaten und mehreren ausländischen Bischöfen nahezu 1 Million Pilger den Welttag des Gebetes. Durch 36 Stunden unter ständigem Sprühregen hielten die Gläubigen aus im Rosenkranzgebet, bei Andachten und Meßfeiern für den Frieden der Welt.

In dieser Nacht der Buße und des Gebetes im Sinne Fatimas bestieg Chruschtschow in New York überstürzt ein Flugzeug nach Moskau und ließ bei diesem Rückflug geplante Zwischenlandungen ausfallen. Vorher hatte er in der UNO mit der „Absoluten Waffe“ gedroht, die im Besitz Rußlands sei und fähig wäre, die Vereinigten Staaten von Nordamerika auszurotten, ohne daß diese den Versuch eines Gegenangriffs starten könnten, und um seine Worte zu bekräftigen, hatte er einen Schuh ausgezogen und mit ihm heftig auf sein Pult geschlagen. Den Grund für den unerwartet raschen Rückflug des damaligen ersten Mannes Rußlands offenbarte später der russische Oberst Olg Pankosky, der am 16. Mai 1963 wegen Spionage hingerichtet wurde. Im Januar 1960 hatte Chruschtschow die wissenschaftlichen Dienstabteilungen des Heeres gedrängt, zum 43. Jahrestag der Oktoberrevolution eine gigantische Rakete mit Atomantrieb fertigzustellen. Tatsächlich schien alles bereit zu sein in dem Augenblick, als der russische Diktator seine Großtuerei in der UNO von sich gab: Marschall Nedeline, der oberste Kommandant der russischen Raketen, hatte Tag und Stunde des ersten Versuchsabschusses der famosen Rakete, der Trägerin der „Absoluten Waffe“, festgesetzt; und er hatte dazu zahlreiche Atomsachkundige und offizielle Persönlichkeiten eingeladen. Als der Zähler auf Null herabgestiegen war, zündete die Rakete nicht, die in diesem Augenblick ihren Weg hätte antreten sollen, und blieb unbeweglich auf dem Abschußgelände. Nachdem Nedeline 15 oder 20 Minuten gewartet hatte, kam er aus seinem Schutzbunker hervor, und alle Eingeladenen folgten ihm. Als schon alle draußen waren, explodierte die Rakete und tötete ihn mit 300 Mitarbeitern und Gästen.

(Die geheimen Aufzeichnungen des russischen Doppelspions Olg Pankosky sind in den Besitz der amerikanischen Regierung gelangt.)

Es ist hier wohl ganz offensichtlich ein deutlicher Zusammenhang zu sehen! Gerade zu den Stunden, in denen ein großer Teil der Christenheit im Gebet für die Bekehrung Rußlands und für den Frieden der Welt fleht, erleidet die kommunistische Atomrüstung einen gewaltigen Rückschlag.

Wie sehr hat sich hier wieder das Wort Pius XII. bewahrheitet: ,,Groß ist die Macht eines Heeres, das nicht das Schwert, sondern den *Rosenkranz* in Händen hält.

*

Gebet zu Maria

O Maria, schön wie der Mond, strahlend wie die Sonne, in deren Antlitz die Seligen schauen und die Engel sich widerspiegeln, mache, daß wir deine Kinder, dir ähnlich werden. Laß unsere Seelen einen Strahl deiner Schönheit aufnehmen, der mit den Jahren nicht untergeht, sondern neu aufleuchtet in der Ewigkeit

O Maria, Sonne des Himmels, erwecke das Leben wieder, wo es erstorben ist, erleuchte den Verstand wo Finsternis ist. Sooft du im Angesicht deiner Kinder widerstrahlst, gib uns einen Abglanz deines Lichtes und deiner Glut.

O Maria, stark wie ein Heer, verleihe den Sieg unseren Scharen. Wir sind so gebrechlich und der Feind wütet mit solchem Übermut. Aber unter deinem Banner sind wir sicher, daß wir siegen; er kennt die Kraft deines Fußes, er fürchtet die Majestät deines Blickes. Rette uns, o Maria, schön wie der Mond, herrlich wie die Sonne, stark wie ein geordnetes Heer, das sich nicht auf Haß stützt, sondern auf die Flamme der Liebe. Amen.

Jetzt sieht René die Sterne

Der Haupteinwand der Lourdes-Gegner, die Heilungen seien auf Suggestion zurückzuführen, ist weitgehend entkräftet worden.

Der bekannte Parapsychologe Dr. Alpis Wiesinger drückt es so aus: Die Ausgiebigste Suggestion kann kein Klumpfuß geraderücken. Sie kann kein Knochenstück im Moment ergänzen. Die Wirkung der Geist-Seele mag noch so groß sein. Aber sie liegt innerhalb bestimmter Grenzen. Jenseits dieser Grenzen beginnen Gottes Wunder.

Auch der große Chirurg Alexis Carrel, Forscher und Nobelpreisträger, machte in Lourdes die Erfahrung: nicht alle Heilungen sind mit Suggestion zu erklären. Schließlich wurden auch kleine Kinder gesund, deren Geist noch nicht erwacht war und Bewußtlose, die sich bereits in Agonie befanden.

Über tausend Ärzte nehmen an den jährlichen Konsultationen in Lourdes teil. Hier wird darüber entschieden, ob eine Heilung als medizinisch nicht erklärbar anzusehen ist.

Können sich tausend Ärzte irren?

Die medizinisch-wissenschaftlichen Laboratorien von Lourdes sind mit den besten Instrumenten ausgestattet. Fachleute bezeichnen diese Laboratorien als die modernsten der Welt. Das also ist Lourdes heute.

Nun lassen wir aber den sechzehnjährigen Jungen, der als Blinder nach Lourdes kam, selbst erzählen: René schildert, was nach seiner Heilung geschah: „Unzählige Hände streckten sich mir entgegen. Alle wollten mich berühren. Fast hätten sie mir die Kleider vom Leibe gerissen. Ich ließ alles mit mir geschehen, ich war noch wie betäubt. Erst langsam kam mir zum Bewußtsein, daß ich sehen konnte. Die Leute gerieten regelrecht in Ekstase. Um ein Wunder zu erleben, waren sie ja nach Lourdes gekommen. Und nun war ein Wunder mitten unter ihren Augen geschehen. Als die Krankenpfleger meine Situation erkannten, nahmen sie mich in ihre Mitte und brachten mich in Sicherheit."

René erzählte dann, wie er zum Internationalen Ärztebüro geführt wurde, die Menschen hinter ihm herliefen, jubelten und beteten und Lieder des Dankes zum Himmel aufsteigen ließen.

Eine Gruppe von Augenspezialisten von verschiedenen Ländern begann mit der Untersuchung. Man ließ sich Zeit und war recht gründlich. Immer neue Texte wurden René vorgelegt, mit immer kleineren Buchstaben. Er konnte alles lesen und strahlte über das ganze Gesicht. Vor Freude kamen ihm die Tränen. Selbst die so hartgesottenen Mediziner waren gerührt.

Inzwischen war es dunkel geworden, und die allabendliche Lichterprozession begann. „Ich will sie mitmachen", sagte René. Weil ihm auf so wunderbare Weise geholfen wurde, betätigte er sich als Krankenpfleger, um anderen zu helfen, so gut er es konnte.

Neben ihm ging in der Prozession Perlot, ein Kommunalbeamter. Perlot wunderte sich, weshalb René ständig in die Luft schaute. ,,Diese leuchtenden Pünktchen da oben...was ist das?" —

,,Junge, das weißt du nicht?"

Zum ersten Mal in seinem Leben sah René den Himmel voller Sterne. Nun wird er auch das Meer sehen, wenn er nach Metz zurückfährt. Das große Wasser, das er über alles liebt.

Auf der Hinfahrt hatte der Zug in Biarritz gehalten. René damals: ,,Wenn ich das Meer schon nicht sehen kann, will ich es wenigstens einmal fühlen." Seine Begleiter hatten Mitleid. ,,Komm rasch René, Du sollst das Wasser fühlen. Da türmte sich plötzlich eine Riesenwelle vor René auf, rollte auf den Jungen zu, durchnäßte ihn bis auf die Haut. Und René voller Jubel: ,,Jetzt hab ich es gefühlt! Ganz deutlich hab ich es gefühlt! Es war wunderbar!"

René Scher wurde bereits mit einem schweren Augenleiden geboren. Mit zwei Jahren bekam er seine erste Brille. Trotz der Brille konnte er in der Schule nicht erkennen, was auf der großen Tafel geschrieben war. Er mußte die Klasse wiederholen.

Dann, 1960, die erste Operation. Professor Nordmann aus Straßburg operierte drei Stunden. Die Operation hatte aber nichs genutzt, denn drei Monate später sah er nur noch Schatten von seiner Umgebung. Und schließlich wurde es völlig Nacht um René. Er kam in die Blindenanstalt und lernte die Blindenschrift.

Der 3. August 1966. Ein großer Tag für René, denn mit dem Pilgerzug durfte er nach Lourdes fahren.

Inbrünstig betete René vor der berühmten Grotte: ,,Heilige Jungfrau Maria, gib mir doch soviel Augenlicht, daß ich mich wieder selber zurechtfinden kann, daß ich nicht immer auf fremde Hilfe angewiesen bin..."

Während er betete, geschah das Wunder. Heute kann René viel besser sehen, als er je zu hoffen gewagt hatte. Im August 1969 war ich mit einer Pilgergruppe in Lourdes und begegnete auch René. Er war mit seinen Eltern und seiner Schwester dort. Alle vier waren wochenlang als Krankenpfleger tätig aus Dankbarkeit für die wunderbare Heilung. Noch immer strahlt die Freude und das Glück aus seiner ganzen Persönlichkeit über diesen Gnadenerweis des Himmels.

René hat sich zu Hause im Garten eine Lourdesgrotte errichtet, um noch auf diese Weise seinen Dank zu zeigen. Gern steuerten wir deutschen Pilger ein wenig bei für die Statue der Muttergottes und der hl. Bernadette, die er sich in Lourdes für seine Grotte kaufte.

Nie werde ich diese eindrucksvolle Begegnung mit René vergessen.

*

Sei gegrüßt, Maria, heilige Muttergottes!
Sei gegrüßt, du der Schöpfung kostbarer Schatz!
Sei gegrüßt, du nie verlöschendes Licht!
Sei gegrüßt, du der Jungfräulichkeit Krone!
Sei gegrüßt, du Wohnung, du unzerstörbarer Tempel, du Haus dessen, den keine Räume mehr fassen!
Sei gegrüßt, du Heilige! Du hast den Unermeßlichen im jungfräulichen Schoße umfangen!
Sei gegrüßt, denn aus dir ging hervor, der den Tod besiegte, der unsere Sünden gesühnt hat! Aus dir ging das Licht auf vor uns, die in Nacht und Todesschatten wandelten.
Sei gegrüßt, denn durch Dich wird der Dreifaltige Gott über den Erdkreis hin angebetet und verherrlicht!

Wer könnte nach Gebühr dich, Vielgepriesene, preisen? Dich: Mutter und Jungfrau!

(Cyrill von Alexandrien, 5.Jahrhundert)

Er wollte das Dorf dem Erdboden gleichmachen

Meine Missionsstation liegt weit im Westen der kleinen Südseeinsel F., weitab vom großen Weg. Damals hatte ich noch kein Transistorradio, jenes kleine Zauberding, das den Einsamen mit der großen Welt verbindet, und so kam es, daß ich nicht wußte, was drei Monate zuvor geschehen war: Die Kommunisten hatten versucht, die Oberhand im Lande zu gewinnen, aber der Versuch war im letzten Augenblick gescheitert. Fast alle Generale waren aus dem Hinterhalt ermordet worden, nur einer entkam und organisierte den Gegenschlag, und es gelang, den Aufstand zu unterdrücken. Die Militärs, welche jetzt den Kommunisten nachsetzten, leisteten blutige und ganze Arbeit. Am Weihnachstag geschah dann, was ich zu berichten habe.

Wie immer waren die Leute in großer Zahl von weither zur Station gekommen. Aber als ich nach der Weihnachtsmesse aus der Kirche kam, spürte ich an der gedrückten Stimmung, daß etwas nicht in der gewohnten Ordnung war. Soldaten waren gekommen, schwerbewaffnet, ein Hauptmann mit fünfundzwanzig Leuten! Wir trafen uns, der Hauptmann und ich. Er machte keinen Hehl aus seinem Zorn gegen die Kommunisten, und in wenigen Minuten, so bedeutete er mir, werde er das Zeichen geben, ein Dorf namens Rekas dem Erdboden gleichzumachen. Mir wurde fast übel, als ich das hörte, denn das Dorf, von dem er sprach, lag nur fünfzehn Minuten von der Station entfernt, kein gutes Dorf zwar, aber es war doch *mein* Dorf, und ein paar hundert Menschen lebten darin. Über den Grund zu diesem Entschluß gab der Hauptmann bereitwillig Auskunft: Es sei ein Kommunistendorf, und man habe womöglich mit bewaffnetem Widerstand zu rechnen. — Die paar Kommunisten im Dorf kannte ich nur zu gut. Es waren meist harmlose Leute. Das mit dem bewaffneten Widerstand konnte nur auf einer Falschmeldung beruhen. Aber der Hauptmann hatte noch mehr zu sagen: Ausschlaggebend für seine Entscheidung, so betonte er, sei ein Traum gewesen, den er in der vorvergangenen Nacht gehabt habe. Eine große Frau mit einem Kind auf dem Arm sei ihm im Traum erschienen, und dieser Traum sei so außergewöhnlich gewesen, daß er glaube, er müsse auch etwas Außergewöhnliches tun. — Dieser Traum war freilich merkwürdig. Die Mütter im Lande tragen ihre Kinder fast nie auf dem Arm, sondern auf dem Rücken oder seitlich umschlungen.

Da fiel mir ein, was mir mein Vorgänger berichtet hatte, bevor er von hier fortging: „Dieses Dorf da", so sagte er, „ist kein gutes Dorf, mußt du wissen, da habe ich — zwei Jahre sind es her — die Lourdesstatue drüben aus der Kapelle herumtragen lassen, auf den Feldern und im Dorf von Hütte zu Hütte. Du hättest einmal sehen sollen, wie sie alle mitgemacht haben, Christen und Heiden und auch die paar Mohammedaner, die es dort gibt. Zum Schluß haben wir uns in einem feierlichen Gelöbnis dem Schutz Mariens anvertraut, die Station, das Dorf und was darum herum ist". — Das dachte ich mir, mußt du ihm sagen!

„Du bist Mohammedaner“, fing ich an, „und kennst deshalb unsere religiösen Gebräuche nicht. Aber wenn du einmal drüben in unsere Kirche hereinschaust, dann siehst du dort das Bildnis einer großen Frau, — diese trägt kein Kind, aber man kennt sie meist mit einem Kind auf dem Arm — und wir nennen sie die Gottesmutter! Nun hat sich hier vor zwei Jahren etwas zugetragen, worüber du freilich nichts wissen kannst. Mein Vorgänger, ein alter Priester, hat das Dorf Rekas dem Schutze dieser großen Frau unterstellt, und mir scheint, das, was du im Traum gesehen hast, war niemand anders als diese Frau. Überlege es dir also gut, ob es unter diesen Umständen ratsam ist, den Plan auszuführen“. Der Hauptmann wurde sehr nachdenklich und dem Dorf geschah nichts.

P. Schmutz, SVD

*

Erlaube mir, daß ich dich preise, heiligste Jungfrau.

Erlaube mir, daß ich dich mit meinem eigenen Vermögen preise.

Erlaube mir, daß ich für dich und allein für dich lebe und arbeite, leide, für dich mich selbst verzehre und sterbe.

Erlaube mir, zu deiner größeren und vermehrten Erhebung beizutragen.

Erlaube mir, dir eine solche Ehre darzubringen, wie sie dir noch niemand dargebracht hat.

Erlaube mir, daß mich andere im Eifer um deine Erhöhung übertreffen und daß ich dann — wie in einem edlen Wettstreit immer tiefer und rascher deine Ehre ausbreite, immer prächtiger, so wie es Der ersehnt, Der dich so unaussprechlich über alle anderen Wesen erhoben hat. Amen.

(Hl. Maximilian Kolbe)

Das Marienbildnis am Walensee

Aus dem Leben erzählt.

Es war am Tag Maria Himmelfahrt, als ich von dem freundlichen Städtchen Weesen aus, das am westlichen Ende des herrlichen, wildromantischen Walensees in der Schweiz gelegen ist, im leichten Kahn hinausruderte auf die klare, glänzende, stahlblaue Wasserfläche. Ringsum schließen hohe, steile Felsmassen das Wasserbecken ein; das nördliche Ufer bilden senkrechte Felswände, die viele tausend Fuß aus dem See aufsteigen. Es ist ein grausig schönes Schauspiel, auf den leicht gekräuselten Wellen des Walensees zu schaukeln; ringsum umschließen uns nackte Felsmassen, fast ohne Baum und Strauch; kein Laut ist zu hören, nur das Rauschen der Wasserfälle oder das Geschrei eines Raubvogels, und im Hintergrund, gegen Osten steigen in ernster Majestät die ewig schneebedeckten Glarner-Alpen mit ihren Eishauben und Gletscherfeldern auf.

Ich lenkte meinen Kahn um einen steil in den See abfallenden Felsvorsprung, zwischen dessen Rippen und Brüchen niedriges Gestrüpp sowie einige Tannen und Fichtenbäumchen ihr kümmerliches Dasein fristeten; da erblickte ich vor mir, hart an der schroffen Felswand einen Nachen, den eine junge Frau mit kräftigen Ruderschlägen fortbewegte. Auf einem Bündel duftigen Klees saß ein lockiges Bübchen von drei bis vier Jahren, dessen silberhelles Lachen und Jauchzen wie Musik klang, und das die roten Blüten des Klees auf die murmelnde Wasserfläche streute. Die Schifferin, offenbar die Mutter des Kleinen, mochte wohl 26 Jahre zählen.

„Grüß Gott!“, rief sie mir zu, als mein leichter Kahn ihr etwas schwerfälliges Fahrzeug einholte, und gleichzeitig zog sie ihr Ruder ein und brachte den Nachen, indem sie mit beiden Händen ein Felsenstück erfaßte, zum Stillstehen.

„Sie wollen doch hier nicht landen?“, fragte ich, denn es wäre unmöglich gewesen, auch nur einen Fuß auf die schroffe Felswand, die von den plätschernden Wogen geleckt wurde, zu setzen; auch fürchtete ich, ein Stoß des Nachens gegen den steilen Felsen könnte das Leben des Kindes, das sich sorglos auf seinem Kleepolster tummelte, in Gefahr bringen.

„Nein“, erwiderte die junge Frau ernst, „an diese Stelle rudere ich jedes Jahr am Marientag, und ich werde es tun, so lange der liebe Gott mich gesund läßt.“

Mit diesen Worten holte sie aus dem Nachen einen großen grünen, blumendurchflochtenen Kranz, den sie um ein in der Felsennische angebrachtes Marienbild schlang. Erst jetzt gewahrte ich dieses Bild, das sich etwa vier Fuß über dem Wasserspiegel befand und offenbar aus neuer Zeit stammte, denn die Farben waren noch ziemlich frisch, und die Nische hob sich durch helleren Farbton von dem grauen verwitterten Felsgestein ab.

Als der Kranz befestigt war, kniete die Frau, ohne weitere Notiz von mir zu nehmen, im Nachen nieder, faltete die Hände und verrichtete ein kurzes Gebet; auch ihrem Kleinen, faltete sie die Händchen und sagte ihm mit lauter Stimme die Worte vor: „Gedenke, o gütige Jungfrau, es ist noch nie gehört worden, daß Jemand, der zu dir seine Zuflucht nahm, verlassen worden wäre."

Ich lüftete den Hut und stimmte unwillkürlich in das kindlich fromme Gebet ein. Das Wesen der Frau war so einfach und schlicht, so ungekünstelt und fern jeder Prahlerei, daß es mich fast zu Tränen rührte. Selten habe ich mich in andachtsvollerer Stimmung gefunden als wie in jenem Augenblick; über uns wölbte sich das endlose, azurblaue Firmament, unter unseren Fahrzeugen grollte der tiefe See, die schroffe Felswand bildete gleichsam den Altar mit dem kunstlosen Marienbilde, und gleich den Säulen und Riesendomen ragten die himmelanstrebenden Steinmassen rings empor. Die Frau griff wieder zu den Rudern, und unter ihren geübten, kraftvollen Schlägen schoß das Fahrzeug hin. Auf den Wangen der Frau sah ich eine Träne rinnen.

„Darf man", fragte ich, mit ihr Kurs haltend, „ohne neugierig zu erscheinen, erfahren, welche Geschichte sich an das Marienbild knüpft?"

„Wenn's den Herrn interessiert", erwiderte die Frau darauf, „recht gern. Drüben in Mühlenhorn habe ich eine Wirtschaft, wenn Sie dort ein halbes Stündchen verweilen wollen, will ich ihnen die merkwürdige Sach' erzählen, hab heut' ohnehin Sonntag."

Wir steuerten unsere Fahrzeuge nach dem jenseitigen Ufer, und die Geschichte, die ich erfuhr, will ich mit kurzen Worten mitteilen:

In dem efeuumsponnenen Häuschen des Bildhauers Mädli in Mühlenhorn sah es gar traurig aus; die Mutter seufzte und stöhnte; der Vater, der viele Monate bettlägerig gewesen, rang in stummem Schmerz die Hände. Die lange Krankheit des Vaters hatte die Familie in bitterste Not gebracht und die geringen Ersparnisse verschlungen. Man war genötigt gewesen, bei einem Geldverleiher in Zürich eine Summe aufzunehmen, und der Wechsel war am 27. Juli fällig. Woher wollte man das Geld nehmen, denselben zu decken? Alle Bemühungen Mädlis waren vergebens gewesen, den hartherzigen Geldmann zur Verlängerung des Wechsels zu stimmen; er hatte gedroht, das Haus, das einzige Besitztum der Familie, unter den Hammer bringen zu lassen, um sich bezahlt zu machen.

Es war am St.-Anna-Tag und Pia hatte am Morgen in der Kirche ganz innig gebetet und die Himmelskönigin angefleht, ihren, der Verzweiflung nahen alten Eltern schützend und helfend beizustehen.

Als sie die Kirche verließ, trat in der Dorfgasse ein Fremder, ein anscheinend vornehmer Herr mit blassem Gesicht und langem blonden Vollbart an sie heran und sagte: „Ich möchte mich auf den See hinausfahren lassen; können Sie mir sagen, an wen ich mich wegen eines Kahnes zu wenden habe?"

„Grüß Gott", sagte Pia, „den Kahn können Sie von uns haben; ich werde den Vater rufen; er kann Sie fahren, und ich werde das Steuer führen.".

Pia schritt neben der hohen, mächtigen Gestalt des Fremden, auf dessen Gesicht ein finsterer Ernst lag, ihrer Wohnung und dann in Begleitung des Vaters dem See zu. Wenige Minuten später trug der Nachen sie auf die glänzende Fläche hinaus. Pia war am Steuer, und der schweigsame Gast starrte auf die vom Morgenwind gekräuselten Wellen. Es war keine fröhliche Fahrt wie sonst, wenn Gäste aus der weiten Welt kamen um in der herrlichen Gebirgswelt aufzutauchen und aufzuatmen, kein froher Gesang begleitete den Rudertakt, kein helles Lachen mischte sich in das Gemurmel und Geplätscher der Wellen. Dem Fährmann und seiner Tochter war das Herz zentnerschwer; der Kopf stand ihnen nicht nach Singen und Fröhlichkeit, und das blasse, ernste Gesicht des Fremden, das im hellsten Kontrast zu dem lachenden Sommermorgen stand, hätte ohnehin jeden frohen Laut im Keim erstickt. Niemand sprach ein Wort, eine fast unheimliche Stille lag wie bleierne Schwüle über dem Kahn.

Als ein Fischreiher gleich einem Pfeil aus der Höhe in die Flut niederschoß und im nächsten Augenblick eine Seeforelle zwischen den Fängen hielt, die er mit dem scharfen, gekrümmten Schnabel zerriß und zur Hälfte wieder ins Wasser fallen ließ, lachte der Fremde kurz und hart auf und seine blutleeren Lippen murmelten bitter: „Auch hier Kampf und Verfolgung!"

Nach einer Weile fragte er plötzlich: „Wie tief ist der See?"

,,Das ist verschieden, Herr", erwiderte Mädli, ,,hundert, stellenweise auch zweihundert Meter."

,,Wo ist die tiefste Stelle?"

,,Drüben, Herr, an der Felswand".

,,Fahren Sie dorthin".

Pia griff mit dem Steuer ein und der Kahn flog dem jenseitigen Ufer zu. Ein schwerer Seufzer entrang sich der Brust des Vaters.

,,Weshalb stöhnen Sie?", fragte der Fremde in milderem Ton; ,,drückt sie ein Leid?"

,,Ach, Herr — das läßt sich nicht sagen, und ein reicher, glücklicher Mann wie Sie würde es auch nicht verstehen. Ich war krank, mußte Schulden machen, um mit den Meinigen nicht zu verhungern, morgen ist der Wechsel fällig und dann werde ich aus meinem Haus gejagt..." Der Fremde zuckte die Achseln. ,,Also wegen einer handvoll Franken sind sie so unglücklich?", fragte er in verächtlichem Ton. ,,Wenn es kein herberes Weh gäbe als Geldmangel!"

,,Ich sagte Ihnen, Herr, daß ein Reicher das nicht versteht."

,,Lassen Sie den Kahn hier treiben", sagte er und legte die Uhr nebst Börse auf die Bank, auf der er gesessen hatte. ,,Fährmann, das soll Ihnen gehören, wenn ich tot bin".

,,Tot? — Sie wollen doch nicht — — —?"

,,Ja, ich will, und niemand wird mich daran hindern!"

Die Worte klangen rauh, drohend, befehlend. Pia sah ihren Vater entsetzt an. ,,Haben sie denn keinen Glauben?", fragte sie. Der Fremde wandte sich jäh um nach der kühnen Fragerin.

,,Keinen Glauben", wiederholte er mit eigentümlicher Betonung; ,,es gab eine Zeit..."

,,Wissen sie denn nicht, Herr, daß Sie vor den Richterstuhl Gottes treten und daß die Selbstmörder dem Gericht Gottes zuvorkommen?" Über die kalten Züge des Mannes glitt ein Lächeln. ,,Halten Sie an diesem Glauben fest, Kind — für mich ist es zu spät."

,,Kind", hub der Fremde plötzlich an, — das Bewußtsein, daß sein Leben nur noch nach Minuten zählt, der Schmerz des Fährmanns und seiner Tochter und die angstvolle Teilnahme, die sie für ihn an den Tag legten, schien den anfangs so einsilbigen Mann gesprächig zu machen — ,,Kind, ich war einst auch frommgläubig; ich habe sogar meiner Mutter, als sie auf dem Sterbebett lag, versprochen, jeden Tag ein Ave zu beten und ich habe diesen Schwur gehalten — bis zur Stunde, vielleicht nur aus Gewohnheit.“

,,Das war brav“, erwiderte Mädli, ,,und Gott wird Ihnen das anrechnen.“

,,Gott? Es gibt keinen Gott!“, schrie der Fremde laut auf — ein Sprung, und die Wellen des Sees schlugen über ihm zusammen.

Der Nachen schwankte, daß er umzuschlagen drohte; Pia stieß einen gellenden Schrei aus und starrte verglasten Blickes auf die Stelle des Wassers, die den unglücklichen Menschen verschlungen hatte.

,,Halte fest zum Ufer, mein Kind; dort am Block finden wir Halt.“ Mädli hatte die Ruder eingezogen, den Rock abgelegt, und im nächsten Augenblick verschwand auch er im See.

,,Vater!“... Qualvolle, entsetzliche Minuten, die einer Ewigkeit glichen... Da teilte sich die Wasserfläche; ein Kopf erschien und noch einer; Mädli arbeitete kräftig mit dem rechten Arm — sein linker trug eine schwere Last — den Fremden. Pia war im Nu mit dem Nachen zur Stelle, dessen Rand der Vater erfaßte. ,,Vorsichtig, Kind, daß wir nicht alle verunglücken. Fahre ans Ufer.“ Hier lag unter dem Spiegel des Sees ein mächtiger Felsblock. Die Füße des Fährmanns fanden Boden, und behutsam hob er den ohnmächtigen Mann in den Kahn; er selbst schwang sich an der Spitze des Nachens hinauf.

,,Schnell nach Hause, Pia, das Wasser ist eiskalt.“ Nach einer halben Stunde ist Mühlenhorn erreicht. Der Fremde hatte unter fortgesetzten Reibungen Mädlis, die Augen aufgeschlagen und allmählich kehrte das Bewußtsein zurück.

Stunden waren vergangen. Der Fremde saß angetan mit den Sonntagskleidern Mädlis in dem einfachen Stübchen des Bildschnitzers, seine eigenen Kleider hingen draußen im Garten an der Sonne. Geräuschlos trat Pia ein, um nach dem Befinden des Mannes zu sehen der auf so sonderbare Weise ihr Gast geworden war.

,,Fühlen Sie sich besser, der Schlaf hat Ihnen gut getan?“

Der Fremde nickte. „Ich könnte schon längst tot sein", murmelte er.

Wissen Sie auch, Herr, weshalb der Himmel Ihnen Rettung sandte?"

„Nun, wissen Sie es?"

„Ja. Weil Sie das Ihrer Mutter gegebene Versprechen treu gehalten und täglich ein Ave gebetet haben; die allerseligste Jungfrau hat Sie nicht zu Grunde gehen lassen."

Pia lächelte unter Tränen, und ihr Blick fiel dankbar und innig auf das Marienbild, das im verblaßten Goldrahmen an der Wand des Zimmers hing.

„Wo ist ihr Vater, der sein Leben für mich gewagt hat?"

„Er mußte zu Bett gehen, Herr, er fiebert; Vater war von dem Rudern so erhitzt — und dann plötzlich in das Gletscherwasser hinein — aber es wird wohl bald vorübergehen."

„Das schmerzt mich, daß ihr guter Vater meinetwegen erkrankt ist. Ich hoffe, meine Schuld bald in würdiger Weise abtragen zu können."

„Wir wollen keine Bezahlung, Herr, was mein Vater getan, hätte er auch dem Ärmsten getan — aus christlicher Nächstenliebe."

„Ein braver Mann! Aber die Erfüllung seiner Pflicht setzt die hochherzige Tat nicht im geringsten herab. Sprach ihr Vater nicht von einem Wechsel, der morgen unbedingt gedeckt werden müsse?"

„Freilich, aber..."

„Kein aber, Pia, nennen Sie mir den Namen des Mannes in Zürich; diese Angelegenheit werde ich regeln".

Gegen Abend schied der Fremde, seinem Lebensretter dankbar die Hand drückend, von der Familie Mädli und dem stillen Dorf am Walensee; der Wechsel wurde am folgenden Tag nicht präsentiert; dagegen traf acht Tage später aus Wien folgendes Schreiben an Mädli in Mühlenhorn ein:

„Ihnen und den Ihrigen danke ich nochmals von ganzem Herzen! Die traurige Katastrophe vom 27. Juli hat mich seelisch geheilt; ich habe mich auf mich selbst besonnen und mit der Vergangenheit ohne Glauben und Halt gebrochen. Ich bin glücklich! Einliegend sende ich eine Summe Geldes; lassen Sie

an der Felswand, nahe der Stelle am See, wo meine Rettung erfolgte, ein Marienbild anbringen".

Das ist die Geschichte des Marienbildes am See, wie die junge Frau sie mir erzählte. Ihre Eltern hatten vor einigen Tagen das Zeitliche gesegnet; Pia aber war die Frau eines braven Mannes geworden, der im Sommer eine gern besuchte Wirtschaft führt. An jedem Marienfest schmückt sie das Bild an der Felswand mit einem Blumenkranz und betet ein Ave Maria für ihren Wohltäter.

*

Sei gegrüßt, Mutter des allerheiligsten Sternes;
sei gegrüßt, Morgenglanz des mystischen Lebens.
Sei gegrüßt, den glühenden Irrtum löschest du aus;
sei gegrüßt, allen der Dreifaltigkeit Geweihten zeigst du
ihre Majestät.

Sei gegrüßt, Gewalt verwirfst du und Unmenschlichkeit;
sei gegrüßt, in Christus schauen wir den Menschenfreund
als Herrn.
Sei gegrüßt, du befreist uns von heidnischem Götzendienst;
sei gegrüßt, du bewahrst uns vor der Ausgeburt der Zwietracht.

Sei gegrüßt, du setzest der Anbetung des Feuers ein Ende;
sei gegrüßt, du befreist die von Begierden Besessenen.
Sei gegrüßt, den Gläubigen weisest du den Weg zur Weisheit;
sei gegrüßt, alle Wesen erfüllst du mit Seligkeit.

Sei gegrüßt, du jungfräuliche Mutter!

Aus: Hymnos Akathistos (Ostkirchliche Liturgie seit 700 - 800)

Eine aufsehenerregende, plötzliche Heilung

Den Medizinern mag es schon hart genug ankommen, Wunderheilungen in Lourdes bestätigen zu müssen. Sehen sie sich aber Heilungen gegenüber, die Hunderte oder Tausende von Meilen entfernt nur nach der Anrufung des Namens Unserer Lieben Frau von Lourdes oder nach Gebrauch von Lourdeswasser stattgefunden haben, dann muß ihnen das noch unglaubwürdiger erscheinen.

Und dennoch geschieht es — nicht ein- oder zweimal, sondern wieder und wieder. Und das Medizinische Büro stellt fest, daß es „auch die Möglichkeit hat, Heilungen zu untersuchen, die in anderen Teilen der Welt, d. h. außerhalb der Domäne selbst, stattgefunden haben, vorausgesetzt, daß dabei der Name Lourdes angerufen wurde."

Solche Heilungen haben sich in vielen Teilen der Welt ereignet, in Amerika, Ozeanien, Kanada, Ceylon. Sie ereigneten sich nach Novenen zu Unserer Lieben Frau von Lourdes, in Lourdes-Heiligtümern oder in Nachbildungen der Grotte, in Lourdesquellen oder in Privathäusern nach Gebrauch von Lourdes-Wasser. Berichte über solche Heilungen bilden einen großen Teil der Akten des Medizinischen Büros von Lourdes und faszinierten mich von Anfang an.

Eine der aufsehenerregendsten Heilungen dieser Art war die des Pierre de Rudder, dessen Fall in ganz Europa einen Sturm von Debatten und Erörterungen ausgelöst hat. Hier handelte es sich um einen Fall, den auch die wildeste Phantasie nicht der Autosuggestion oder Hysterie zuschreiben konnte. Denn hier ging es weder um Nerven noch um Gefühle, ja nicht einmal um Gewebsveränderungen, sondern um gebrochene Knochen, die sich von einem Augenblick zum andern zusammenfügten — um die Beinknochen eines ausgewachsenen Mannes.

De Rudder war ein belgischer Bauer, der in Jabbeke bei Brügge lebte. Ein fallender Baum hatte sein Bein (unterhalb des Knies) zerschmettert. Der Bruch war so schlimm, daß man nach Entfernung der Knochensplitter die noch intakten zwei Knochenteile etwa drei Zentimeter voneinander getrennt in der Wunde sehen konnte. Die untere Hälfte des Schenkels, die nicht mehr mit der oberen verbunden war, „pendelte nach allen Richtungen". Acht Jahre später waren die zerschmetterten Knochen immer noch nicht zusammengeheilt, und um sie herum hatte sich ein Abszeß gebildet, der eine grauenhaft nässende Wunde verursachte. Ein Chirurg nach dem andern erklärte den Fall für unheilbar, und Professor Thiriart aus Brüssel, den man als letzte Instanz konsultierte, riet schließlich zur Amputation des Beines.

De Rudder verweigerte die Einwilligung. Mehr als acht Jahre litt er Höllenqualen, mußte die Wunde täglich mehrmals frisch verbinden und schleppte sich auf Krücken dahin.

Endlich entschloß er sich zu einer Wallfahrt zu der Statue, die man Unserer Lieben Frau von Lourdes in Oostacker, einer Stadt bei Gent, errichtet hatte. In Gent angekommen, ließ er sich in die Postkutsche nach Oostacker setzen, und obwohl sein

Bein gut verbunden war, blutete und eiterte es so stark, daß sich der Fahrer heftig über die Beschmutzung des Sitzes beschwerte.

Pierre betete lang und inbrünstig in der Grotte von Oostacker. Zunächst bat er um Vergebung für seine Sünden. Dann bat er Unsere Liebe Frau von Lourdes, sie möge ihm die Gnade schenken, für seine Kinder arbeiten und sorgen zu können und nicht mehr von der Wohlfahrt abhängig zu sein. Während er betete, verspürte er plötzlich, daß in seinem Körper eine gewaltige Veränderung vor sich ging. Ohne daß er sich dessen bewußt wurde, begann er — ohne Krücken — um die ganze Grotte herumzugehen. Dies tat er dreimal. Dann begab er sich zu dem Fuhrwerk, das ihn zum Bahnhof bringen sollte. Als er zu Hause ankam, stieg er ohne jede Hilfe aus dem Zug. Er untersuchte sein Bein und stellte fest, daß die Wunde geschlossen war. Die Knochen waren während der wenigen Minuten in der Grotte fest zusammengewachsen. Seine Beine waren so fest und gesund wie die eines jeden anderen. Die Lücke war verschwunden, die Knochen wieder vereint. Er hinkte nicht einmal, denn beide Beine hatten genau die gleiche Länge.

Die Nachricht von diesem Ereignis verbreitete sich wie ein Lauffeuer. Bald stand ganz Belgien in Aufruhr über diese ungewöhnliche Heilung. Pierres Arzt, ein Freigeist, weigerte sich zunächst, ein Wort davon zu glauben. Dann aber machte er sich auf den Weg, um sich selbst zu überzeugen. Er fand seinen Patienten im Garten beim Umgraben. Dieser Arzt, Dr. van Hoestenberghe, schrieb später an den Leiter des Medizinischen Büros in Lourdes:

„Pierre ist zweifellos geheilt. Ich habe ihn im Verlauf der letzten acht Jahre häufig gesehen, und meine medizinischen Kenntnisse sagen mir, daß eine solche Heilung völlig unerklärbar ist. Trotzdem ist er vollständig, plötzlich, augenblicklich und ohne Rekonvaleszenzprozeß geheilt worden. Nicht nur, daß die Knochen auf einmal zusammengefügt waren; es scheint ein neues Knochenmaterial plötzlich entstanden zu sein, das die Stelle jener Splitter, die ich selbst aus der Wunde entfernt habe, eingenommen hat. Wenn dies aber ein Wunder ist, dann muß es etwas geben, das über dem Naturgesetz steht. Es gibt einen Gott, und er muß sich auf diese Weise offenbart haben!"

Der Arzt kehrte zum Glauben seiner Kindheit zurück, und das gleiche taten Unzählige aus jenem Teil Belgiens. Die Heilung übte auf das religiöse Leben des gesamten Bezirks eine starke Wirkung aus. Sie wurde eine Sensation für ganz Europa.

Achtundzwanzig Ärzte unterzogen diesen Fall einem gründlichen Studium. Unter der Aufsicht von Katholiken und Ungläubigen stellten sie minuziöse Nachforschungen an. Sie befragten die Ärzte, die de Rudder betreut hatten, die Nachbarn in Jabbeke, die den Zustand der Wunde am Tag seiner Abreise gesehen hatten, und die Leute, die an der Grotte gewesen waren. De Rudder selbst mußte sich einem unerbittlichen Kreuzverhör unterziehen. Zuletzt sahen sich die Ärzte gezwungen, die Authentizität dieser beispiellosen Tatsache zuzugeben: Daß ein Stück Knochen von etwa drei Zentimeter Länge von einem Augenblick zum andern entstanden war und die Stelle, an der es gefehlt hatte, ausfüllte, und das nach einem schlichten Gebet. Das Bein zeigte an der Stelle, wo es gebrochen gewesen war, lediglich noch einen bläulichen Fleck.

Zwanzig Jahre verstrichen, ohne daß sich an diesem Bein irgendeine Schwäche zeigte. De Rudder starb im Alter von 75 Jahren an Lungenentzündung. Eine Autopsie ergab nichts Neues, außer daß ,,das Bein in einer Weise wiederhergestellt war, wie es, wäre eine Operation möglich gewesen, nur einem überaus geschickten Chirurgen hätte gelingen können. Und diese Wiederherstellung wurde durch die sofortige Beseitigung einer schwärenden Wunde und die ebenso plötzliche Entstehung des Knochens ermöglicht.‘‘

Die Beinknochen de Rudders sind in der Universität von Loewen aufbewahrt. Man hat aber Kupfermodelle nach Lourdes gegeben, wo sie im Medizinischen Büro zu sehen sind.

Im Jahre 1951 schrieb Dr. Leuret über diesen Fall:

,,Es hat einc augenblickliche Callus-Bildung stattgefunden, welche die Lücke zwischen den Knochenenden füllte. Woher kam die Knochensubstanz, die für die sofort eintretende Stabilität vonnöten sind! Dr. Le Bec hat ganz klar dargelegt, daß bei Erwägung aller Umstände für die fragliche Bildung auf normalem Weg wenigsten fünfzig Tage notwendig gewesen wären. Bei der Heilung, die sich an der Gnadenstätte Unserer Lieben Frau von Lourdes vollzog, bedurfte sie kaum sechzig Sekunden."

Ruth Cranston
Aus: „Das Wunder von Lourdes", Pfeiffer-Verlag, München.

*

Magnifikat

Hochpreiset meine Seele den Herrn!

Mein Geist frohlockt in Gott, meinem Heiland!

Denn er hat in Gnaden geschaut
auf die Niedrigkeit seiner Magd;
siehe, von nun an werden mich selig preisen
alle Geschlechter.

Denn Großes hat an mir getan
der Allmächtige,
heilig ist sein Name.

Seine Barmherzigkeit waltet von Geschlecht zu Geschlecht
für jene, die in Ehrfurcht ihm dienen.

Machtvoll wirkt er mit seinem Arme, zerstreut,
die Hoffart sinnen in ihrem Herzen.

Mächtige stürzt er vom Throne,
doch die Geringen hebt er empor.

Hungernden gibt er die Fülle der Güter,
doch mit leeren Händen entläßt er die Reichen.

Er nahm sich Israels an, seines Knechtes,
eingedenk seines Erbarmens.

Wie er unseren Vätern versprochen hat,
Abraham und seinen Nachkommen auf ewig.

Ehre sei dem Vater und dem Sohne
und dem Heiligen Geiste.
Wie es war im Anfang, so auch jetzt und in Ewigkeit. Amen.

Ein Gnadenwunder in Lourdes

Es war am Tag der Einweihung der Basilika Papst Pius X. durch den zukünftigen Papst Johannes XXIII. An diesem 25. März 1958 kniete in Lourdes ein vornehm gekleideter alter Mann vor der Grotte. Seine Züge konnten eine gewisse Härte nicht verbergen, die manchmal Menschen eigen ist, die viel Leid erfahren und es widerwillig tragen.

Wenn er heute hier kniete, so um das Versprechen zu erfüllen, das er seiner sterbenden Frau gegeben hatte. Zu allem Unglück hatte er kürzlich den Tod seines einzigen Sohnes erfahren, der in Algerien sein Leben lassen mußte. Seit Jahren hatte das Schicksal Herrn Garnier nur harte Schläge zugeteilt. Die Bitterkeit, die er vor 15 Jahren erlebt hatte, stieg mit neuer Wucht in sein Gemüt. Damals war er wegen unvorsichtigen Reden seines Freundes verhaftet worden, der dann bei den Gerichtsverhandlungen nicht den Mut fand, der Warheit die Ehre zu geben, und bei seinen Verdächtigungen blieb. Diese Verleumdungen brachten Herrn Garnier für mehrere Jahre ins

Gefängnis. Er verlor sein Vermögen, seine Stellung und seine Gesundheit. Für die Bitten und Gebete seiner Frau hatte er nur Spott und Hohn übrig, wenn sie zu ihm vom Verzeihen sprach. Er dachte nur an die Rache, die er für das empfangene Unrecht nehmen wollte.

Die Treue seiner Frau und ihre vollkommene Unterwerfung unter das, was sie den Willen Gottes nannte, bewog ihn eines Tages, ihr das Versprechen zu geben, bei seiner Haftentlassung eine Wallfahrt nach Lourdes zu unternehmen. Inzwischen hatte der Kummer seiner Frau das Herz gebrochen. Von diesem Tage an versuchte er, etwas mehr zu beten.

Heute aber wollte ihm das Beten nicht recht gelingen. Er lenkte seine Blicke etwas neugierig auf die Beter vor der Grotte. In seiner Nähe hielt eine Mutter in Tränen ein offensichtlich schwerkrankes Kind in ihren Armen. Dort kniete ein junges Ehepaar, das anscheinend seine Zukunft der Gottesmutter empfahl.

Am meisten ergriff ihn ein junges Mädchen, das in seiner Nähe vor der Grotte kniete, ganz in sich versunken, mit ausgebreiteten Armen einer antiken Orante. Alles an ihr schien um Hilfe zu rufen bei der fürbittenden Allmacht. Er fühlte sich weniger verbittert bei diesem Anblick, und er betete sogar für dieses Mädchen um Erhörung in seinem schweren Anliegen, um Trost für das junge sorgenvolle Herz.

In diesem Moment begriff er etwas von der Solidarität der Leidenden. Er erkannte, daß man sein eigenes Kreuz leichter trägt, wenn man an andere denkt. „Der eine trage des anderen Last" kommt ihm in den Sinn, und er betete jetzt für alle Anwesenden, ja für alle Lebenden und Verstorbenen. Dann wohnte er den Messen bei, die im Laufe des Morgens in der Grotte gefeiert wurden.

„Wie auch wir vergeben".

Nach der letzten hl. Messe begann ein Priester, laut den Rosenkranz vorzubeten. Ein Wort des Vaterunsers riß plötzlich die alte Wunde seines Herzens wieder auf: „Vergib uns unsere Schuld, wie auch wir vergeben..." Nein, das konnte er nicht, er konnte dem nicht verzeihen, der ihm so schweres Unrecht angetan hatte.

Er verließ den Platz in der alten Verbitterung und wanderte während langen Stunden durch die belebten Straßen von Lourdes. Nach und nach wurde er etwas ruhiger, er war schließlich bereit zu verzeihen, aber der Urheber seiner großen Prüfung möge ihm nie mehr vor die Augen treten... das könnte er nicht ertragen. In diesen Gedanken führten ihn seine Schritte in die neuerbaute Basilika, wo die Einweihungsfeierlichkeiten beendet wurden. Er sah und hörte nichts von den Gesängen, er überließ sich seinem Schmerz, bis ihn ein Priester an der Schulter berührte und ihn fragte: „Kann ich vielleicht etwas für Sie tun?..." Herr Garnier wehrte zunächst ab, doch sein Kreuz drückte ihn so schwer, daß er sich entschloß, dem Priester seine Seele bloßzulegen, die nach einer befreienden Beichte — einem Akt der Demut - ihr Gleichgewicht wiederfand. Mit frohem Herzen kehrte er zur Grotte zurück.

Beim Verlassen der Grotte wandte er sich den Brunnen zu, die das Quellwasser verteilen. Hier bot ihm das Mädchen, das er bei der Grotte so innig hat beten sehen, ein Glas mit Quellwasser an mit den Worten: „Lieber Herr, Ihr Leid, das Sie heute morgen auf ihrem Gesicht trugen, hatte mich derart ergriffen, daß ich mein eigenes Leid vergaß, um für Sie zu beten".

„Und ich, mein Kind, hatte zur Gottesmutter gebetet, sie zu erhören in dem, was sie so inständig zu erflehen schienen".

„Ihnen verdanke ich vielleicht, daß ich heute Lourdes so zuversichtlich verlasse; mein Vater leidet nämlich an Kehlkopfkrebs. Seine physischen Leiden sind aber nichts im Vergleich zu seinem seelischen Schmerz; er hat nämlich durch falsche Anzeigen einen seiner Freunde ins Unglück gebracht. Von Gewissensbissen gemartert, hat er in einem Brief Abbitte geleistet, aber, ach, keine Antwort darauf bekommen, und nun verzehrt er sich in der Verzweiflung, daß ihm dieser nicht verzeihen will. Um diese Gnade für ihn zu erlangen, kam ich nach Lourdes, und ich hoffe bestimmt, erhört zu werden. Aber was ist Ihnen, mein Herr, Sie sind so blaß geworden?"

Herr Garnier konnte kaum sprechen: „So bist Du also Jacqueline? — Ich bin das Opfer deines Vaters."

Das Mädchen wollte erschreckt fliehen. Doch Herr Garnier fügte hinzu: „Sei beruhigt, mein Kind, indem wir für einander beteten, hat der Himmel deinen Wunsch erfüllt und mich von meinem Haß geheilt. Gehen wir zur Gnadenmutter, um ihr zu danken, und dann eilen wir zu deinem Vater, damit er seinen Freund wiederfinde, der von heute an nur Gutes tun will."

*

Königin des heiligen Rosenkranzes! Jetzt in diesen gottlosen Zeiten zeige aufs neue deine Macht so wie früher, da du so glänzende Siege errungen hast! Vom Himmel aus, wu du als Spenderin der Vergebung der Gnade thronst, schau huldvoll herab auf die Kirche deines Sohnes, auf seinen Stellvertreter und auf alle geistlichen und weltlichen Stände! Sie sind so schwer bedrängt. Du kannst machtvoll alle Irrlehren niederringen. Laß bald die Stunde der Erbarmung kommen, mag auch Tag für Tag durch zahllose Sünden die Stunde der Gerechtigkeit gefordert werden. Und mir, dem letzten aller Menschen, der ich in Demut hier vor dir knie, erwirke mir die Gnade, die mir am meisten notwendig ist, um gerecht zu leben hier auf Erden und einst mit den Gerechten zu triumphieren im Himmel.

Mit den ganzen Gläubigen der Welt grüße ich dich, Rosenkranzkönigin, und rufe zu dir: *Königin des heiligen Rosenkranzes, bitte für uns!*

(Papst Leo XIII.)

Maria in Alcazar

Die Geschichte eines großen Vertrauens.

Im Juli 1936 entzündete sich nach dem Meuchelmord des Nationalisten Calvo Satelos das Feuer der Revolution. Die Kriegsfurie raste durch ganz Spanien. Der Süden und Westen gerieten in die Hände der Roten. Toledo, südlich von Madrid, fiel. Nur der Alcazar hielt stand. Letzterer war eine Militär-Akademie, eine Offiziersschule. In dieser kleinen Festung blieben nur 75 Phalangisten zurück, während ihre Kameraden in den Ferien weilten. Zu ihnen gesellte sich die Zivilgarde in Stärke von 750 Mann mit ihren Familien, so daß die Garnison 1100 Mann und 800 Frauen und Kinder zählte. Über dem Alcazar hißten sie die Nationalfahne. Sie bildeten eine kleine Insel im unermeßlichen roten Ozean; ihre Lage war höchst kritisch. Jeden Morgen rief der Kommandant der Roten den Colonel Moscardo an: „Wollt ihr Euch ergeben?“ — „Niemals“, war die Antwort.

Siegesbewußt meldete Ende Juli Radio Madrid: „10 000 Mann rücken vor, um den Alcazar zu besetzen.“ Man hatte wohl nicht überlegt, daß die 1100 Belagerten Soldaten Mariens waren. Colonel Moscardo und zahlreiche Kadetten nannten sich Mitglieder der Marianischen Kongregation. Diese jungen Leute im Alter zwischen 18-20 Jahren setzten den Alcazar in Verteidigungszustand. Der Bischof von Carthagena, Msgr. Diaz., erklärte in Rom: „Ich wundere mich nicht, daß die Kadetten von Toledo solch große Proben von Mut und Heroismus gegeben haben, waren sie doch Ritter Unserer Lieben Frau, die den Satan besiegt hat...“ — Menschlich gesehen war die Garnison von Alcazar erledigt. Alle Verteidiger stützten ihr Vertrauen auf die himmlische Jungfrau. Im Krankenhaus fand man eine alte Statue Mariens. Mit großer Feierlichkeit erfolgte ihre Thronerhebung. Von diesem Zeitpunkt an galt Maria als die große „Kapitana“, in deren Händen die Verteidigung des Alcazar lag. Ein Fliegerhauptmann organisierte den ewigen Rosenkranz vor der Statue. Jede Viertelstunde begann ein Rosenkranz mit anschließendem Gesang: „Rette uns, Jungfrau Maria“ usw...

Zweimal täglich versammelte sich die Garnison vor dem Bilde zur Verrichtung des Rosenkranzgebetes.

Die Mutter Gottes stellte ihre Verehrer auf eine harte Probe. Angesichts des unaufhörlichen Grollens der Geschütze sowie des Granaten- und Bombenhagels zogen sich die 1900 Personen in unterirdische Gänge zurück. Keine Luft, kein Licht, keine Nachrichten! Und doch vermochte nichts ihr Vertrauen auf die Madonna zu erschüttern in diesen 71 Tagen schrecklichen Daseins. Nach 32 Tagen ein Lächeln vom Himmel! Ein Flugzeug bringt eine Botschaft aus der Hand Francos. Er schwor, sie zu befreien. Die Begeisterung der Belagerten kannte keine Grenzen mehr. Es wurden Rufe laut: „Es lebe unsere Jungfrau! Es lebe die Unbefleckte! Sie wird uns erretten.“ Später berichtete Colonel Moscardo u. a.: „Weinend und singend begaben sich alle zur Statue der Jungfrau Maria. Ich begleitete sie mit unserer Fahne, nahm tiefgerührt die Mutter in meine Arme, und tränenvergießend flehte ich zu ihr: ,,Mutter, rette uns! Du verläßt jene nicht, die ihr Vertrauen auf dich setzen!"

Im August nahm das Feuer an Heftigkeit zu. Da glaubte man, sich ergeben zu müssen. Es fehlte an allem, sogar das Wasser ging aus. Die Mutter wurde mit Gebeten bestürmt. Da entdeckte jemand einen Behälter mit 40 000 Liter Wasser. Wie Maria sich bei anderer Gelegenheit hilfreich erwies, erzählte Colonel Romero: ,,Sie war es, die die Hand unserer drei Ärzte, von denen keiner Chirurg war, führte. Ohne die erforderlichen Instrumente, ohne Antiseptika, ohne Chloroform operierten sie die Kranken im Kerzenschein mit Erfolg, ohne Verluste. Die Madonna war es, die unsere Kraft aufrecht hielt. Wir, auch die Kinder, mußten uns begnügen mit wenig rotem Fleisch. Nur 80 Seelen gingen in der Schreckenszeit in den Himmel. Uns hat die Jungfrau erhalten, damit wir der Nachwelt erzählen, was man durch das Gebet zu ihr erreichen konnte..." — Für Dr. Martin, einen der drei Ärzte, war die Geschichte der Belagerung ein andauerndes Wunder der Allerheiligsten Jungfrau. Vor der Pariser Zeitung ,,La Croix" bezeugte er unter anderem: ,,Die Materialisten, die nicht an ein Wunder glauben, werden lachen und mich für naiv halten, daran liegt mir wenig. Aber sie müssen unsere höheren Wissenschaften achten, denn ohne jedwede Hilfsmittel hatten wir keinen Epidemie- oder Krankheitsfall. Sie mögen nur einmal bedenken: infektiöses Brot, Mauleselfleisch 70 Tage lang. Das wird ihnen die Augen öffnen; ihre falsche Wissenschaft werden sie vergessen und das besser verstehen, was auf Gott sich bezieht. Die Himmelsmutter werde ich nie vergessen, sie hat uns errettet.

Der Sohn Moscardos geriet unter die Roten. Diese wollten ihn in Freiheit setzen, wenn der Colonel die Verteidigung des Alcazar aufgebe, andernfalls würde der Sohn erschossen. ,,Vor Drohungen schrecke ich nicht zurück", erwiderte der Kommandant. Da wurde der 17jährige Moscardo erschossen. Sein letzter Ruf war: ,,Es lebe Christus, der König!" Nach einer erfolglosen Belagerung beschlossen die Roten, zwei Tunnels unter das Mauerwerk der Festung zu bauen. Am 18. September sollte der Alcazar in die Luft fliegen. Die Belagerten erkannten die Gefahr und wußten, daß nur ein Wunder sie retten konnte. Ihre

Zuflucht zur himmlischen Mutter nehmend, beteten sie mit ausgebreiteten Armen: „Heilige Maria, Mutter Gottes, bitte für uns jetzt und in der Stunde unseres Todes!"

Eine furchtbare Explosion dröhnte. Alle, die vor dem Bilde der Gottesmutter beteten, fielen zur Erde nieder. Ein Steinhagel bedeckte sie, aber niemand wurde verletzt. „Ein Wunder"!, schrien alle. Die Roten hielten jetzt den Alcazar für ein immenses Grab. Sie hatten sich getäuscht. Als sie vordrangen, schlugen die wackeren Verteidiger die Milizen in die Flucht.

Francos Truppen hatten sich indessen Toledo genähert. Die Roten beeilten sich, eine Dynamitladung von 6000 kg unter die Mauern der Festung zu setzen. Durch die Sprengung entstand ein Trichter von 70 Meter Tiefe und mit einem Durchmesser von 100 Meter. Die Helden von Alcazar, immer unter Führung ihrer „Kapitana", schlugen die vordringenden Roten in die Flucht. Francos Truppen, die ebenfalls durch ihr Eingreifen zum Siege verhalfen, zogen am 27. September in die Festung ein.

*

Ich preise und verehre dich, o Maria, erstgeborene Tochter des Allerhöchsten, Königin des Himmels und der Erde, Jungfrau der Jungfrauen und Mutter unseres Erlösers.

Ich preise und verehre dich, o Maria, die du genannt wirst der Morgenstern, die Ehre des Hauses Davids, die der Erzengel Gabriel begrüßt hat als Jungfrau voll der Gnaden.

Ich preise und verehre dich, o Maria, die der Allerhöchste von Ewigkeit her geliebt hat, die er bewahrt hat vor aller Makel der Erbsünde und der Welt zum Troste geschenkt hat.

Du bist das Meisterwerk der göttlichen Allmacht, o Maria. Deine Seele ist geschmückt mit unvergleichlicher Schönheit, und dein Herz ist das Heiligtum aller Tugenden.

Maiandacht in der Zirkusmanege

Rex, der große Berberlöwe, riß gerade in dem Augenblick seinen Rachen grollend auf, als der Pater den Weihwasserwedel zu seinem Käfig hinüberschwingen ließ. Der Wärter drehte sich ab, weil er lachen mußte. Rex bekam den Tiersegen mitten in seinen Schlund.

Der Wärter hielt es für eine ganz überflüssige Zeremonie, die Tiere zu segnen, aber der Zirkusdirektor war dem tapferen Geistlichen entgegengekommen. Heute abend noch — eine Stunde vor der Eröffnung — sollte für die Manegeleute Maiandacht gehalten werden. Diese ,,Attraktion" würde sich auch der Wärter ansehen müssen, der Direktor wußte, daß er katholisch getauft war. Auch die Andersgläubigen unter dem fahrenden Volk hatten aus Kameradschaft zugesagt.

Es war schön, einmal andere in der Arena wirken zu sehen.

Als der Pater mit dem Segnen der Tiere fertig war, wandte er sich zum Wärter: „So — und nun eine Frage für heute abend. Hat jemand unter ihnen ein gutes Marienbild für den Maialtar?“ Der Wärter kratzte sich verlegen den Kopf. Als der Pater schon verzagen wollte, kam eines der vielen Kinder der chinesischen Artistenfamilie gerannt. Ja, sie hatten ein großes Madonnenbild — aus ihrer fernen Heimat. Er lief mit zum Wohnwagen. Es war ein Farbholzschnitt — die Madonna auf der Flucht, von einem chinesischen Künstler gestaltet; fremdartig, aber schön. Am Abend, als der noch leere Zeltraum unter den künstlichen Lichtquellen aufstrahlte, gingen Rufe der Bewunderung durch die Reihen der Zirkusleute. Droben, inmitten der Manege, wo sie sonst ihre Kunststücke vorführten, war mit viel Geschick ein Maialtar aufgebaut. Unter Kerzen und Blumen leuchtete das Madonnenbild des Chinesen. Die Lichter im Zuschauerzelt erloschen. Jemand spielte ein dünnstimmiges Harmonium. Droben im Richet erschien der junge Pater und machte das Kreuzzeichen.

Es wurde still. Was hatte dieser Mann dem fahrenden Volk zu sagen, das da aus allen Herren Länder zusammengewürfelt, zum Teil schon fertig für die Vorstellung umgekleidet, zu seinen Füßen saß? „Ich fände keine bessere Madonna der Manege als diese fliehende Gottesmutter des Chinesen, die einmal für kurze Zeit ein ganz abenteuerliches und gefährliches Leben führen mußte. Ich meine ihre Flucht durch die einsame Wüste. Auch sie war bedroht von wilden Tieren, von Löwen, deren schauerliches Geheul sie in den Nächten aufschrecken ließ, von Schakalen und Schlangen. Ich glaube, daß es keine Kleinigkeit war, mit dem hilflosen Säugling Wüstenglut und Bedrohung durch Klima und Bestien zu ertragen. Diese Madonna hat volles Verständnis für euren schweren Beruf. Sie waren ja auch nur ein kleines Trüpplein in der Unendlichkeit, eine tapfere Familie — aber sie konnten trotz allem beruhigt sein. Gott war in ihrer Mitte, der verborgene Gott, Gott als Kind, Gott, der fliehen mußte. Sie waren nicht dem Zufall ausgeliefert und nicht der blinden Willkür horoskopischer Bestimmung — sie hatten den Himmel, schlummernd in seiner Herrlichkeit, an der Brust dieser Frau!“

Die Zirkusleute sahen auf. —

Kein Laut mehr war zu hören. Aber plötzlich ging eine Unruhe durch die Zuhörer, Köpfe wandten sich zueinander, flüstern — hatte er schon zu lange gepredigt? Ruhig sprach er weiter. Sie waren halt keine religiösen Feierstunden mehr gewohnt, dachte er sich. Jetzt saßen sie regungslos, wie erstarrt — er merkte nun, daß einer aus ihnen aufstand und langsam in die Manege kam und sich seitlich niederhockte. Der Pater achtete nicht darauf. Einige Sonderbarkeiten mußte er dem Artistenvölkchen schon zugestehen. Merkwürdig, die Leute starrten alle in die gleiche Richtung. Endlich machte er groß das Segenskreuz über alle. Dann forderte er sie auf, zu singen: „Maria, Maienkönigin". Sie standen auf — lautlos, starrten — niemand sang. Er stimmte an und sang einsam, kräftig durch: „O segne seinen Anbeginn und uns zu deinen Füßen!" Die Leute standen wie gebannt, als gebe er die spannenste, atemberaubendste Vorstellung droben. Er wandte sich um und betete. Dabei sah er, wie der Mann links quer über die Bühne ging, langsam, vorsichtig. „Sei gegrüßt, o Königin!" Endlich antworteten sie murmelnd. Und dann plötzlich, am Schluß des Gebetes rasendes Händeklatschen, Trampeln, Pfeifen — waren sie nicht mehr zu unterscheiden?

Plötzlich flammten Lichter auf, sie stürmten zu ihm in die Manege; erst schrien sie durcheinander, daß er gar nichts begriff. Dann nahm ihn der Direktor am Arm und zeigte ihm die Stelle, an der fast die ganze Zeit seit Beginn der Maiandacht der Berberlöwe gehockt hatte: Rex, der ihn nicht aus den Augen gelassen. Aus unerklärlichen Gründen war er aus seinem Käfig entkommen. Seinen alten Platz hatte er in der Manege eingenommen, wie bei der Vorstellung, aber kein Dompteur war zugegen, ihn in Schach zu halten. Nur die Madonna der Zirkusleute, der er gerade gegenüber gesessen hatte! Den Pater zu warnen, wäre unmöglich gewesen. Eine unbedachte Geste des Schreckens hätte alles verdorben. Und darum war der Wärter in die Manege gekommen, um im Notfall zu schießen. Gerade als der Pater sein einsam gesungenes Marienlied beendete, hatte Rex sich langsam gewendet und war hinausgetrottet. Er ging selber in seinen Käfig zurück.

Nun dankten sie alle begeistert mit dem Priester Gott und der hl. Jungfrau innig, ergriffen. Sie waren sicher, daß die Madonna als Schutzherrin ihren Ehrenplatz unter ihnen behalten würde.

*

Weihe an das Unbefleckte Herz Mariens

O Maria, unsere Mutter und Königin! Du bist in Fatima erschienen und hast versprochen, Rußland zu bekehren und der Welt den Frieden zu geben, wenn die Menschen auf dich hören. Freudig weihe ich mich deinem Unbefleckten Herzen. Gern will ich dein eigen sein und durch dich ganz Jesus gehören. Lehre mich Jesus immer mehr zu lieben, für ihn zu leben und zu wirken! Ich verspreche dir, täglich den Rosenkranz zu beten und dabei die Geheimnisse des Lebens Jesu zu betrachten. Auch will ich die Opfer, die zur christlichen Erfüllung meiner täglichen Pflichten notwendig sind, im Geiste der Sühne auf mich nehmen.

Hilf mir das Versprechen treu zu halten. Amen.

Gott läßt seiner heiligsten Mutter nicht spotten

In einem Marienbüchlein darf auch folgender erschütternder Bericht nicht fehlen:

Am Samstag, dem 14. November 1965, am Vorabend der Volksmission in der Liebfrauenkirche, veranstaltete eine junge Werkstudentin in ihrer kleinen Privatwohnung in Zürich einen „gemütlichen Abend", der gewiß allen Teilnehmern zeitlebens unvergeßlich bleiben wird.

Etwa ein Dutzend Burschen und Mädchen folgten der Einladung. Bald fühlte man sich wohl und gesprächig im geräumigen

Wohn-Schlafzimmer, welches durch ein offenes Kaminfeuer heimelig erwärmt war. In einer Ecke thronte auf einer breiten Holzeinfassung der Couch eine prächtig geschmückte Muttergottesstatue, die der katholischen Gastgeberin gehörte. Alle Festteilnehmer waren protestantisch, außer einem katholischen Studenten aus St. Gallen.

Fröhlich saß man beisammen, aß, trank und tanzte. Gegen Mitternacht, als mancher vielleicht dem Alkohol allzusehr zugesprochen hatte, griffen zwei Burschen mit höhnischen Bemerkungen und beleidigenden Ausdrücken nach dem Marienbildnis und warfen es ins knisternde Kaminfeuer. Merkwürdigerweise verbrannte die hölzerne Statue jedoch nicht, obwohl sich die beiden sehr darum bemühten und dieselbe immer wieder aufs neue in den Flammen drehten. Das verehrungswürdige Muttergottesbild wurde lediglich schwarz, worüber alle Zuschauer staunten. Leider wagte es weder die katholische Gastgeberin noch der katholische Student, die beiden Andersgläubigen von ihrer unwürdigen Verspottung der Gottesmutter abzuhalten. Doch bitter mußten sie ihre religiöse Feigheit noch in derselben Nacht bereuen.

Als die beiden Burschen einsahen, daß die Madonnenfigur auf keine Weise Feuer fing, stellten sie dieselbe enttäuscht an ihren Platz über der Couch der Gastgeberin zurück.

Trinken, Tanzen, Lachen dauerten weiter bis in die Morgenstunden des Sonntags hinein. Inzwischen aber war das Kaminfeuer beinahe erloschen, weshalb die beiden Spötter versuchten, es von neuem anzufachen. Vom Tanzen erhitzt, zogen sie ihre Kittel aus und beugten sich über das Cheminée. — Da sprang plötzlich ein Feuerfunke auf ihre Nylonhemden, und im Nu standen beide Burschen in hellen Flammen. Die Kameraden versuchten eilends mit Decken und Kleidern zu helfen, doch umsonst! Beide erlitten so schwere Brandwunden, daß der eine am selben Sonntagmorgen, am 15. November 1965, auf dem Transport ins Kantonsspital Zürich starb; sein Freund folgte ihm zwei Wochen später ins Grab.

Dieses tragische Ereignis machte auf alle Beteiligten einen ungeheuren Eindruck. Niemand konnte es begreifen, daß die hölzerne Madonnenstatue vom prasselnden Feuer verschont blieb, während die beiden jungen Menschen in Sekunden lichterloh verbrannten.

Die Katholikin, welche die Gottesmutter in ihrer eigenen Wohnung verhöhnen ließ, sowie der katholische Student haben ihre Feigheit tief bereut und in der Missionswoche in Liebfrauen gelobt, künftig öffentlich und privat ihren heiligen Glauben und ihre Marienliebe mutig zu bekennen.

Es gilt für alle Zeiten: Gott läßt seiner heiligsten Mutter nicht spotten. — Selig sollen sie preisen alle Geschlechter!

Aus: „Der große Ruf" 5/1968 — Dr. M. Haesele

*

Weihegebet an Maria

Heilige Maria, Mutter Gottes und Jungfrau! Ich erwähle dich heute zu meiner Gebieterin, Beschützerin und Fürsprecherin und nehme mir fest vor, dich nie zu verlassen und weder selbst je etwas gegen dich zu sagen noch zu tun noch zuzulassen, daß je etwas gegen deine Ehre geschieht.

Ich bitte dich, nimm mich zu deinem ewigen Diener an und stehe mir bei in allen meinen Gefahren und verlasse mich nicht in der Stunde meines Todes. Amen.

Hl. Petrus Canisius

Der Rosenkranz des Jagdfliegers

Es war 1944 in einem Großstadt-Lazarett. Als Frau eines Wehrmachtsbeamten war ich dienstverpflichtet und in der Eigenschaft einer Lazaretthelferin einem Stabsarzt der Neurologie als Schreibkraft zugeteilt. Ihm unterstand die sogenannte „Geschlossene Abteilung", in die Epileptiker, Neurotiker und psychiatrische Grenzfälle eingewiesen wurden. Meine Aufgabe bestand u. a. darin, von jedem neu aufgenommenen Patienten die Vorgeschichte seiner Erkrankung aufzuschreiben. Da geschah es eines Tages, daß mein Chef an Diphterie erkrankte und in ein Infektionsspital gebracht werden mußte. Stabsarzt Dr. A. von der „Offenen Abteilung" übernahm daher vorübergehend auch unsere Patienten.

Eines Morgens kam Stabsarzt Dr. A. zu mir, um mir einen Brief aus einem Erholungslazarett vorzulesen, der uns die Überweisung eines gewissen Oberfeldwebels B. mit der Diagnose „Nikotin-Mißbrauch" ankündigte. Zugleich wurde darin mitgeteilt, daß der besagte Patient sich dort an einem Mädchen vergangen habe und man ihn wegen seines unbeherrschten Wesens in besonderen Gewahrsam nehmen möge. Es war vielleicht eine Woche später, ich hatte an die Sache gar nicht mehr gedacht, die ich viel leichter aufgefaßt hatte als Dr. A., der viele Jahre Primarius an einer Nervenheilanstalt gewesen war. Als ich durch den Tagraum der geschlossenen Abteilung ging, gewahrte ich einen sonnengebräunten, großen und kräftigen jungen Mann. Sofort war mir klar, daß dies niemand anders sein könnte als der angekündigte Kranke.

Nachdem ich eine Reihe von Patienten nacheinander abgefertigt hatte, rief ich schließlich auch ihn ins Zimmer. Er machte keineswegs den Eindruck eines Kranken. Sein Gang und seine Haltung verrieten Selbstbewußtsein, sein Benehmen gute Kinderstube und Bildung.

Nachdem er neben meiner Schreibmaschine Platz genommen hatte, richtete ich einige formale Fragen an ihn, die er prompt beantwortete. Mit einemmal erkannte ich, daß dieser Mann am Ende seiner seelischen Kräfte war. B. war Flieger, und zwar Flieger „aus Leidenschaft". Im Kriegseinsatz hatte er sich immer furchtlos an die feindlichen Flugzeuge herangemacht, und es verging auch kein solcher Tag, an dem ihm nicht ein Abschuß glückte. Dafür bekam er dann jedesmal 300 Zigaretten und ich weiß nicht wieviel Flaschen Likör zur Belohnung.

Die Zeitungen seiner Heimatstadt hatten in großen Schlagzeilen seine Erfolge berichtet. Als einmal sein Bild auf der Titelseite erschien, suchten die Partisanen seine Mutter auf, hielten ihr die Zeitung unter die Nase und schlugen ihr den Kopf ab. Auch seine Schwester, sein Schwager und die Kinder seiner Schwester wurden hingemordet. Die eine seiner beiden Schwestern war am Leben geblieben, doch hatten auch ihr die Partisanen einen Arm abgehackt. Auch das Haus wurde weggenommen, so daß er nun überhaupt keine Heimat mehr hatte. Dies alles aus Haß, weil er der deutschen Wehrmacht beigetreten war. Langsam und stockend war der Bericht von seinen Lippen gekommen. Das Ungeheuerliche, das er in einer soeben erst vergangenen ganz kurzen Zeitspanne erlebt hatte, spiegelte sich im Gesicht des Patienten wieder.

Mit einem schweren Nervenzusammenbruch war er im Zustand der Bewußtlosigkeit in das Erholungslazarett eingeliefert worden. Daß er sich dort an einem Mädchen vergangen habe, bestritt er energisch. Es sei vollkommen einverstanden gewesen.

Nun habe man ihn in das hiesige Nervenlazarett eingewiesen, doch fühle er sich bereits wieder ganz gesund und wolle so rasch wie möglich aus diesem „Irrenhaus" wieder herauskommen. Er schäme sich, mit Menschen beisammensitzen und spazierengeführt werden zu müssen, die keinen Lebenswillen haben und sich nur stur ihrem Zustand hingeben. Er fühle genügend Kräfte in sich, um wieder an die Front zu gehen. Ich möge ihn doch verstehen und etwas für ihn tun.

Der Bericht war erschütternd. Ein Mann mit 26 Jahren, seelisch vollkommen ausgebrannt und nichts sein eigen nennend als irgendwo im Partisanenland eine Schwester, „seinetwegen" verkrüppelt — als letztes Kleinod seiner geliebten Familie. Selten ist mir eine Lebensgeschichte so nahe gegangen wie diese. Ich mußte mich ordentlich zusammenreißen, um mir meine Empfindung nicht anmerken zu lassen.

Sobald sich die Möglichkeit dazu ergab, suchte ich also den Stabsarzt auf. Ich wiederholte den Bericht des Oberfeldwebels und bat für ihn um Versetzung auf die „Offene Abteilung".

„Ich kann ihr Mitleid ganz gut verstehen", wendete dieser ein, „aber da kann ich wirklich nicht helfen." Lang und breit erzählte er mir nun Geschichten aus seiner ereignisreichen Praxis und gab seiner Befürchtung Ausdruck, daß der Patient Selbstmord begehen oder davonlaufen könnte, was ihn, den Arzt, vor das Kriegsgericht brächte.

Ich hörte nur mit halbem Ohr zu und verließ schließlich enttäuscht das Zimmer. Mit gesenktem Blick ging ich durch den Tagraum in mein Zimmer, weil ich dachte, B. müsse es mir anmerken, daß ich nichts erreicht habe. — Ja, wenn mein richtiger Chef, Stabsarzt Dr. R., dagewesen wäre! Er hätte mir meine Bitte nicht abgeschlagen.

Ich ließ eine Zeit verstreichen. Eines Tages nahm ich mir ein Herz und trat wieder bei Stabsarzt A. ein. Seine Laune war zufriedenstellend, also konnte ich es wagen. „Ich mache Ihnen einen Vorschlag, Herr Stabsarzt", sagte ich. „Schwester E. und ich machen mit dem Patienten B. einen Spaziergang durch die Stadt und bringen ihn dann wieder heim. Führt er sich ordentlich auf, dann könnten Sie ihn doch bedenkenlos auf Ihre Abteilung nehmen!"

„Meinen Sie?", war die lachende Antwort. „Na, meinetwegen, machen wir diesen Versuch! Aber daß Sie ihm ja einschärfen, worum es geht! Berichten Sie mir nachher, wie er sich aufgeführt hat.

Am Abend berichtete ich dem Stabsarzt, daß der Patient sich einwandfrei aufgeführt habe, worauf er mir versprach, ihn nun doch auf seine Abteilung zu nehmen.

Nachdem etwa zwei Wochen verstrichen waren, kam eines Tages Oberfeldarzt Dr. U. zu uns, um die Abteilungen zu inspizieren und festzustellen, wer von den Patienten entlassungsfähig sei. Bei dieser Gelegenheit wurde auch Oberfeldwebel B. als „k. v." bezeichnet.

Er selbst hat es mir nicht gesagt. Zufällig kam ich bei Schwester E. vorbei, die mir ganz aufgeregt mitteilte, daß B. bis 18 Uhr Ausgang habe und noch nicht zurück sei, obwohl es schon auf 19 Uhr zuginge. Auch sie wußte bereits, daß er morgen an die Front gehen solle.

Betroffen sah ich sie an: „Er wird sich doch nichts antun?" Sie hegte die gleiche Befürchtung. Wir wußten beide, wie wohl er sich im Lazarett gefühlt hatte, seit er frei herumgehen durfte und konnten uns vorstellen, daß der Entscheid des Oberfeldarztes wie eine Bombe auf ihn gewirkt haben mußte.

Immer wieder sah Schwester E. zum Fenster hinaus. Plötzlich rief sie: „Er kommt! Er kommt?"

Schwerfällig und ohne Gruß trat B. ein. Er mußte von Schwester E. seinen Schlüssel verlangen. Statt dessen ließ er sich müde auf eine Bank fallen, die nahe dem Fenster stand. Sein Gesicht hatte den Eindruck völliger Trostlosigkeit.

„Ja, was ist denn los mit ihnen?", fragte ich teilnahmsvoll.

Ach, mir ist alles egal", gab er zur Antwort. Plötzlich griff er nach seinem EK 1, riß es von der Brust und warf es zum Fenster hinaus.

„Sagen Sie, was soll denn das heißen", fuhr ich ihn an.

„Sind Sie denn verrückt geworden?"

Er schwieg. Ein unaussprechliches Weh drückte ihn nieder. Hier konnte ich nicht helfen. Ich gab Schwester E. still die Hand und ging auf mein Zimmer, um mich für den Heimweg fertig zu machen. Da klopfte es an meiner Tür. Eine sonderbare Angst stieg in mir auf. Ich öffnete zaghaft: Tatsächlich stand B. vor mir und bat, eintreten zu dürfen.

„Verzeihen Sie, bitte, die Störung, ich möchte mich nur verabschieden." Eine unbeschreibliche Traurigkeit lag auf seinen Zügen als er langsam und stockend sagte: „Sie werden ja wissen, daß ich fort muß. Ihnen ist das wohl gleichgültig, aber Sie müssen mich verstehen: Ich habe hier endlich eine neue Heimat gefunden; die Menschen waren gut zu mir, ich habe mich hier wohl gefühlt. — Jetzt ist alles aus! — Natürlich, es konnte ja nicht immer so bleiben. Ich weiß auch, was ich Ihnen zu danken habe. Er ergriff meine Hand und drückte einen Kuß darauf. „Sie sind eine Frau, wie ich noch keine gefunden habe und auch keine finden werde... Ich weiß, Sie sind verheiratet... Ich wünsche Ihnen, daß Ihr Mann aus dem Krieg gesund zurückkehrt. Und ich gehe wieder an die Front und werde fliegen. Mit dem ersten Flugzeug aber, mit dem ich aufsteige, werde ich in den Tod gehen." Entsetzt starrte ich ihn an. „Was sagen Sie da? Ich begreife Sie nicht!"

Verhaltenen Tones fuhr er fort: „Ich wollte schon ehe ich ins Erholungslazarett kam, meinem Leben ein Ende machen. Ich habe meine Maschine angezündet, aber es hat nicht sein sollen. Ich wurde lebend aus dem Flugzeug gebracht. Diesmal aber wird es klappen."

„Um Gottes Willen!", rief ich erschrocken. „Wissen Sie denn nicht, daß ein Selbstmord Sie für ewig unglücklich machen würde? Seien Sie doch vernünftig, bedenken Sie doch, was das heißt! Ich habe Ihnen zur Freiheit verholfen und soll damit nun schuld sein an Ihrem Tod? Wollen Sie mir das wirklich antun? Ich könnte ja nicht mehr froh werden."

„Ich kann nicht anders", war die verzweifelte Antwort. Er drückte noch einmal einen Kuß auf meine Hand und verließ das Zimmer.

So, das hatte ich also von meiner Hilfsbereitschaft! In höchster Erregung verließ ich meine Arbeitsstätte. Als ich daheim ankam, richtete ich ein Päckchen zurecht mit verschiedenen Kleinigkeiten, wie sie Soldaten brauchen konnten.

Wir Frauen hatten damals einige Übung in solchen Dingen. Dazu schrieb ich einen Brief, den B. erst beim Eintreffen an der Front öffnen sollte. Darin bat ich ihn flehentlich, wenigstens meinetwillen von seinem Vorhaben abzusehen, weil mich das zeitlebens schwer belasten würde. Ich stellte ihm vor Augen, daß der Herr ihm dieses Leben geschenkt und daß er es nicht unbestraft wegwerfen dürfe. Mit einem Wort, ich bot all meine Überzeugungskraft auf, um ihn von diesem Schritt zurückzuhalten. Dann kniete ich vor dem Kreuz nieder und beschwor den Herrn und seine gütige Mutter unter Tränen, diesem armen Menschen beizustehen und ihn vor dem ewigen Tod zu bewahren. Ich glaube, es war Mitternacht, als ich mich endlich zu Bett legte.

Am nächsten Morgen geschah etwas Überraschendes: Ich war müde und übernächtig ins Lazarett gekommen und suchte B. kurz auf, um ihm das Päckchen und den Brief zu übergeben. Gleich darauf ging ich in mein Arbeitszimmer und blieb in freudigem Schreck an der Türe stehen. War denn ein Wunder geschehen? Mein Chef, Stabsarzt Dr. R., stand vor mir, er trat heute seinen Dienst wieder an. „Gott sei Dank, Herr Stabsarzt, daß Sie da sind", jubelte ich.

Verwundert drückte er mir die Hand. „Ja, was ist denn los? Sie sehen ja ganz schlecht aus!"

Nun erzählte ich ihm unter Tränen alles, was vorgefallen war. „Da muß etwas geschehen, B. darf heute nicht fort", erwiderte er. „Ich werde sofort mit Oberfeldarzt Dr. U. und mit dem Stabsarzt A. sprechen. Sie tun mir leid, daß Sie soviel mitgemacht haben." Ja, das war Stabsarzt Dr. R. mit seinem goldenen Herzen! Nicht umsonst haben ihn die Kranken alle so sehr geschätzt und verehrt.

Es dauerte ziemlich lange, bis er wieder zurückkam. Sein freudiges Gesicht verriet mir, daß er Glück gehabt hatte.

„Es ist alles in Ordnung", sagte er. Ich habe mit den Herren gesprochen, B. bleibt einstweilen bei uns, bis er richtig erholt ist, und zwar wird ihn Prof. E. auf seine Abteilung nehmen, damit er nicht ständig in ihrer Nähe ist. Nehmen Sie sich aber schon noch ein wenig um ihn an, er wird Sie brauchen!" Dankbar sah ich den Stabsarzt an.

Eines nur bedrückte mich: Ich sollte mich auch weiterhin um diesen Oberfeldwebel annehmen. Wie konnte dies aber geschehen, ohne daß mein Ansehen darunter litt? Ich sprach auch darüber mit meinem Chef. Dabei kam mir ein glänzender Einfall: Ich hatte eine Freundin, ein grundkatholisches Mädel, die Direktorin einer Haushaltungsschule war und die mich niemals im Stich ließ, wenn ich ihrer bedurfte. Mit ihr wollte ich mich beraten.

Die Sache klappte. In einem zur Schule gehörigen Küchenbetrieb wurden laufend Kochkurse für jugendliche Schülerinnen abgehalten, die dort die auserlesendsten Gerichte herstellen und nachher verspeisen durften. Meine Freundin war damit einverstanden, daß B. öfter zum Mittagessen hinkommen sollte.

Das war nun eine Umgebung, in der B. sich wohl fühlte. Er lachte und scherzte mit den Mädchen, und sein Gemütszustand heiterte sich immer mehr auf, so daß er bald nicht wieder zuerkennen war. Alle gewannen ihn lieb, sogar mein Chef sagte mir, er plaudere gern mit ihm, er sei wirklich ein netter Kerl.

Einmal trafen wir uns bei mir daheim: Meine Freundin, eine Bekannte von ihr und B. Unsere Wohnung lag am Rand der Stadt, nicht weit vom Lazarett entfernt. Wir hatten eine hübsche Terrasse und einen kleinen Garten, wo man sich recht behaglich fühlen konnte. B. schien auch ganz sorglos und heiter. Nach der gemeinsamen Jause nahm er die Gitarre zur Hand und sang ein paar Lieder aus seiner Heimat. Wenn wir den Text auch nicht verstehen konnten, so freuten wir uns doch an seinem aufgelockerten Wesen.

B. war wieder für ein paar Stunden froh, wenngleich zuweilen ein dunkler Schatten seine Züge verdüsterte. Die beiden Mädel, denen es nicht entging, verstanden es aber gut, ihn immer wieder aufzuheitern und freuten sich sichtlich über ihre Erfolge.

So kam der Abend heran und mit ihm der Abschied. Wir halfen alle zusammen, die Stühle wieder in Ordnung zu bringen, dann verließen wir gemeinsam die Wohnung. Bei der Straßenbahnhaltestelle trennten wir uns voneinander. Die Mädel fuhren in die Stadt, B. wollte sich, ehe er ins Lazarett zurückging, noch im nebenliegenden Gasthaus ein Glas Bier kaufen. Ich verabschiedete mich und ging nach Hause, innerlich zufrieden für den harmonisch verlaufenen Nachmittag.

Mein Weg führte durch eine Allee den Berg hinan. Obwohl es vielleicht erst 19 Uhr war, begegnete ich kaum einem Menschen. Ich war schon bald bei unserer Wohnung angelangt, da hörte ich Schritte hinter mir. Eine böse Ahnung überfiel mich: B. wird es doch nicht gewagt haben, mir nachzukommen?

Leider war meine Ahnung echt. ,,Was machen Sie denn noch hier?'', fuhr ich ihn etwas unfreundlich an. ,,Ach, verzeihen Sie! Ich habe noch soviel Zeit... dürfte ich nicht ein bißchen bei Ihnen bleiben?'' — ,,Kommt überhaupt nicht in Frage!'', herrschte ich ihn an. ,,Sie wissen genau, wie ich darüber denke.'' Er hatte mich nämlich schon beim Wegräumen der Stühle heimlich gefragt, ob er noch dableiben dürfe, was ich energisch verneinte. Er gab aber nicht auf. Ich möge doch nicht so hart sein und ihn doch die kurze Zeit bei ihm verbringen lassen. Da riß meine Geduld. ,,Kommen Sie mit mir'', sagte ich, ,,ich begleite Sie zurück ins Lazarett!'' Damit hoffte ich, mich von ihm freimachen zu können.

Eine Weile ging er schweigend neben mir her. Dann blieb er plötzlich stehen und beteuerte mir, daß er ohne mich nicht mehr leben könne. Mir wurde unheimlich zumute. Ich ging weiter und er folgte mir. Ich erklärte ihm, daß ich in einer sehr glücklichen Ehe lebe und außer meinem eigenen Mann keiner für mich existiere. Er solle sich ein junges Mädchen suchen, er werde auch mal sein Glück finden. Meine Worte schienen jedoch seine Leidenschaft noch mehr anzufachen. ,,Nein!'', gab er zur Antwort. ,,Eine Frau wie Sie, finde ich nicht mehr. Sie sind mir gerade recht.'' Dabei riß er mich an sich und wollte mich küssen. Obwohl er dreimal so stark war wie ich, gab mir der Herrgott die Kraft, mich loszumachen. In diesem Augenblick griff er mit der rechten Hand nach seiner Hintertasche. — Seit er auf der Abteilung des Professors E. war, war es ihm nämlich nicht verboten, eine Waffe zu tragen. Ich erschrack zutiefst. Fortlaufen war zwecklos, ich mußte einfach mit ihm fertig werden.

,,Sind Sie wahnsinnig?", schrie ich ihn an. ,,Werden Sie sofort die Hand da loslassen!" Ich weiß nicht mehr, was ich ihm in höchster Erregung alles zugeschrien habe. Ich wußte ja mein Leben bedroht. Aber der Himmel stand mir bei. Er ließ die Hand von der Tasche sinken und begann plötzlich am ganzen Körper zu zittern.

,,Lassen Sie mich jetzt allein!", bat er.

,,O, nein", entgegnete ich, *jetzt* lasse ich Sie nicht allein! Kommen Sie mit mir, ich begleite Sie zum Lazarett."

Tatsächlich gehorchte er. Ich fühlte eine Kraft von mir ausgehen, der er nicht widerstehen konnte. Völlig erschöpft ging er neben mir her. Es blieb mir nichts übrig, als ihm meinen Arm anzubieten. Nun hieß es, jeden Augenblick ausnützen! Ich erzählte ihm von der unendlichen Güte Gottes und malte ihm sein künftiges Leben in den schönsten Farben aus, wenn er nur auf Gott vertraue.

,,Mir ist alles egal wie diese Wand da", war die wenig aufmunternde Antwort.

Ich aber ließ mich nicht beirren. Ich redete weiter auf ihn ein mit einer Überzeugungskraft, die der Heilige Geist mir verlieh. So kamen wir in die Nähe des Lazaretts. ,,Lassen Sie mich jetzt allein!", bat er wieder. ,,Es kommen jetzt viele Soldaten heim... Ich möchte nicht, daß Sie meinetwegen..."

,,Das ist mir völlig gleichgültig", gab ich zur Antwort. ,,Ich gehe mit Ihnen bis zum Tor."

Immer wieder sprach ich auf ihn ein. Er sagte nichts, als: ,,Ihr Mann muß eine große Freude mit Ihnen haben!"

An der Ecke vor der breiten Zufahrt blieb er stehen. Ich bat ihn um ein Versprechen: ,,Möchten Sie es nicht versuchen, heute abend ein Ave Maria zu beten? Ich weiß bestimmt, die Muttergottes wird Ihnen helfen!" Da geschah etwas Merkwürdiges: Sein Gesicht wurde auf einmal auffallend weich und mit leuchtenden Augen sagte er: ,,Meine Mutter hat mir, als ich ins Feld ging, einen Rosenkranz mitgegeben. Den will ich heute zum ersten Mal aus dem Koffer nehmen."

,,Können sie denn den Rosenkranz beten?", fragte ich erstaunt. ,,Natürlich kann ich das. Ich bin daheim ja auch jeden Monat zu den Sakramenten gegangen. Jetzt war ich schon lange nicht mehr." Er sprach nun wie ein Kind, dem plötzlich etwas wichtiges eingefallen ist. Ich konnte mich nicht genug wundern über seine Veränderung.

„Ich weiß nicht", fuhr er fort, „es ist jetzt etwas über mich gekommen, das ich nicht begreifen kann... Vor einigen Jahren ist es mir auch so ergangen. Ich wollte mir damals eine Kugel durch den Kopf schießen. Als ich ansetzte und losdrückte, funktionierte es nicht. Das war für mich ein unbegreifliches Wunder. Ich war darüber so erschüttert, daß ich zwei Stunden lang in der Kathedrale gebetet habe... Auch jetzt ist mit mir ein Wunder geschehen." Und fröhlich wie ein Kind fügte er hinzu: „Glauben Sie mir, jetzt kann ich Sie ruhig nach Hause begleiten, Sie brauchen sich nicht mehr vor mir zu fürchten." Mein Herz jubelte. Ich zweifelte keinen Augenblick und machte ihm die Freude, mich noch ein Stück zurückbegleiten zu lassen. Dann ging er ins Lazarett.

Das geschah am 30. April 1944, wo in vielen Kirchen bereits die erste Maiandacht gefeiert wurde. Tiefe Dankgebete begleiteten meinen Heimweg.

Als ich einige Tage später B. traf, war er immer noch in der gleichen seeligen Stimmung. Ich wirkte weiter auf ihn ein und fragte ihn, ob er den Rosenkranz auch gebetet habe, worauf er begeistert zur Antwort gab: „O, den bete ich jetzt jeden Tag!"

Es dauerte nicht lange, so kam er von unserem Lazarett nochmals in ein Erholungsheim und von dort an die Front. Über sein weiteres Schicksal habe ich nichts mehr erfahren, aber ich vertraue ganz auf unsere himmlische Mutter; er hat ja zum täglichen Rosenkranz gefunden.

Mein Mann ist drei Jahre später aus Krieg und Gefangenschaft heimgekehrt, und seitdem sind uns nun über zwei Jahrzehnte glücklicher Ehe geschenkt worden, für die ich Gott täglich danke.

Oft denke ich an die Worte des Herrn: „Der Menschensohn ist gekommen, zu suchen und zu retten, was verloren war" (Lukas 19,1).

J.H.

Die schönsten Mariengeschichten, von K.M.Harrer, illustriert. Keine Legenden oder fromme Dichtungen, sondern Geschichten aus dem Leben, in denen in besonderer Weise das wunderbare Wirken der Gottesmutter sichtbar wird. — Alle Geschichten sind geeignet zum **Vorlesen** in Schule, Gruppe und Familie. Eine kurze **Angabe über Inhalt und Lesedauer** will die praktische Verwertung erleichtern.

Sammelband, 320 Seiten (Heft 1-8) *DM 13.80*
Einzelhefte Nr. 1-14, à 48 Seiten, Preis pro Heft DM 2.00

Erlebnisse mit der wunderbaren Medaille heute, von K.M.Harrer. Die geschilderten Begebenheiten bestätigen die wunderbare Hilfe Mariens, wie sie es selbst bei ihrer Erscheinung im Jahre 1830 in Paris verheißen hat.

Hefte Nr. 1-8, à 32 Seiten. *Preis pro Heft DM 1.50*

Durch Maria zu Jesus, von K.M.Harrer. Lebensbeschreibungen großer Marienverehrer und Heiligen. Heft Nr. 1: *Don Bosco, Domenico Savio, Theresia v. Kinde Jesu, Vinzenz Palotti, Bernhard Lehner, Edward Poppe, Edel-Mary Quinn, Charles de Foucauld.*
Heft Nr. 2: *Ludwig Maria Grignion, Maria Bonaventura Fink, Pater Maximilian Kolbe, Antonius Maria Claret, Bruder Konrad.*

Jedes Heft hat 36 Seiten. *Preis pro Heft DM 2.—*

Freut euch und werdet vollkommen!, von K.M.Harrer. Der Autor zeigt uns gute Hilfsmittel, wie man im Alltag ein Gott zugewandtes Leben führen kann.
46 Seiten DM 1.80

Die schönsten eucharistischen Wunder, von K.M.Harrer. Hier sind die schönsten eucharistischen Wunder zusammengetragen, die uns an die wirkliche Gegenwart Jesu Christi in der Hl. Hostie erinnern und unseren Glauben stärken wollen.

Heft Nr. 1 und 2 à 48 Seiten *Preis pro Heft DM 2.—*